JN014266

新版

# スポーツの主人公を育てる体育・保健の授業づくり

指導案の基本とプラン集

学校体育研究同志会 編

創文企画

# はじめに

　初版を 2018 年に刊行してから、保健体育科だけでなく学校教育を取り巻く環境は大きく変化してきています。2020 年から始まったコロナ禍は、私たちのあらゆる生活に影響を与えてきました。読者のみなさんも、そもそも学校での学びはどうあるべきか、教科の授業、学校行事、部活動など学校教育の意義が根底から問い直されたのではないでしょうか。コロナ禍を契機に学校教育現場には、ICT 化が急速に進められました。文部科学省による「GIGA スクール構想」として全国の児童・生徒 1 人に 1 台のデジタル学習端末と学校内の通信ネットワークを整備され、今やタブレットやデジタル教材を用いた授業が当たり前のように展開されています。このような ICT 機器を最大限活用した学習は、「個別最適な学び」、「協働的な学び」として掲げられていますが、すべての子どもたちにとって本当に良い教育なのか実践的な検証が求められています。

　子どもたちの教育環境おいては、各家庭の個人投資によって学習塾、英会話、プログラミング塾、スポーツスクールなど家庭間で学習機会の差が拡大しており、子どもたちのさらなる「教育格差」も危惧されています。体育・スポーツに関わっては、幼少期からのスポーツ投資の成果が年齢とともに蓄積されていることから「スポーツの格差」が生まれているとの問題提起もされています。

　また、2021 年には、コロナ禍でオリンピック・パラリンピック（以下、オリ・パラ）東京大会が開催されました。被災地の復興を目的として開催されましたが、実施の是非を巡っての混乱や大会開催の意義など現代のスポーツが抱える問題や課題が浮き彫りとなり、スポーツイベントの在り方が問い直されています。

　一方でアスリートたちが人権や社会的な問題に対して発信するなど、アスリートの主体性や社会的責任も見ることができた大会でもありました。オリ・パラの理念や意義、現実の問題・課題を目の当たりにしたと言えます。オリ・パラ東京大会を終えた現在におきましても、オリ・パラが日本に何を残し、何を引き継いでいくのか、その「レガシー」が問われています。

　世界に目を向けてみると、2022 年から始まったロシアによるウクライナへの武力侵攻は、終わる見通しがありません。今日の世界情勢は、「新しい戦前」とも言われています。連日メディアなどからは「平和」、「人権」、「民主主義」など、「生きる」とは何なのかが問い直され、私たち一人ひとりに回答を求めています。

　このような教育や社会情勢の中で、子どもたちの未来や社会への希望を見据えた教育実践をどのようにつくり出せば良いのか、これまで以上に教育の原点や本質を問うことが求められています。本書を刊行した学校体育研究同志会（以下、「体育同志会」）は、主体的、民主的、科学的、実践的な教育を追求する民間教育研究サークルです。会員構成は、保育園、幼稚園、特別支援学校、小学校、中学校、高等学校、大学の教員、地域スポーツの指導者、そして大学生、大学院生など多種多様ですが、全員が平等な立場で教育実践について語り合い（年 3 回の全国研究大会）、機関紙として『たのしい体育・スポーツ』（年 4 回の季刊）と『運動文化研究』（年 1 回）を刊行しています。

　体育同志会は、これまで「国民運動文化の創造」という理念を掲げ全国各地において実践・研究・運動を重ねてきました。それは、運動やスポーツを人類にとって価値ある文化として継承・発展していくこと（「運動文化の継承・発展」）と同時に、すべての子ども・青年そして国民が運動やスポーツの主人公になること（「運動文化の主体者形成」）をめざした活動です。

この理念と活動の基礎は、日本国憲法が掲げる平和、人権、民主主義などの人類的な価値を求める「平和的な国家及び社会の形成者」（1947年教育基本法第1条「教育の目的」）を育てること、人類的な価値を刻み込んだ「文化の創造と発展に貢献すること」（教育基本法第2条「教育の方針」）にあります。学校体育の実践研究を展開しながら、「体育・健康教育で何を教えるのか」と問い直し、教育の意義や教育の本質を追求し、これまでの実践の蓄積から学ぶだけでなく、批判的に検討し、新しい理論や実践を創造してきました。（学校体育研究同志会　https://taiiku-doshikai.org/）

　本書は、体育同志会に関わる全国の実践研究者による共同研究の成果が凝縮された、実践研究書と言っても過言ではありません。本書に掲載されている実践や理論は、「学校体育は、何のためにあるのか」、「何を教え、どのような子どもを育てるのか」と自ら問い、集団的に検討することで生み出されています。なお本書は、実践と理論を往還して授業づくりができるように第Ⅰ部の理論編と第Ⅱ部の実践編の内容を関連づけて編集しています。

　これまでの実践記録が物語っていますように、すぐれた授業実践は、自らの教育実践を問い直すこと、実践や研究を交流・議論し、深めようとする教師の協同（共同）研究が不可欠です。この自分自身の実践や研究を問い直していく過程が、教師としての生き方を問い直すことにもなり、本当の意味での教師の成長につながると言えるでしょう。

　今後、私たちは、未来の文化や社会をつくる主人公となる子どもたちに、どのような教育実践をつくっていけばよいのでしょうか。現状を維持して誰かの助けを待つのか、教育現場不在の教育政策の方を向くのか、それとも教師自身で試行錯誤しながら考え、子どもとつくる実践を追求していくのか、教師の専門性が問われています。教師は、次世代をつくる主人公である子どもたちを教育できるという喜びと責任を持ち、子どもたちにとって本当に必要な学力をつけるために、「何のために」、「何を教えるのか」を検討すること、そして自らの教育実践を問い直すことが求められているのではないでしょうか。本書を通してスポーツの主人公を育てる教育実践を「ともに」つくっていきませんか。

伊藤嘉人

# 新版 スポーツの主人公を育てる
# 体育・保健の授業づくり

―指導案の基本とプラン集―

# 目　次

# 第1部

# 学習指導案の
# 書き方と原理

# 第1章 学習指導案をつくろう

## 1 学習指導案とは何か
### ―なぜ指導案を書くのか―

大後戸一樹

### 1. はじめに

「なんで指導案書かんといけんのん？」

　私は、附属小学校の教師をしていたこともあって、ちょっと膨れっ面をした教育実習生が、大きめの声でこのようにつぶやくのを何度も耳にしました。正式には「学習指導案」という名称ですが、通称「指導案」と呼ばれますので、以下では指導案を使います。確かに、現場の教師も、日常の全授業に詳細な指導案を準備しているわけではありません。わざわざ指導案を書くということは、教育実習生に限らず、面倒な作業であることは間違いありません。また、冒頭の言葉の裏に、「国語や算数はわかるけど、なんで体育に？」、「どうせ運動させるだけなのに…」といった大きな勘違いが見え隠れすることもあります。

　何を書いたらいいのか、その詳細は第2節以降で丁寧に述べられるので、本節ではその前提となる私たち教師の役割と、体育科・保健体育科と他教科との相違点などを挙げて、指導案を書くことの意味づけを試みたいと思います。

### 2. 教師の役割と指導案の不思議

　まず、授業における教師の役割について、吉崎は、設計者（デザイナー）、実施者（アクター）、評価者（イバリュエーター）という3つの異なる役割を同時に持っていると述べています[1]。

　設計者としての教師は、授業の前に指導プランを構想します。子どもの姿を思い浮かべながら、教えたいことを教え切れるように活動の内容や順序などを組み立て、いろいろ思考をめぐ

らせてプランを練ります。そして、実施者として授業に挑みます。練りに練ったプランであっても、すべてが思い通りに進むわけではありません。その都度考え、もっと説明するか、活動を長くするか、ここでやめておくかなど、評価者として授業では判断の連続です。それと並行して設計者としての教師は、指導プランの微調整をしながら授業を行っています。そして授業が終われば、本時で達成できたことや課題として残ったことなどを振り返り、次の授業の準備をします。

　ここで一つ問う必要があります。指導案通りに進む授業がよい授業なのでしょうか。

　以前、中学校での教職経験もある教育実習生が授業をしました。専門的な知識も豊富で、よく練られた指導案を準備していました。そして、授業はそこに示された通りに進みました。授業後の協議会で、他の教育実習生は諸手を挙げて指導者を褒め称えました。ただし、私はこれを指導ではなく調教だと言いました。教師の指示と笛の音が響き、子どもが口にするのは返事だけ。教師が終始気にしていたのは、指導案とストップウォッチ。子どもに向けるまなざしは、整列の位置と指示通りの運動かどうかの確認だけのようでした。私には、先生が子どもを信じていないが故に、すべてを自分の思い通りに進めただけの授業に見えたのです。この指摘はかなり効いたようでしたが、打てば響く性格であったこの教育実習生は、次時には見違えるほどの授業風景を生み出していました。

　もちろん、よりよい進め方を吟味してつくっ

た指導案ですから、それで授業が計画通りに進められるのは、悪いことではないとも言えます。でも、それだけに囚われると、大事なことの確認もないまま次の活動に進んだり、予期しない出来事を「邪魔もの」として無視したり、抑えたりすることも生じかねません。よい指導ができたかどうかは、教師が教えたことではなく、子どもに学ばれたことによってのみ判断できます。だから、緻密に練った指導案だけれども、子どもの事実を見て、その都度何らかの判断をし、よりよい方向に修正・改善しながら授業を進めるのです。吉崎は、教師が「授業の諸側面において意思決定（自己決定）する自由と責任を持っている」と指摘します[2]。教師が3つの役割を「同時に」もっていることが重要なポイントになるのです。他人が書いた設計図だと、授業で演ずるのも評価するのも難しくなります。なぜなら、意思決定するための視点や基準も「他人のもの」だからです。他を参考にしながらも自分の頭で考えないと、自分で使いこなせる視点や基準は生み出せません。そして、指導案を練るなかで、精度の増した評価者としての目によって、これまで気にも留めなかったことにも気づけるようになります。その気づきは、よりよい学習を求めて、時に指導案を超えて展開していく意思決定を引き出すかもしれません。

　このように、緻密に練れば練るだけ計画通りに進まなくなる可能性がある、という矛盾した性格を持ち合わせているのが指導案なのです。

## 3.　体育だからこその大前提

　次に、体育科・保健体育科の指導案の特徴について考えてみましょう。

　指導案の形式は、学校や団体によってさまざまですが、一般的には次のような項目が挙げられます。

・授業日時：○年○月○日（○）第○校時

・場所：○小学校　体育館
・学級：○年○組（○名）
・授業者：○○
・単元名
・単元設定の理由
　（教材観・子ども観・指導観）
・単元の目標
・単元の評価規準
・単元計画（本時○ / ○時）
・本時のねらい
・本時の評価基準
・本時の展開（学習活動 / 指導の手だて）

　これらは、ほぼ全教科に共通していますが、運動を取り扱う授業の設計者として特に忘れてはならないことは、安全面への配慮と場のイメージです。

　第一に肝に銘じておきたいのは、体育科・保健体育科が、もっとも怪我をする教科だということです。いい加減な準備や思いつきでの場当たり的な指導は、子どもの命に直接かかわります。マットの耳を折りたたむように指示する先生が、マットのそばにプリントや鉛筆が転がっているのを気にしないこともあります。運動に怪我はつき物とも言えますが、教職経験に関係なく、誰もが安全面に配慮を尽すべきであり、それが伝わるように指導案が書かれていることが大切です。

　これに関わって重要になるのが、場のイメージです。他教科と比べて大きな違いだと言えるのは、場が広く、定まっていない点です。教室での授業であれば、子どもは席に着いて黒板の方を向いています。机の上には教科書や筆箱などがあるでしょう。しかし体育は違います。座る場所も、向きも、道具の置き場所も、設計者として教師がコーディネートしなければなりません。危険を避けることも大事ですが、より学習しやすい環境づくりという視点も重要です。私自身、号令までかけて整列・着席させたのに、

その後で示範を見せる場まで移動させたり、一列に整列して体操座りまでさせておいて、友達の技をちゃんと見なさいと言ったりした、若い頃の失敗談があります。「せっかく整列したのに」、「前が全く見えない」という声に気づけなかったのです。

こういったこと含めて、授業のマネジメント面を安定させつつ、肝心の授業の中身で勝負するというのが体育科・保健体育科の特徴だと言えるでしょう。

## 4. 授業の中身で勝負する指導案づくり

今日、書籍やインターネットに教育関係の資料が溢れているので、ごまかすだけの指導案であれば「コピペ」で簡単に作れます。ただ、自分の思考をくぐっていない指導案で実施される授業では、設計者、評価者の役割が伴わない実施者だけの役割ですから、教師としての成長は期待できません。そこで、次の3つの状況を挙げて、教師としての力量形成を図るうえで指導案がもつ意味を考えてみます。

### (1) 書かなければならない指導案

教育実習や初任期を想定してみましょう。教育実習生や初任者を指導する立場としては、教師としての力量を伸ばし、評価するために指導案が不可欠です。

そこにはまず、先に述べた、安全面での配慮と場のイメージを示すことが欠かせません。どんな運動を取り上げ、どのように活動させるのか、その時の場はどのように設定され、教師はどのように配慮するのか、それらを予め指導する立場の教員は把握し、必要に応じて事前に指摘する義務があります。

次に、取り上げる運動の技能評価の基準を具体的に記してみましょう。「運動させるだけ」と思っている場合、「本時の展開」の欄は、子どもに求める運動が羅列されているだけの指導案になっています。これではただの作業メモで

す。教師として何を見て、何をしようとしているのか、意思決定の視点が見出せません。想像してみてください。「前転ができる」だけでも子どもの示す動きは多様で、何をもってできる・できないを判断できるのか、これがなかなか難しいのです。ですから、これを具体的な子どもの姿で示してほしい。「もしこんな子がいたらどうする?」と質問しても答えられないようでは困ります。うまくいかない子を前に、アドバイスの言葉すら準備していない人を教師とは呼べません。

そして、チャレンジしてほしいことは、「授業のやまば」を設けることです。「授業のやまば」とは、「最も困難な解決すべき対象として存在している課題に対して、子どもたちが主体的に立ち向かい克服している場面」[3]です。ただ、教師の指示通りに子どもが動く授業ではなく、子どもたちが課題に立ち向かい、ともにうまくなり、高まり合う授業には「授業のやまば」が不可欠です。

こういった思考の結果が指導案に示されていれば、授業後にそれらの効果について一緒に協議ができるし、改善策を検討できるのです。計画通りか否かということよりも、教師としての思考を読み取りたいのです。

### (2) 仲間や同僚と分かち高め合うための指導案

教職経験を積むなかで、校内研修や研究会等で授業公開をする機会も訪れるでしょう。教育実習や初任者指導では、授業者と指導者の間で、日常的な学習の進み具合いが共有されていたのですが、授業公開の参観者にはそれがわかりません。そのため指導案には、目的や課題を共有するための情報が欠かせません。例えば、児童生徒の実態や、それに対して教師が課題意識を持ち、どのような「めざすべき子ども像」を持っているのかという児童・生徒観、それに向かってどのような特徴を持った教材を取り上げるのかという教材観、どのような段階を経て、学習

を育んでいこうとしているのかといった指導観が挙げられます。

特に、この授業に至るまでに何をして、この後はどのようにつなげていくのか、そういった長いスパンで考えられた、本時の位置づけがわかる単元計画が重要です。これらの情報が明確に綴られていれば、より深く授業者の意図を理解したうえで、授業のどこに着目するのか見通しをもって観察できます。また、授業者の意図と実際を対比することもでき、後の協議会や実践報告会で、より多面的で建設的な授業の検討ができるわけです。

## (3) 自分のための指導案—なぜ書くのか—

結局、指導案を書くことは、教師自身にとってどのような意味があるのでしょう。教職経験とともに、子どもや教材、指導法の知識が増し、少しずつこの思考する過程が円滑になるとはいえ、わざわざ書くことはやはり面倒な作業です。しかし、文字として書き出すことで、日頃は曖昧にしている事柄を明確に意識化することができます。足りないことや余計なことを浮かび上がらせ、自分の思考が深化し、洗練されるのです。そして、それらの書き綴った指導案や実践記録のポートフォリオを紐解けば、そこに自らの主張点やこだわりが「生み出されてきた過程」に気づきます。自らの成長を実感できる契機だとも言えるでしょう。「省察」とは、教師の世界ではよく用いられる言葉ですが、ただ漠然と振り返るだけでは、単なる感想で終わります。主張点やこだわりがあるからこそ、子どもが観え、より深く「省察」できるのです。

もちろん、毎時間の詳細な指導案は不可能です。私は「まずは1年に1単元、本気で取り組む」ことを目標として実行してきました。これは大学時代の恩師である中村敏雄先生からの提案です。そして、その実践については、同志会の仲間と集団的に検討しました。そうすると、毎時間の子どもの見取り方が変わります。授業の手

応えが違うので、次の授業ではこれを試してみたい！とやる気も芽生えてくるのです。

そして、教師が手応えを感じながら日々進める授業において、もっともその恩恵を受けるのは子どもたちです。我々が自由と責任のもとに教師の役割を果たそうとするのは、学校で子どもたちが手応えを感じながら生活できるようにするためなのですから、指導案づくりは教師にとって大切な営みと言えるでしょう。

【引用文献】
1) 吉崎静夫『教師の授業研究と意思決定』(ぎょうせい、1981年、3頁)。
2) 同上（4頁）。
3) 吉本均編『教授学重要用語300の基礎知識』(明治図書、1981年、212頁)。

【参考文献】
田中新治郎「学習指導案とは何か」(学校体育研究同志会編『スポーツの主人公を育てる体育・保健の授業づくり』創文企画、2018年、8-11頁)。
丸山真司「体育の「学習指導案」再考—ひと味違う指導案作りに向けて—」(『たのしい体育・スポーツ』第24巻8号、8-11頁)。
大後戸一樹「体育科の指導法」(木原成一郎・大後戸一樹・久保研二・村井潤編『改訂版初等体育科教育の研究』学術出版、2019年、55-71頁)。

# 第1章 学習指導案をつくろう

## 2 単元名の書き方
—教科の背後にある文化的な特性と単元の関係—

久我アレキサンデル・丸山真司

### 1. 単元とは何か

単元とは、「一連の指導内容や学習活動を効果的な指導のためにひとまとめにしたもの」[1]とされ、文化の継承を重視する教科カリキュラムの立場に立てば「教科（教材）単元」、実生活との関わりを重視する経験カリキュラムの立場に立てば「経験（生活）単元」という、2つのタイプに大別されます。戦後、経験主義に基づく新教育が展開される中で、1950年代にコア・カリキュラム運動[注1]と連動して、体育では「生活体育カリキュラム」が構想され、「生活単元」による実践研究が学校体育研究同志会（以下、同志会）の創始者である丹下保夫らによって積極的に展開されました。一方で、1960年代になると「生活体育」が後退し、丹下は体育という教科を成立させる根拠として「運動文化」という概念を提起し、体育を「運動文化の追求を自己目的とした教育」[2]と規定して、運動文化論に基づく体育教育を構想しました。それが、同志会の教科論の土台になり、そこから実践研究は「生活単元」から「教科単元」を中心とする授業づくりにシフトしていくことになります。現在では、「教科（教材）単元」か「経験（生活）単元」かという二文法ではなく、鉾山によれば「教科内容が子どもに課題として実感され、活発に思考活動を働かせるように、教材と活動・経験が選択・組織されるときに、できあがってくる計画の単位を『単元』と考えるべき」[3]とされています。

さて、単元は指導内容や学習活動を指導するためのまとまり（単位）とされていますが、そのまとまりは本来、授業の単なる総和ではなく、体育のカリキュラムや年間計画に規定されるものです。つまり日々の体育実践は、「体育カリキュラム—階梯別カリキュラム—年間計画—単元—授業」という構造の中に位置づき展開されるべきであり、その構造の中でこそ、子どもたちの学びの広がりと深さが保障されていくのです。カリキュラムの基本単位は年間計画であり、年間計画の基本単位は単元であると言えます。さらに単元はカリキュラムにおいて、最も実践を反映する重要な単位であり、その意味で教師たちの実践研究の"本丸"です。したがって体育の授業研究は、1時間の授業で完結するものではなく、各授業が単元にどのように位置づくのかが重要な検討課題になるのです。

### 2. 単元名をどう書くか

単元名に、教材（種目）名を記した指導案をよく見かけますが、それでは単元名になりません。単元名は、その実践に対する教師のものの考え方や、実践の特徴を象徴的に示すものでなくてはなりません。ここでは小山吉明の実践を例に、単元名をどのように書くか具体的に考えてみましょう[4]。

彼は、中学1年生の陸上運動において、「公式レースの醍醐味—4×50mリレー（1年）」といった単元のテーマ（単元名）を掲げています。そこでは、中学1年生の学習テーマ（出口像）である「スポーツ文化の目覚め、運動の仕組みを調べ、分かって、みんなができる」に向けて、とにかく走るのが速い、遅いという結

果だけで捉えがちな子どもたちの陸上競技観に対して、走る仕組みを調べさせながら奥深い競技であることに気づかせようとしています。そして"リレーだとなぜ速くなるの？"という問いを投げかけ、（1）「4人で200mも走っていない！」→（2）「スピードに乗ったバトンパス」→（3）「一人が走る距離は50mでなくてもいい」→（4）「レースを楽しむ」という段階を追って授業を展開しています。このような授業のプロセスを集約したのが単元名であり、小山はそれを「公式レースの醍醐味―4×50mリレー」（傍点：筆者）と表現しているのです。

　さらに小山の中学3年生の単元「50m走を追究する―日本人9秒台の夢と授業グラウンドをつなぐ―」実践も見てみましょう。そこでは子どもに「生涯スポーツに向けて、計画・運営を自分たちの手で」という中学3年生の学習テーマに向けて、まず最も単純と思われる「走る」という人間の運動について、とことん追究する経験をさせています。具体的には、（1）自分の走りへの思いを吐露させ（オリエンテーション）→（2）自分の力で記録に挑戦（2〜3時）→（3）自分の走りはどうなっているか？（田植えライン走・ストライド調査、4〜8時）→（4）「リズム走」で「わかる」「できる」体験（9〜14時）→（5）オリジナル・スタート方法の創造（15時）→（6）まとめの記録会という流れで授業を展開しています。このような単元構成を通して、短距離走は知的好奇心の旺盛な中学生にとって魅力ある教材になるのであり、小山はそれを「50m走を追究する―日本人9秒台の夢と授業グラウンドをつなぐ―」と表現しています。

　以上のように、小山にとって単元名とは、この単元で何を教えたいかという思いと、これからどんな授業が展開されるのだろうかという、子どもたちの期待感や課題意識を引き出すような言葉で書かれています。学年テーマに方向づけられた教科内容に基づいて、子どもの「観」

（思想や概念、ものの見方や考え方）をゆさぶり、さらに運動文化の主体者形成につなげる意図を持ったテーマを、単元名に反映させているのです。小山が書く単元名は、与えられた内容をどう教えるかではなく、「なぜ、何を教えるか」を自問自答した結果、教師のこだわりの中から引き出されたテーマであることが読み取れるでしょう。

## 3.　単元設定の理由

　通常、単元名を設定した後には、単元設定の理由が解説されることになります。そこでは、その単元を、どのような理由（教育的価値、学習の必要性等）から取り上げようとしたのか、その根拠は何か、また、その教材をどのように考えているのか（教材観）、単元の内容と関わる子どもの実態、どのように指導しようとしているのか（学習指導観）などが記されなければなりません[5]。つまり、単元設定の理由を書く際には、必ず授業を行う教師の体育観、子ども観、教材観、指導観などが問われることになるのです。

　例えば同志会の場合、運動文化論に立脚した体育教科観が強く影響しています。具体的には、学校体育の目的を「すべての子どもが運動文化の主人公になること」＝「運動文化の継承・発展・変革・創造の主体者形成」であると考え、スポーツを歴史的・社会的に捉えたうえで、子どもたちがスポーツという文化を継承しながら、その変革と創造を担っていくことを意図しています。この考えの基盤には、教科の背景にはそれぞれ固有の文化や科学があり、子どもたちを「文化創造の世界に生き生きと参入させること」が教科の主要な任務であるとする、教育学の教科成立根拠論[6]があります。このような考え方に立脚するならば、例えば「一人ひとりが考える○○」や「自分たちでつくる○○」というように、授業での学習活動を子ども主体でつくっていくことを全面的に掲げるような単元名を設

定することが考えられます。

　同志会ではさらに、「すべての子ども」という精神と思想を持つ「みんながわかる―できる」授業、言い換えれば「わかる（技術認識）」を"接着剤"として、「でき具合」「わかり具合」の異なる異質な子どもたちが学び合って、結びつくグループ学習の在り方を追究してきました。このような考え方を単元名に反映させる場合には、「みんな」というキーワードを強調してもよいかもしれません。

### 4.　「3ともモデル」と単元の関係

　単元名は授業の目標とも連動します。先に述べたように、同志会では「運動文化の継承・発展・変革・創造の主体者形成」を学校体育の目的としてきましたが、その実現に向けて「技術的側面」（技術習熟と認識）―「組織的側面」（組織・運営・管理能力）―「社会的側面」（文化認識、社会的統治能力）から体育の学力を捉え、この学力に対応する教科内容（領域）を構想して授業づくりをしてきました。その成果は『体育・健康教育の教育課程試案』（以下『試案』）[7] において整理されており、そこでは運動文化が持つ技術性、組織性、社会性に関わる内容の広がりと「できる・わかる・生きる」という学びの質的発展を包み込む実践課題＝「3ともモデル」（図1）が構想されています。
「3ともモデル」を意識して単元を構想する際には、「ともにうまくなる」課題領域では、技術や戦術について「みんながわかってできる」ことがめざされ、「ともに楽しみ競い合う」領域では、スポーツをともに楽しみ共有しようとする際に生じる人間関係や組織の問題を、民主的な手続きや合意形成によって解決していくことがめざされます。そして「ともに意味を問い直す」領域は、子どもたちがスポーツ活動や運動学習場面で様々な問題や矛盾にぶつかったとき、それらを自分自身の問題として素朴に問い直して意味づけようとする段階から、歴史的・

社会的レベルで問い直してその文化的価値や社会的意義を明らかにしていくまでの広がりを持つもので、主に、子どもの価値（観）形成と深く関わる領域です。実際の体育授業では、「ともにうまくなる」（技術的内容）と「ともに楽しみ競い合う」（組織的内容）が中心的な課題となって展開される場合が多いと思われますが、いずれも具体的な単元の目標として設定され、それが単元名（授業のテーマ）に反映されることになります。

　同志会の特徴的な体育授業でも、「ともにうまくなる」と「ともに楽しみ競い合う」学びが異質協同のグループ学習活動として展開され、そこで生じる教科内容をめぐるつまずきや、生活を背負った子どもたちの価値観と運動文化の間の衝突や矛盾が「ともに意味を問い直す」学習の契機となっています。単元設定との関連でいえば、教師がこのような学習の契機を意識すれば、これらの学習内容や学習活動が単元名に表れることになると考えられます。

図1　「3ともモデル」

### 5.　教育実習生が単元名を書くためにすべきこと

　さて、これまで述べてきたことをふまえて、教育実習生が単元名を書くうえで大切なことを整理しておきましょう。

　第一に、単元名は教材名や種目名を記すのではなく、その実践に対する教師のものの考え方、想いや志を表現することが重要です。また、実践の特徴を象徴的に示すものでなければなりま

せん。したがって、単元を通じてどのようなことを子どもに学ばせたいか、そこではどのようなことを大事にしたいか、改めて自分自身の教育観、子ども観、教材観などを再確認しておくことが必要でしょう。

　第二に、単元名は学習テーマである「出口像」に向けた、教育目標や学習目標を表現することが望ましいです。つまり、より長期的な視点に立って、どういう子どもを育てていきたいのか考えたうえで、一つひとつの単元を構想していくことが必要になります。したがって、具体的な単元名を書く際には、カリキュラム全体におけるその単元の位置づけを意識することが必要になります。

　第三に、単元名では、授業のプロセス等を象徴的に表現することで、子どもたちに授業の方向性を伝えることもできます。単元名を書くときには、子どもたちの知的好奇心を刺激するような、魅力的なタイトルにすることを心掛けましょう。

　これらのポイントを踏まえて、単元名を書く際には、授業の目的や方向性、展開予定や子どもへのメッセージなどを考慮したうえで特徴的なキーワードを選定し、個性のある単元名を作成することが大切になります。

【注】
1) コア・カリキュラムは 1930 年代にアメリカで提唱され、とりわけ子どもの生活上の問題解決場面がコアとなる経験主義のカリキュラム構造を持ち、実生活の問題解決に向けた内容や活動を関連づけながら展開するという特質を持つ。コア・カリキュラムは、敗戦直後の日本にアメリカから取り入れられ、「生活教育」運動を支えた。コア・カリキュラム論とその実践の展開は、1948 年に設立されたコア・カリキュラム連盟が指導的な役割を果たした（日本カリキュラム学会『現代カリキュラム事典』ぎょうせい、2005 年、20-21 頁）。

【引用文献】
1) 日本カリキュラム学会『現代カリキュラム事典』（ぎょうせい、2005 年、166 頁）。
2) 丹下保夫「教科としての「体育」の本質は何か」（『生活教育』第 12 巻 10 号、55 頁）。
3) 鉾山泰弘「学習活動のまとまりとしての単元」（田中耕治編『よくわかる授業論』ミネルヴァ書房、2008 年、51 頁）。
4) 小山吉明『体育で学校を変えたい』（創文企画、2016 年、81-102 頁）。
5) 佐々木昭『学習指導案の研究と実際』（学文社、1993 年、62-63 頁）。
6) 梅根悟「教科の教育的使命」（「現代教育経営」編集委員会編『現代教育研究 9』日本標準テスト協会、1968 年、366 頁）。
7) 学校体育研究同志会教育課程自主編成プロジェクト編『教師と子どもが創る体育・健康教育の教育課程試案第 1 巻』（創文企画、2003 年）、同編『第 2 巻』（創文企画、2004 年）。

【参考文献】
丸山真司『体育のカリキュラム開発方法論』（創文企画、2015 年）。
丸山真司「体育の『学習指導案』再考」（『たのしい体育・スポーツ』2015 年 10 月号、8-11 頁）。
丸山真司「単元名の書き方─教科の背後にある文化的な特性と単元の関係」（学校体育研究同志会編『スポーツの主人公を育てる体育・保健の授業づくり』創文企画、2018 年、12-15 頁）。

# 第１章 学習指導案をつくろう

## 3 「単元のねらい」の考え方

### 黒川哲也

## 1. 「単元のねらい」とは何か

「単元のねらい」とは、単元を終了した時点での子どもたちの姿を予め想定して、描き出したものです。例えば、10時間のバレーボールの授業を終えた時点で、子どもたちにどんな技能や技術認識、学習のスキル、学習への意欲やバレーボールに対する見方・感じ方を形成するのか。これを具体的に構想したものが「単元のねらい」です。したがって「単元のねらい」は、授業の計画段階で教材や学習スタイル等を選択して、具体的な教え・学びの展開を構想したり、実践の過程において計画を修正したりするための「ものさし」として働きます。以下では、「単元のねらい」を設定するうえで必要となるポイントについて解説していきましょう。

## 2. 陶冶と訓育

学校における教師の教育的働きかけは、陶冶と訓育という二つの機能をもっています。陶冶とは人類が創造・発展させてきた科学・文化・芸術に関する知識・認識、技術、芸術的形象等を獲得させる機能です。これに対して訓育とは、子どもの価値意識や態度、信念や世界観などを形成する機能のことを言います。学校の教育課程は、この二つの機能を、それぞれ主として担う二つの領域に大分されています。すなわち、陶冶を主として担うのが教科領域であり、訓育を主として担うのが教科外領域というわけです。

ただし、注意する必要があるのは、どんな場面でも陶冶と訓育は常に「一つの過程の二つの側面」として、相互に規定しながら教育的働きかけを構成しているということです。つまり、どれだけ科学的で系統的に教科内容が用意されたとしても、それが子どもたちの発達の必要や要求と結びつけられず、彼・彼女らが学ぶことの意味を感じないまま教えられたとすれば、教材や学習活動に対する否定的な態度や価値意識を育てることになってしまいます。また、協力や規律を守るといった態度や価値意識を、子どもたちとの合意なしに教師からの説論などで一方的に押しつけることも、学び取られる内容の科学性や、教科の学びの意味を歪めてしまいます。そのため、「より豊かな訓育がより確かな陶冶の条件となり、逆により確かな陶冶がより望ましい訓育を保障する」という関係として、授業の過程で追求される必要があります。

授業において追求される陶冶に関するねらい、つまり、教科で学習する科学や文化についての「できる」や「わかる」は、その成果が比較的短期に、しかも明示的に現れ、客観的な評価基準を用意したテストや観察を通じて計測することが可能です。こうした側面についてのねらいを、「到達目標」「達成目標」といいます。

これに対して訓育に関するねらい、つまり態度や信念、価値意識などに関する変化は、長期にわたる経験を通じて獲得されるものであり、数時間の単元レベルで計測・測定すべきものではありません。こうした特性から、訓育に関する目標は「方向目標」と呼ばれます。そして訓育の働きかけは、教師の直接的な説論等によって行われるのではなく、科学や文化の学びの過

程における子どもたちの自己形成を励ます働きかけが必要だと言えます。具体的には、内容の構成や学習活動の組織化の方法によって、働きかけていくことが想定されます。

## 3.　スポーツの主人公に必要な力

　では、体育という教科で教え・育てるべき教養とは何でしょうか？

　体育科は、人間が創造・継承・変革・発展させてきた、スポーツ文化についての基礎的教養を子どもたちに獲得させることを、教育課程における固有の役割として担っています。人間が人間らしく生きていくうえで、身体形成の必要と欲求を満足させること、つまり、健康で幸福な生活を営むために必要な身体的・運動的能力を獲得することは、私たちにとって欠くことのできない権利です。その権利を享受し、そして、さらに、より多くの人が享受できる権利へと発展させていく主人公を育てることが、体育の授業に課された使命とも言えるでしょう。

　しかし、そのような主人公に必要な力や経験は、教師が体育授業の構想段階で意識し、意図的に指導の計画に組み込まないと保障することができません。例えば学校では、授業や部活動においてスポーツを学んだり、楽しんだりするための仲間が予め用意されていますが、社会に出ると自分たちで仲間を集めたり、場所を確保したり、用具を管理したりしなければ、自分たちのペースで、自分たちなりのスポーツの楽しみ方を実現することができません。そのような状況を想定して、「単元のねら

い」を定めるのです。

　具体的には、図で示されたようにスポーツを技術性・組織性・社会性の３つの領域から構造的に捉え[1]、全面的に学習することを頭に入れて「単元のねらい」を構想する必要があります。「単元のねらい」を考えるうえでも、スポーツの主人公として、どのような力や経験が必要になるのか、そして、自分が取り組む授業・単元では、何を教え、経験させるのかを明確にする必要があるでしょう。言い換えれば、体育授業を技術的内容の習得に限定するのではなく、教材の文化的特性と歴史的発展の源泉となった要因（技術・戦術的な矛盾や社会的要因）にまで遡って学習させることが必要になるのです。

---

**Ⅰ　スポーツの技術性に関わる内容（領域）**

1. 技術的内容
（運動技術、戦略・戦術の認識と技能習熟）
　①運動の場（時間・空間＝対象的諸条件）および場の特性（媒質）に応じた身体コントロール
　②わざ、表現様式をもった身体コントロール
　③運動手段（道具）の特性に応じた身体コントロール
　④ゲーム場面に応じたコンビネーションの構成（戦術）
　⑤試合・ゲーム・レースプラン（戦略）の構成

2. 技術指導（技術学習）の系統性
（うまくなるには筋道があること）
　①基礎技術の規定
　②系統性とスモールステップ
　③指導（学習）と言語化

3. パフォーマンス（できばえ）の分析方法
（技術・戦術分析）
　①パフォーマンスの観察方法
　②パフォーマンスの記録・記述の方法
　③結果の分析と総合（事実、原因、手だて）

**Ⅱ　スポーツの組織性に関わる内容（領域）**

1. グループ（組織）づくり
　①グルーピングの方法
　②グループの機能（役割）分担
　③グループミーティングの方法

2. グループの戦略・プランづくり
　①グループ目標の立案
　②試合・練習計画の立案
　③計画の評価と調整

3. ルールづくり・ゲームづくり
　①ルールの基本原則の理解
　②ルールづくりの意味
　③ルールの仕組み・内容
　④ルールを守ること

4. 競技会・発表会（大会）の企画と運営
　①競技方式とその特徴
　②競技会・発表会の企画
　③競技会・発表会の運営と管理

5. スポーツ（表現作品）の評価と鑑賞
　①よいプレイ・よい試合とは何か
　②技術美
　③作品づくりとしてのスポーツ表現の様式
　④スポーツ批評

---

**Ⅲ　スポーツの社会性に関わる内容（領域）**

（この領域は必ずしも理論学習で扱う必然性はない。実践学習に関連する内容として学習する場合もある。内容によっては理論でしか扱えないものもある。）

1. 技術の社会・歴史的な性質と発展（「うまい」「へた」を社会歴史的に認識する）
　①スポーツ手段（道具）や対象（場）の変化と技術・戦術の変化
　②ルールと技術・戦術の関係（矛盾とその解決）
　③練習やトレーニング方法の科学的な研究と開発
　④技術・戦術を普及し発展させる組織の取り組み

2. スポーツの発展史と発展論（運動文化の発展をどう捉えるのか）
　①近代的な理念・様式の成立と発展
　②文化の普及と変容や発展の様相（ローカリゼーションとグローバリゼーション）
　③人類の現代的な価値追求（平和、自由と平等、人権、環境など）とスポーツの理想や理念
　④スポーツ振興法と政策・行財政の展開

3. スポーツの主体の成立と形成（スポーツの主人公が担うこと）
　①文化の担い手の拡大と組織化（クラブ、協会、連盟）
　②スポーツ組織の自治と自立（手段、ルール・規範、財政の管理運営）
　③スポーツ権の生成と展開（理念、体系、法的根拠）
　④現代スポーツの社会問題を解決する主体の形成（様々な事例と主体形成の可能性）

## 4. 「できる」と「わかる」の関係

　では、体育授業の中心となるプレイの学習における「できる」と「わかる」について、さらに深く解説しましょう。

　例えば、「ゴール型」と呼ばれるスポーツは、サッカーやバスケットボールのように、ボール操作の技術に違いがありますが、ゴール前までボールを運び、防御をかわしてフリーの時空間をつくり出すことを攻撃の課題とするという共通性があります。パスやドリブルは、このための手段として活用されるものであり、それらを個別に練習して、全体としてのまとまりを欠いた状態（部分的・要素的に技能を習熟しただけ）では、ゲームには役立ちません。できる・わかるための学習は、このような教師による教材の技術構造や技術的特性の把握が前提となり、子どもの発達段階に応じて、この技術構造や特性を「わかってできる」ようにすることが大切です。そして、初期段階における技能の学習は、大胆に省略した教材を設定することも必要となるのです。これを踏まえて、具体的なプレイの学習における「できる」「わかる」の関係について、さらに見ていきましょう。

　人間の運動は、いくつかの段階を経て「できない」から「自動化」へと発達していくことが明らかにされています[2]。

　この表に見られるように、「〈できる〉という段階に至る前に〈わかる〉という段階があること、しかもその〈わかる〉ためには運動表象として思い浮かべられる」ことが必要なのです[注1]。授業にのぞむ子どもたちは、新しい教材を目の前にして、多くの場合「できない」段階にあります。なかには、「どうにかできる」段階や、その次の「分化・修正」段階に到達している子どももいるかもしれません。したがって、それぞれの子どもの「できる」段階に相応する「わかる」学習を用意する必要があるのです。

## 5. かかわることの重要性

　先にみたように、「できる」ためには「わかる」を獲得・洗練していく必要があり、運動表象が獲得されていない子どもにとっては、できるために必要な動きのタイミングや速さ、力の大きさや方向といったポイントについて、具体的にアドバイスしてもらえることで、「わかる」を獲得することができます。逆に、自分なりにできている子は、できない子に教えることで、自分なりの「コツ」を相手に伝わるよう言葉や動きに変換したり、できない子のわかり方を探り、自分なりの「わかる」を対象化・客観化したりします。さらに、教師が観察のポイントや技術を分析する方法（例えば側転の"手型足形"や

| 「できる」 | 「わかる」 |
|---|---|
| Ⅳ. 様々な条件の中で自らの動作を意図的に制御しながらできる（安定化・自動化） | Ⅳ. 客観的な技術構造と運動の法則性のレベル<br>：特別の場合を除いて、行い方を意識しなくなる。意識を敵や次の動きへと移すことができる。 |
| Ⅲ. ある（容易な）条件の範囲内であれば確実にできる（分化・修正） | Ⅲ. 自分なりのやり方が明確になるレベル<br>：様々な条件に対応してどのように動きを変更すれば良いかがわかる。また、そのときの「でき具合」からどうやったら（修正すれば）よいのかがわかる。<br>：Ⅱの段階で獲得された「わかる」が自分なりの「コツ」としてはっきりとわかる。 |
| Ⅱ. どうにかできる（粗協応） | Ⅱ. 素朴全体的なレベル<br>：いつ、どのくらいのスピードで、どこで、どの方向で、どのくらいの力で運動を行うかを運動感覚としてわかる。 |
| Ⅰ. できない | Ⅰ. 図式的技術レベル<br>：一流選手やうまい子の動きを見てやり方が「何となく」わかる。しかし、タイミングや力の入れ方などは感覚的につかめていない。 |

吉田・三木ら（1996）を参考に筆者が作成

ボールゲームのゲーム分析で用いる“心電図”“ボールの軌跡図”など）を提示することで、観察・分析の結果にもとづいてうまい・へたに関わらず、教え合いを成立させることが可能になります。

　運動感覚や「コツ」といった、主観的で一人ひとりに固有なわかり方を教え合う過程は、表面的な関係にとどまる集団には、担いきれるものではありません。教えようとする相手のからだの中に入り込み、感覚的なわかり方を探り、自分の体の内側にある「コツ」を相手に伝える関係は、まさに子ども同士の人格的交流を求めるのです[3]。そのため、このかかわりを担う集団は、差異を含む「異質集団」として編成され、単元の間、固定されることが必要です。こうしたかかわりあいを成立させるためには、単元の目標・内容・方法のすべての次元で「共同性」が追求されることが必要です。つまり、「子ども同士の対等で協同的な結び合いや関わり合いを学習過程で求めること＝目標次元」、「教え合い・学び合うことを不可欠とするような学習内容や学習テーマが設定されていること＝内容次元」、そして「学習活動に対話、交流、共同探求などの協同化された取り組みが仕組まれていること＝方法次元」が必要なのです。

## 6.　「単元のねらい」の組み込み方

　さて、以上のようなポイントをふまえて「単元のねらい」を設定する場合、「わかる」「できる」「かかわる」という領域は、教師が当該単元で主として扱おうとする内容に沿って設定されます。つまり、教材の技術性にかかわって「プレイの時空間やコートなどの理解、道具の理解及び場や道具に応じた身体の動かし方」「コンビネーションプレイの行い方」「技術やゲームの分析方法」が「わかる」「できる」の中心に置かれる場合、その内容を学び取るため（そして，その質的発展）にふさわしい「かかわる」関係が編成・発展させられることになります。つま

り、スポーツの行い方に関する学習として「グループの役割分担」や「『みんな』で合意できる活動の目標・練習計画の立案・計画の評価と修正」や「自分たちに合ったルールを創り出す」ことも課題として設定されていくのです。

　その前提として，対象となる子どもたちの教材や学習方法についての既習経験だけでなく、彼・彼女らが日常生活の中で獲得したスポーツについての見方・感じ方を掴まえ、これを計画に反映させることが必要となります。

　以上、解説してきたように、「単元のねらい」は、目の前の子どもたちの実態を前提として、彼・彼女らにとって意味のある学びをつくり出す教師の構想を表現したものなのです。

【注】
1）この点については、矢部智江子「みんなで学ぶ『こうもりふりとび』」及び田中新治郎による「コメント」を参照。いずれも久保健編『「からだ育て」と「運動文化」』（大修館書店、1997年）所収。

【引用文献】
1）学校体育研究同志会教育課程プロジェクト編『私たちの教育課程試案　第1巻』（創文企画、2007年、186頁）。
2）吉田茂「動き方はどのように覚えるのか」（吉田茂・三木四郎編『教師のための運動学　運動指導の実践理論』大修館書店、1996年、112-133頁）。
3）海野勇三・堀田浩一・黒川哲也「子どもの学び合い質を高める指導—あて学習とグループ学習の比較から—」（『体育科教育』第45巻5号、32-36頁）。

【参考文献】
黒川哲也「単元のねらいの考え方」（学校体育研究同志会編『スポーツの主人公を育てる体育・保健の授業づくり』創文企画、2018年、16-19頁）。

# 第1章 学習指導案をつくろう

# 4 教材とは何か

中瀬古　哲

## 1. 教材の定義

　一般的には、「教育目的を達成するために、児童・生徒が直接触れる素材」あるいは「カリキュラムまたは単元を構成する内容そのもの」と定義されています。学習指導要領には、目標や内容についての記述はありますが、教材についての詳しい説明はありません。ちまた（Web上）の解説等には、テキスト／教科書＝教材という記述がみられます。保健体育科においては、我々自身の身体あるいは身体活動・技能習熟過程（経験）そのものが、目標を達成するための具体物・素材＝教材とみなすことも可能です。実践現場では「今回バレーボールが教材、どんな授業（指導）をしようか」という言い方は日常的です。この場合、バレーボール＝教材ということになります。文部科学省の学校教材整備指針（2019年改訂）においては、教授・測定用あるいは運動・競技用の道具や機器が教材として示されていますが、一般的定義との齟齬が大きく、実際に指導案を書く際にも「道具・機器＝教材」と定義してしまうと上手くいきません。どうやら教材という言葉は、その文脈によって多様な解釈が可能な多義的で曖昧な概念のようです。

## 2. 教材観—問われる意味・本質・教育観

　指導案作成においては、必ず教材観（その運動の特性）が問われます。その作成にあたっては、指導者の教材（運動）に対する見方・考え方を、自分自身の意見・言葉で表現せねばなりません。「なぜ」「何のために」その教材（運動）を選択したのか、その教材（運動）で「教えたい・学ばせたい内容」あるいは「培いたい力」は何なのか、その教材（運動）は、子どもたちの興味・関心を喚起し、すべての子どもの能動的な学びを保障するものなのか等、指導者の教材に対する"願い"と、その教材でどのような子どもの学びを実現するのかという"見通し"が鋭く問われるのです。

　一般的に、授業を前提とした教材についての理解を深める営みを「教材研究」、あるいは「教材解釈」、授業づくりにおいて教材を構成・開発する営みを「教材づくり」と呼びます。体育科においては、既存の「身体運動文化（広義の意味でのスポーツ活動・遊び）＝素材」を、子どもの発達を踏まえて改変（教授学的改変）したものを「教材」と呼ぶことが定着しつつあります。以下では、このような区別や関連性も含めて、さらに深く解説をしていきます。

## 3. 教えるための材料・媒介物という見方・考え方

　さて、表1に示した①〜⑲の語群のうち、教材に該当するものはどれでしょうか。教材研究や教材づくりといった場合、何を対象とするのでしょうか。実は、これらの言葉を、整理し考えることのできる論理の発展が、教材概念の発展に他なりません。

　他教科においては、③教科書が主要な教材であるとする考え方が支配的です。体育科においては、⑨運動遊び、⑩運動種目は、教材なのかそれとも教科内容なのかという議論が存在しま

表1　体育の授業づくりに関わる事項

①学習指導要領、②学習指導要領解説書、③教科書、④副読本、⑤各種スポーツの技術解説書、⑥スポーツ・ドキュメント、⑦スポーツ研究の成果物、⑧体育実践記録、⑨運動遊び（鬼ごっこ etc.）、⑩運動種目（サッカー、バスケットボール etc.）、⑪運動教材（ラインサッカー、ポートボール、ドル平、田植え走 etc.）、⑫運動技能（アウトサイドキック、レイアップシュート etc.）、⑬体育館、運動場、施設（ジャングルジム、登り棒 etc.）、⑭器械・器具（跳び箱、サッカーゴール etc.）、⑮道具（ボール、縄跳び etc.）、⑯ライン引き、⑰ホイッスル、⑱視聴覚機器、⑲コンピューター

す。厳密にいえば、⑨運動遊び、⑩運動種目は素材であり、その素材を加工したものが教材（⑪運動教材）であるということになります。しかし、⑨運動遊び、⑩運動種目は内容という側面も有しており、単純に分類できないところに他教科とは違う体育科の教材把握の難しさが存在します。

　これらの事項は、「素材（文化財）」「教科内容」「教材」「教具」といったキーワードで整理することが可能です。指導案作成において教材観を書くためには、これらのキーワードの内実と関係を把握しておくことが前提条件となります。教育実習生にとっては、実践現場で学ぶ者としての最低限のマナーとも言えるでしょう。それを踏まえて整理すると、教材は以下のように説明することが可能です。

　単元のねらい（授業の目標）を実現するために、あるいは、教育内容や培いたい力を獲得するために、子どもが直接的に働きかけることのできる具体物。教育目標を達成するための材料、内容を伝え、学習者を結ぶ媒介物であり、基本的には子どもを変えていくための教授手段（方法）として存在する。

## 4. 「教材」と「教科内容」の区別

　教材という概念は、「教授材料」の略語が起源であり、戦前は、教育における文化財一般を指す語として用いられていました。戦後「新教育」の時期以降は、戦前の反省から、子どもの経験そのものが教材であるという考え方があらわれました。子どもの学びの事実から、授業を構想するという点は評価されましたが、教科や教育内容・教材の背後にある「学問・芸術・技術」等の文化財一般を、的確に位置づけることができないという弱点（経験主義）を持っていました[1]。

　体育科においては、多くのスポーツ種目が教材として入ってきました。その背景には、子どもにスポーツを経験させれば民主主義的な態度を養えるという素朴な考え方が存在しました。この当時の経験重視の体育授業は、十分な成果をあげることができず、「スポーツおぶさり主義」と批判されました。しかし、1960年代の各教科における教科内容研究の進展をうけ、「教材と教科内容を区別する論理」が生まれてきました。この論理の特色は、教材概念を教育実践の構造に即して「目的部分」（何を教えるのか）と「手段部分」（何で教えるのか）に二重化し、前者を「教科内容」、後者を「教材」として規定し直したところにありました[2]。

　そこでは、教科内容は、教科固有の"科学的概念・法則"、教材は、教科内容が具体化された"事実・現象・素材"であるとされました。

　この論理は、主要には、科学的概念の獲得を標榜するいわゆる知識教科を中心に発展しました。しかし、体育の授業においても、学校体育研究同志会が、体育科の成立基盤を、文化・科学及び芸術を内包した運動文化（広義の意味でのスポーツ）に求め、運動文化に関する科学や文化的総合性を教科内容とする考え方を提起し、「ドル平」「田植え走」「2：0」等の教材を生み出しました。

表2　教材と教科内容の区別の具体例

| 教材<br>（事実・現象・素材） | 教科内容<br>（科学的概念・法則） |
|---|---|
| てこ・てんびん | 力学的法則 |
| 食塩水 | 溶解 |
| へちま | 植物の栄養や成長に関する法則 |
| 剣山の上に立つ | 圧力の分散 |
| 田植え走 | 走運動の科学 |
| 「2：0」 | コンビネーションプレーの基礎 |

## 5.　「教材」と「素材（文化財）」の区別

　これまでの議論を踏まえると、内容＝サッカー、教材＝サッカー、教具＝サッカーボールという単純な発想からは決別する必要があると言えます。

　そもそも、小学校や中学校の体育授業においては、正式のルールでスポーツを行うことの方が稀です。小学生のサッカーではオフサイドを適用しないことが多いでしょうし、バレーボールの授業においては、ネットの高さを低くする、キャッチ（ホールディング）や、4回までのタッチ（オーバタイム）を認める等のルールの変更・緩和が行われてきました。これらの行為は、子どもの発達に応じて素材（＝文化財）に変更を加えているという点において、教授学的改変と呼べるものであり、ある意味での教材化と捉えることができます。

　かつての体育科における教材概念の問題性は、教科内容を明確に意識し、それとの関係において目的的・意識的に教授学的改変を行ってこなかったと言いかえることができます。それが先に挙げた、内容＝サッカー、教材＝サッカーという考え方です。また、スポーツのルールや技術構造を調べることが、つまり、本来、素材研究・素材解釈と呼ばれる営みが、教材研究や教材づくりであると誤解されてきたという点に、体育科教育における教材概念把握の弱点があると言えます。指導案を作成する際の教材は、あくまでも、授業で扱われた（扱われるであろう）活動のルールや技術構造です。したがって、

既存のスポーツや運動種目（素材）の理解を深めるとともに、実践報告や実践研究において扱われた具体的活動（教材）を、分析・検討することが求められます。

　指導案づくりのためには、まずは素材そのものの研究（素材研究・教材解釈）があり、さらにその素材を子どもの学びの対象として再構成する営み（教材化・教材づくり）という、二つのプロセスが存在するのです。授業を計画し、実際に指導するまでには「素材（文化財）―教科内容―教材―教具」の区別と関連を意識する必要があるということです。

## 6.　学習指導案と教材づくり

### (1) 教科内容の措定と教材づくり

　学習指導要領には、①健康の保持増進、②スポーツライフを実現するための資質・能力の育成、の2つが究極のねらいとして示されています。この究極のねらいから、単元・授業のねらいや教材を導くことはできません。「解決に向けた学習過程」「その特性に応じた各種の運動の行い方」「基本的な動きや技能」（以上、指導要領より）の、内実を構成するものが教材にほかなりません。教材の基となる素材は、体育科の内容構成（表3）から選びます。

表3　体育科の内容構成

| 学年 | 1・2 | 3・4 | 5・6 |
|---|---|---|---|
| 領域 | 体つくりの運動遊び | 体つくり運動 | |
| | 器械・器具を使っての運動遊び | 器械運動 | |
| | 走・跳の運動遊び | 走・跳の運動 | 陸上運動 |
| | 水遊び | 水泳運動 | |
| | ゲーム | | ボール運動 |
| | 表現リズム遊び | 表現運動 | |
| | 保健 | | |

　さらに、学習指導要領には、例えば「マット運動では、回転系や巧技系の基本的な技を安定して行ったり、その発展技を行ったり、それを繰り返したり組み合わせたりすること」と学習

の筋道が大綱的に示されています。大綱的な記述にとどめているのは、ここから教科内容を措定し、子どもや地域の実態に応じて、自由かつ創造的に教材を構成することが求められているからにほかなりません。

　マット運動ならば、具体的には、マット運動の背景にある器械体操（床運動）の分析・検討（＝素材研究）を通して教科内容を措定し、その教科内容を、子どもが働きかける（学習）が可能な具体物（教材）を、構成することが教材づくりです。

## (2) 各教材の「共通性」と「固有性」

　先に示した、「解決に向けた学習過程」「その特性に応じた各種の運動の行い方」「基本的な動きや技能」は、実は教材の「固有性」を決定づける部分です。「他者に伝える力」「楽しく明るい生活を営む態度」等の中身は、各教材に共通するものであり、そこから直接的な教材選択の根拠あるいは必然性を語るのは困難です。体育科以外の教科においても培うことが可能で、すべての授業において目指すべき教育実践の目標であるとも言えます。

　教科内容や教材の構成は、主要には「固有性」に着目することであると言い換えてもよいでしょう。その運動でしか味わうことのできない楽しさの質（固有性）をどう考えるかは、素材研究（教材解釈）にあたると言えます。教師の教育観・スポーツ観によってその解釈は多様で自由です。その妥当性や正当性は、スポーツの科学研究や運動文化研究の水準並びに授業実践研究領域の成果に規定され、日々の授業・子どもの学びの事実によって評価されます。そういう意味において、教材は常に仮説であり、授業は常に実験的であると言えます。

　教材づくりは、子どもの生活や学習の実態を踏まえ、素材（運動文化）を、学習のための具体物（教材）に改変する作業です。それは、枝葉末節な要素を暫定的に捨象し、簡易化する営

みでもあります。そこでは「何のために」「何を」捨象するのか（教材観）が鋭く問われます。

　最後に、教材づくりにおいて最も重要なことは、それを決定するのは、教師自身であり、この創造的・芸術的な営みこそが、教師の専門性の根幹であるということを忘れないでください。

【引用文献】
1）藤岡信勝「教材づくりとは何か」（青木一・大槻健他編『現代教育学事典』労働旬報社、1988年、215-216頁）。
2）同上。

【参考文献】
中瀬古哲「教材とは何か」（学校体育研究同志会編『スポーツの主人公を育てる体育・保健の授業づくり』創文企画、2018年、20-23頁）。
岩田靖『体育の教材を創る』（大修館書店、2012年）。
丸山真司編『中村敏雄著作集第3巻体育の教材論』（創文企画、2008年）。
阪田直彦『体育の授業と教授技術』（大修館書店、1990年）。

# 第1章 学習指導案をつくろう

## 5 子どもの発達・生活課題と体育の関係

制野俊弘

### 1. 子どもの発達課題をつかむということ

子どもの発達は、一様に、教科書通りに遂げられるわけではありません。これはどの年代をみわたしても同じです。子どもそれぞれに発達の個人差があり、その態様も様々です。もちろん人間の発達のみちすじに関する基礎的な知見は必要ですが、それを唯一絶対的なものとして指導することは危険です。

このことから、私たちはまず、子どもの発達がどのような状態にあるのかを正確につかむ必要があります。例えば、陸上競技（運動）の走運動で言えば、走りのリズム（ピッチやストライド）、走り方そのものがどうなっているか、球技（ボール運動）で言えば、ボールの投げ方や正確さはどうなっているのか、またそれを受けるための空間認知能力はどうなっているのかなど、基礎的な運動能力や経験の度合いをなるべく正確につかむ必要があります。これらは、教師が子どもたち自身に課題をつかませ、自力で解決させるための手立てを考える際の基本的な条件把握となります。これを間違えると、その後の運動課題や認識内容が、子どもの実態に即さないという初歩的なつまずきとなって現れます。

目の前の子どもたちがどんな運動経験や学習をしてきたのか—「子どもの経験や学びの履歴」をつかむことは、学習の手立てを考える第一歩となります。まずは、学習の程度も経験も全く違う子どもたちなのだということを、教師は認識しなければなりません。

そして、そのような実態を知るためにアンケートや学習カード、感想文、作文などがあるのです。決して評価のためだけにあるのではありません。

### 2. 子どもの発達課題の背後にあるもの

子どもの発達課題の背後にあるものは、一体何なのでしょうか。

ある子どもは生まれた時から、保護者の手厚い庇護のもと、経済的にも潤沢な家庭で、何一つ不自由なく育ったとします。幼い頃からスポーツや自然体験など、様々な機会を与えられ、多くの体験を積むことでしょう。そこで蓄積される経験は、生涯にわたって記憶され、ことあるごとに発揮されるものとなるでしょう。

しかし、生まれた時から逆の境遇だった子どもはどうでしょうか。スポーツに接する機会も限られ、海や山に行ってその世界に存分に触れる経験も少なくなることでしょう。学習する機会や経験の差はいずれ歴然となり、その結果、「見たことはあるけれどやったことはない」「やろうと思ってもできなかった」という意識が醸成されていきます。

また、そういう機会を通じて、人と関わる経験に差が出るのも大きな問題です。その結果、同じような境遇の子どもとしか遊べず、意思が通じなかったり、経験の少なさが劣等感となったりして、自分を卑下してしまうことも考えられます。このような不可抗力的な状況が、様々な子どもにとっての大きな課題となって横たわっています。

私たちはこれらを「生活課題」と呼んでいま

す。この「生活課題」は、子ども自身のもつ生得的な性質や能力とは別のところで、私たちに大きな問題を投げかけます。

しかし、近年は「学校スタンダード」により、画一的・形式的な授業方法が浸透しており、子どもの発達よりも授業の効率性や合理性のみが重視される傾向が見られます[1]。

### 3.　「生活課題」が私たちに投げかけるもの

友だちとうまく関われない子どもを例に考えてみます。その子どもは幼い頃から人との関わりが薄く、コミュニケーションをとろうにも、なかなかその手段が見つかりません。仲間と遊んだ経験が少なく、リスキーな遊び体験も少ないことから、いざ体育の学習で友だちと関わろうとしても、どうしても引っ込み思案になってしまいます。「見て気づいたことをアドバイスしよう」と投げかけても、一向に動こうとしないかもしれません。

また、ある子どもは「やる気」そのものが見られません。何をやるにしても億劫がり、面倒なことには取り組もうとしません。集中力が持続せず、途中であきらめたり、投げ出してしまったりすることが多いのです。あげくの果てには、友だちの学習を妨害したり、学習とは別のところでアピールしたりします。

実は、こういう子どもは最近増えているというのが現場の実感です。野井は、長年にわたる調査の結果、子どもの前頭前野の発達に何らかの発達の遅れが見られると主張しています[2]。それは、まず子どものからだの変化として現れ、やがて消極さや不活発さとなって現れると考えられています。朝から気だるそうにしている子ども、体温が上がらず思考が止まったままの子ども、十分な睡眠がとれず活発に活動に参加できないなど、子どものこころとからだの異変は、以前よりもかなり進んできているのです。つまり、子どもの発達の歪みの中にも、「生活課題」が反映していると言えます。

こういう子どもたちを目の前にして、私たち、とりわけ体育に関係する教師は、一体何をすればいいのでしょうか。体育は子どもの成長・発達の課題や「生活課題」と、どう向き合えばいいのでしょうか。

### 4.　運動文化の学習を通して「こころ」と「からだ」を育てる

体育は、あらゆる教科の中で唯一「からだ」を教育の直接の対象とする教科であり、運動文化の学習を通じて、子どものこころの発達にも関わる教科です。まさしく「こころとからだを一体のもの」として教える唯一の教科なのです。

しかし、実際はどうでしょうか。筆者は中学生の最初の授業で、毎年、「私と体育」という題で作文を書かせていました。すると真っ先に出てくるのは、「私にとって体育はレクリエーション」とか、「全ての教科の中で唯一息抜きができる教科」という子どもの声です。大学生に同じことを聞いても、やはり「体育はあまり頭を使わなくていい」とか、「ゲームのあとは気持ちがすっきりする」などの答えが返ってきます。これで「体育は学習だ」「教科の一つとして必要だ」と言えるでしょうか。

体育が教科として成立する根拠の一つは、「スポーツをはじめとする運動文化を習得し、先人たちが築いてきた運動文化を引き継ぎ、人間の文化らしく発展させる」ことにあります。運動の技術を身につける、その面白さを体得し、運動の意味を理解するなど「学ぶ内容」が明確になっていること、そして、その習得過程で運動文化そのものを「人間らしい文化」に創りかえていくことが、体育という教科を成立させる根拠の一つです。

もう一つは、この文化遺産（スポーツや運動文化）を習得した結果、あるいはその過程で人間としての見方や考え方を鍛えたり、子どもが本来もっている人間としての「からだ」を取り戻したりすることが挙げられます。スポーツや

運動文化を学ぶことで、平和や人権に対する感覚を磨き、共生社会を担う一員としての能力を身につけるとともに、人間らしい「からだ」を取り戻す契機にもなります。

そういう役割が体育にはあるのですが、単なる「レクリエーション」や「息抜き」の時間だと子どもたちが認識するということは、そのような内容しか学んでこなかったことになります。厳しい言い方をすると、「ただ楽しむだけで何も学んでいない」のです。「体育＝遊び」ととらえる子どもが実に多いのです。

このような状況の中で、私たちはあらためて「体育は運動文化の学習を通して、こころとからだを育てる唯一の教科である」ことを確認する必要があるでしょう。こころとからだの双方を同時に成長・発達させる教科、人類の文化遺産に依拠して子どもの成長・発達を保障する教科であるということを、肝に銘じなければなりません。

## 5. 体育は子どもの「生活課題」にどこまで迫れるか

では、体育は子どもの「生活課題」とどのように関われ
ばいいのでしょうか。そもそも体育は、子どもの「生活課題」と切り結べるものなのでしょうか。

これには大きく二つの立場が考えられます。一つは、「体育の役割」を子どもの体育・スポーツの生活に限定して考える立場です。これは「あらゆる教科の中で体育独自の役割は何か」を考える立場です。「体育の存立根拠を明確にする立場」と言えるでしょう。この立場においては、子どもの体育やスポーツに関わる生活を念頭において、授業ではそれに必要な知識や技術を学ぶことに主眼が置かれます。豊かなスポーツライフを標榜し、スポーツを通して社会参加をしていくことが可能となります。

もう一つは、「体育の役割」をもっと広くとらえ、子どもの「生活課題」の解決能力や生活

の変革まで視野に入れた立場です。これは「体育が教育課題の全般に関わる立場」と言えるでしょう。体育の授業を通して、先に述べたような「生活課題」を子どもたちに投げかけ、気づかせ、どうしたら解決できるかを考えさせる立場です。もちろん、ここでの「生活課題」は、スポーツや運動に関わる生活に限定されません。「人との関わり」や、その子ども自身がもっている不自由さ、不都合さの克服、生きづらさの根本を問うような授業が構想されることになります。

前者には、「子どもが生きるのは何もスポーツや運動に関わる生活だけではない」「子どもは生活の重荷を背負って授業に参加している」という批判がありますし、逆に後者に対しては「体育の独自の役割が不鮮明」「体育という教科に『生活課題』を背負わせるのは無理がある」などの疑問があります。体育が「生活課題」にどこまで迫れるかは、教師の実践観に左右されるのです。

いずれにしても、大切なのは「何のために学ぶのか」（目的）、「何を学ばせるのか」（学習＝教科内容）、「どのように学ぶのか」（方法）を一体のものとして指導することです。もちろんそれらが「どのように達成されたか」（評価）を把握することも、大切な視点です。

## 6. 「生活課題」はどんなところに現れるか

子どもの「生活課題」は、どんなところに現れるのでしょうか。また、それを意図的に顕在化させ、解決を迫るような指導の手立てとは、どのようなものでしょうか。

例えば、球技（ボール運動）の授業で学習の遅れがちな子どもがいたとします。ボールを投げることも受けることも上手にできません。バスケットボールをすれば、いつもボールの後ろを追いかけ、バレーボールをすればボールの落下地点が予測できず、たまにボールを手に当てたとしても、意図しない方向にしか飛んでいき

ません。

　さて、それを目の当たりにした仲間たちは、この子どもとどう向き合えばいいのでしょうか。この子どもをゲームから遠ざけるでしょうか。それとも「ともに学ぶ仲間なのだから」という理由で、半ば「良心」としてゲームへの参加を促すでしょうか。また、足の遅い子どもが、同じ班のリレーメンバーになったとします。この子どもは他の子どもから大幅に遅れ、取り返しのつかないくらい大差を喫したとしましょう。この子どもの足の遅さを理由に「短い距離」で走ることを提案するでしょうか。それともやはり「同じ仲間だから」という理由で、みんなと同じ距離を走らせ、「努力することが大切」などと言って無理やり納得させるのでしょうか。

　私は、このいずれにも問題があると思います。子どものもっている能力を一刀両断にし、「できる―できない」の二分法で区分けをしたり、また逆に「それは良くないこと」として道徳的に子どもを導いたり、教師の独善的な指導で「教化」することには反対です。いずれも、子ども自身が問題を正確に把握することにはつながらないと思うからです。つまり、「できない」子どもの「生活課題」をみんなで共有し、同情ではなく共感をもって理解したうえで、自ら課題を解決する力をつけさせることにはならないと思うのです。

　さらに大切なのは、「できない」子どもをめぐる反応の中にも「生活課題」が現れるということです。「できない」子どもの存在は、その他の子どもたちの「生活課題」を明確にしてくれるのです。「できない」子どもが存在するからこそ、子どもたちを取り巻く集団がもつ「生活課題」が浮き彫りになるとも言えるでしょう。「できない」子どもをめぐって、集団がどのような学習を展開するのか、どのような関わりをもつのか、どんなドラマを展開するのか、そこにどんな「生活課題」が現れるのか―これこそ

が問われなければなりません。そういう意味で「できない」子どもは、学級（＝学習集団）の「宝」であり、「できない」子どもの存在を大切にしたいと思うのです。

## 7.　目の前の子どもから出発すること

　子どもは一人ひとり違う―これは当たり前のことです。このことを忘れて目の前の子どもを「子ども一般」として指導することは、大きな過ちにつながります。たとえ教師が「教えた」と思っても、実際は子どもが「学んでいない」状態になるのです。

　子どもがどんなに未熟であっても、どんなに稚拙であっても、私たちは目の前の子どもから出発する他ありません。そして、それができるのが現場教師の最大の強みです。どんな立派な条文も、どんな立派な指導法も、目の前の子どもを無視しては、それを有効なものとして作用させることはできません。目の前の子どもの現実（発達課題、生活課題）が、私たちの実践の出発点だということを常に念頭におかなければなりません。

【引用文献】
1)　藤井啓之「学校スタンダードによって閉ざされる未来」（『たのしい体育・スポーツ』第38巻1号、52-57頁）。
2)　野井慎吾『子どもの"からだと心"のクライシス』（かもがわ出版、2021年）。

【参考文献】
制野俊弘「子どもの発達・生活課題と体育の関係」（学校体育研究同志会編『スポーツの主人公を育てる体育・保健の授業づくり』創文企画、2018年、24-27頁）。

# 第１章 学習指導案をつくろう

## 6 単元計画と技術指導の系統性

竹田唯史

### 1. 単元計画の作成条件

単元計画は、体育の年間計画に基づいて作成され、さらに各授業用に具体化されたものが指導案となります。

年間計画および単元計画を作成するにあたって、学校卒業時のめざす子ども像（イメージ）を意識しながら（第１章３節参照）、順序立てて指導を積み重ねていくことが大切です。学習者の視点に立って単元計画を説明するならば、無理のない形で、少しずつ学習の課題が高度になっていくイメージになるでしょうし、学習の対象となる運動文化の観点から捉えると、運動の面白さである技術が、少しずつ高まっていくプロセスとも言えるでしょう。同時に、教授学の観点をふまえれば、前の時間の学習と次の時間の学習が関連づけられていることが大切です。

これらのことをふまえると、初学者の指導案（バレーボール）に見られる、レシーブ練習→トス練習→アタック練習→ゲームという計画は、残念ながら単元計画とは言えません。それは部活動の練習計画になりえても、限られた授業時間で上手くなっていくための計画になっていませんし、各技術がどのように「つながっている」のかが不明なので、「うまくなる」ことも、「わかる」ことも期待できないからです。以下では、授業の単元計画をつくるうえで知っておくべき知識について解説していきます。

### 2. 技術的特質

体育の授業で扱う素材である各運動・スポーツには、それぞれに固有の面白さがあります。

サッカーにはサッカーの面白さがあり、バレーボールにはバレーボールの面白さがあります。そのような面白さは、それぞれの運動・スポーツに含まれた技術によって規定されています。そのことを技術的特質と言います[1]。単元計画を作成するうえでも、教師が各運動・スポーツの技術的特質をどこに見いだしているのかが重要です。それは、働きかける対象や環境、使用する道具、運動そのものの目的、ルールなどによっても規定されます。

この技術的特質を明らかにすることによって、その運動・スポーツの持つ価値や面白さが明確になります。それは、技術的特質が、目標や学習内容、教材構成などを決定する際の一つの重要な指針となることを意味します。技術的特質を指導の中心に位置づけることにより、学習者が、その運動・スポーツの面白さ、楽しさを感じることができるようになるのです。

技術的特質の具体例を以下に示します。

〈陸上競技（走運動）〉
走リズムとスピードのコントロール
〈器械運動〉
器械を利用した創作・表現運動
〈水泳〉
水中（水上）で呼吸を伴った移動
〈バレーボール〉
３段攻撃を基本とするコンビネーションプレー
〈バスケットボール〉
コンビネーションプレーによるシュートと

その防御

〈野球・ソフトボール〉

投手とバッターの攻防と攻守における連携プレイ

〈柔道〉

柔道着を仲立ちとした空間（間合い）と相手との攻防

〈ダンス〉

曲・音楽のイメージや感情を捉えた表現運動

〈スキー〉

雪上における移動方向（ターン）と移動方向（スピード）のコントロール

## 3.　基礎技術

　各運動・スポーツの技術的特質を明らかにした後に求められるのは、技術的特質を形成している最小単位の技術である基礎技術を明らかにすることです。運動・スポーツの習熟において基礎となる技術が不可欠であるのは言うまでもないでしょう。また、学習の面から見ても、基礎から積み上げていくことが大切になります。したがって、技術的特質（各運動・スポーツの面白さ）をふまえたうえで、何を基礎技術として設定するのかが、体育の単元計画でも重要になります。

　まず基礎技術は、技術的特質（各運動・スポーツの面白さ）を失わない範囲で単純化、最小化した技術である必要があります。技術的特質を無くしてしまうほど分割したものは基礎技術とはなりません。例えば、バスケットボールにおいて、ドリブルを基礎技術とする考えもあります。しかし、バスケットボールにおいては、ドリブルだけではゲームは成立せず、得点することもできません。バスケットボールは、「コンビネーションプレーによるシュートとその防御」を技術的特質としているので、パスからのシュートが必要になります。したがって、「2

人以上のコンビネーションプレーによるシュート」を基礎技術とし、「2：0によるシュート」を基礎教材として位置づけることになります。基礎教材とは、基礎技術を含み、それを学ぶことのできる具体的な教材です（教材と内容の区別は第 1 章 4 節参照）。

　また基礎技術は、最初から学習し、最後（ゲーム）まで質的に発展していく内容をもった技術である必要があります[2]。基礎技術の内容が学習前半の初歩段階のみで学習され、高度に発展した上級段階では、その要素を全く含まないのであれば、基礎技術とはいえません。基礎技術は、高度な技術を習得するための基礎となる技術であると同時に、高度な技術においても質を変化・発展させ、含まれている必要があります。先ほど例にあげたバスケットボールにおいても「2 人以上のコンビネーションプレーによるシュート」は、初歩的な段階でも、上級段階でも必要な技術といえます。

　最後に基礎技術は、運動・スポーツ文化の習得に際しては、誰もが必ず体験し習得しなければならない技術であることが大切です。体力、技能レベルを問わず、その運動・スポーツ文化を学ぶ人が、必ず体験して、習得しなければならない技術です。したがって、ある人には必要で、ある人には必要でないという技術であれば、基礎技術とはなり得ません。

　運動・スポーツ文化における具体的な基礎技術・基礎教材は以下のようになります。

〈陸上競技（走運動）〉

基礎技術：ピッチとストライド支配による走リズムとスピードのコントロール

基礎教材：あてっこペース走

〈水泳〉

基礎技術：リラクセーションを含む呼吸と腕の協応技術

基礎教材：ドル平泳法

〈バスケットボール〉

基礎技術：2人以上のコンビネーションプ
レーによるシュート
基礎教材：2：0からのシュート
〈スキー〉
基礎技術：外スキーへの加重・抜重の周期
的交替による横ずれのコントロール
基礎教材：プルークボーゲン

## 4．技術・戦術の系統的指導

　基礎技術を明確にしたら、そこから始まる系統的な指導を構想し、単元計画に反映させていくことになります。

　「系統的」とは、ある原理・法則によって順序立って組み立てられ、つながり、統一のあることを意味します。すなわち、系統的指導とは、学習の初期段階から後半まで、学習内容が段階的につながりをもって組み立てられている指導のことをいいます。前の教材で学習する内容が、次の教材で学ぶための基礎となり、次の教材を学ぶために必要な内容を学びます。これにより、目標とする技術や認識を段階的に深化させることができます。また、優れた教材構成では、次の教材で学ぶ内容が、前の教材で学んだ内容の復習にもなります。このような教材構成ができれば、学習者は、目標となる技術や認識を確実に習得することができます。

　各段階で中心となる教材を主要教材といい、主要教材は基本的にはすべての学習者が取り組む教材です。主要教材と主要教材の間には、「スモールステップ」と呼ばれる段階的な教材があり、つまずきのある子どもや、ゆっくりと段階的に学びを深めていきたい場合に、利用される教材です。

　系統的な教材構成は、第一には、指導する運動・スポーツ文化の技術・戦術構造（体系）との関連で構成されます。すなわち、初歩的な技術や高度な技術という技術のもつ難易度や発展性に基づき構成されます。しかし、技術・戦術

構造と全く同一の構成で、教材の順序が構成されるわけではありません。歴史的に発展してきた多くの技術・戦術構造の中には、時間的に学ぶことができない技術や戦術、現在の用具や環境では、学ぶ必要がないものもあるからです。そのため、学習する子どもの発達・認識段階（レディネス）の順次性に合致するように教材を再構成する必要があります。スキー運動で例をあげると、スキー運動は、歴史的には、プルークボーゲン（ハの字での回転）→シュテムターン（ハの字と平行による回転）→パラレルターン（平行回転）と発展してきました。しかし、シュテムターンからパラレルターンに行く段階で、多くの学習者がつまずきました（ハの字が残り、平行にならない）。そこで、学校体育研究同志会では、「ブライトターン」という、パラレルターンを導入するための独自の教材を開発し、容易に平行回転ができる指導体系を提起しました[3]。現在では、「プルークターン」として、一般的にも認知され、指導されています。

　技術・戦術の歴史的発展の順序（系統発生）を、個人の学習順序（個体発生）に当てはめて指導する方法もあります。しかし、指導時間の問題や、現在の用具・環境の違いなどから、歴史的発展過程と全く同一に指導することは難しい場合が多いので注意が必要です（歴史的発展過程を参考にして教材構成を行うことは問題ありません）。

## 5．単元計画の例

　本書では、第2部において指導案が掲載されていますので、小学校の実践プラン⑧に紹介されているフラグフットボールを例に系統的指導について説明します。ここでの目標は、ハンドオフ（パスではなくボールを直接渡す）を中心にしたフェイク動作を習得し、空間を活用した作戦を考え、プレーヤー全員の動きを工夫することとしています。第2回では、「2人でのハンドオフ練習（2対0）」を実施し、その後、

フラグフットボールの単元計画（田中宏樹・第2部第1章　小学校の実践プラン⑧）

| 時 | ねらい | 学習内容 |
|---|---|---|
| 1 | フラグフットボールとはどのようなスポーツなのか知る。 | ・フラグフットボールの映像を見る。<br>・自分たちが行うゲームのルールを知る。 |
| 2 | 2人でのハンドオフのコツについて考え、技能を高める。 | ・2人でのハンドオフ練習<br>・2対1のハンドオフランゲーム |
| 3 | 3人でのハンドオフのコツについて考え、技能を高める。 | ・3人でのハンドオフ練習①<br>・3対2のハンドオフランゲーム① |
| 4 | 3人でのハンドオフのコツについて考え、技能を高める。 | ・3人でのハンドオフ練習②<br>・3対2のハンドオフランゲーム② |
| 5 | どの空間にパスを投げるのか事前に共有し、パスプレーに取り組む。 | ・サインパス練習①<br>・3対2のハンドオフランパスゲーム① |
| 6 | ランとパスを織り交ぜたハンドオフプレーが実行できる。 | ・サインパス練習②<br>・3対2のハンドオフランパスゲーム② |
| 7 | 3人でのハンドオフプレーを基に、チーム独自の4人でのハンドオフプレーを考える。 | ・チームでの作戦会議と練習① |
| 8 | 考えた作戦をチームで共有し、役割分担して実行する。 | ・チームでの作戦会議と練習②<br>・リーグ戦①（4対3のゲーム） |
| 9 | 前回のゲームの自分たちのプレーの課題を明らかにし、解決策を考える。 | ・チームでの作戦会議と練習③ |
| 10 | チームごとの課題を解決することを目指し、修正した作戦プレーを実行する。 | ・チームでの作戦会議と練習④<br>・リーグ戦②（4対3のゲーム） |

ディフェンス1名配置した、ゲーム形式での「2対1のハンドオフランゲーム」を位置づけています。第3回、第4回は、「3人でのハンドオフ練習（3対0）」により3名のコンビネーションを学び（考え）、実践ゲームとして「3対2のハンドオフゲーム」を実施します。その後は、これまでの学習を活かして、作戦・コンビネーションの質を高めていきます。また、毎回の授業に、その回に練習したプレーを実践するミニゲームを位置づけていることも優れた点です。これにより、実際のゲームでの効果やどのように利用すべきかをその段階で学ぶことができるのです。すなわち、ゲームにおいても、初歩的なゲームから質の高いゲームへと質の高まりをめざす見通しが開かれるのです。

　以上の様に、単元計画においては、指導する運動・スポーツの「技術的特質」を明らかにし、基礎技術・基礎教材を設定する。そして、指導目標を達成するための教材を系統的に配列することが重要である。

【引用文献】
1）荒木豊「内容・技術」（学校体育研究同志会『体育実践論』ベースボール・マガジン社、1974年、53頁）。
2）同上（57-58頁）。
3）学校体育研究同志会編『スキーの指導』（ベースボール・マガジン社、1972年）。

【参考文献】
則元志郎「単元計画とその説明―技術指導の系統性―」（学校体育研究同志会編『スポーツの主人公を育てる体育・保健の授業づくり』創文企画、2018年、28-31頁）。
学校体育研究同志会編『たのしいボールゲームハンドブック』（創文企画、2015年）。
学校体育研究同志会編『みんなが輝く体育⑤中学校体育の授業』（創文企画、2008年）。

# 第1章 学習指導案をつくろう

## 7 本時のねらい
### ―共通の学習内容の仕組み方と考え方―

大貫耕一

### 1. 本時のねらい（目標）

「本時のねらい（目標）」は、第1部第1章「3. 単元のねらい（目標）」をふまえて設定されるものです。

そのため、本時のねらいを立てようとしている読者は、まず、「単元のねらい」を立てる必要があります。その作業を前提として本時のねらいの具体的な内容を紹介します。

授業における「ねらい」には「教えるもの（達成目標）」と「育てるもの（形成目標）」があります。久保は、中森の「教科が教科として成り立つ必要条件には、教えるべき文化的内容が明確に存在することと、それを獲得することによって育つ人間的能力や資質がはっきりしていることの二つがある」[1]という指摘を引用して、以下のように述べています。

「中森の言う『教えるもの』と『育てるもの』は、授業における直接的な『教授＝学習』の対象になるものとそれを通して『形成』されるものと言い換えることもできる」[2]。

このように、「ねらい」における「教えるもの（達成目標）」とは、運動文化（スポーツ）における科学性や文化性であり、「育てるもの（形成目標）」とは文化性や科学性の認識（わかる）、運動技能の獲得（できる）、学習集団の質が高まること（かかわる）だと考えています。現行の学習指導要領（2020年）では、体育の目標（ねらい）が以下のように示されました。

「体育や保健の見方・考え方を働かせ、課題を見付け、その解決に向けた学習過程を通して、心と体を一体として捉え、生涯にわたって心身の健康を保持増進し豊かなスポーツライフを実現するための資質・能力を次の通り育成することを目指す」

そして、身につけるべき資質・能力として以下の3点が示されました。

（1）その特性に応じた各種の運動の行い方及び身近な生活における健康・安全について理解するとともに、基本的な動きや技能を身につけるようにする。

（2）運動や健康についての自己の課題を見付け、その解決に向けて思考し、判断するとともに、他者に伝える力を養う。

（3）運動に親しむとともに健康の保持増進と体力の向上を目指し、楽しく明るい生活を営む態度を養う。

つまり、「健康の保持増進」「豊かなスポーツライフの実現」をめざして、上記の資質・能力を育てるということです。

そこで、本書第Ⅱ部では、単元や本時の「ねらい（目標）」を以下のように設定しています。

---

○資質・能力：「基本的な動きや技能」
　―単元の目標【できる】知識・技能
○資質・能力：「課題解決の思考、判断、表現力」―単元の目標【わかる】思考・判断・表現
○資質・能力：「運動に親しみ、健康・体力向上と楽しく明るい生活を営む態度」―単元の目標【かかわる】学びに向かう力・人間性等

---

## 2.　「できる」「わかる」「かかわる」

### (1)「できる」こと

「できる」ことは、基礎的な運動の技能の獲得であり、「自分のからだや道具」を自由に、意図的に操作できる力を身につけさせることです。出原は「『誰でもへたから出発する』」と述べて、できないことは「その技術を学習していない状態（unskilled）」だとして以下のように述べています[3]。

「未学習、未習熟の状態が『へた』ということであり、学習すれば、このような状態から脱出できることをも示している」

### (2)「わかる」こと

「わかる」ことは、基礎的な運動の技術における認識の獲得であり、運動の技術・戦術における仕組みや特質についてわかる・考える力を育てることです。

なお、「技術認識（わかる）」とは、「運動技術に関する感性的認知を通した理性的認識」[4]のことであり、「言語によって表現でき他者に伝えられるように知識化される」[5]ことが求められます。

一方で「技能習熟（できる）」とは、「技術が自分のものとして身についた状態、あるいは、その技術を用いて運動が実施でき遂行できる能力」[6]のことです。

### (3)「かかわる」こと

「かかわる」ことは、わかる・できる過程において仲間とともに協同する力です。本書においては、異質協同のグループ学習（以下、グループ学習）を学びの基本に据えています。運動が得意な子も苦手な子も、すべての子どもたちにスポーツの基礎的教養を学ばせることが体育という教科の使命だと考えているためです。そして、いろいろな子どもが、互いを尊重しあえるように育ってほしいと考えています。具体的には、個性という一人ひとりのかけがえのなさを、

「対等・平等」の関係の中で、認めあい・高めあえる集団として育ってほしいのです。そのため、子どもの能力を一面的・固定的に捉えませんし、子どもが互いの能力のちがいを認め合い・高めあう過程で、豊かな人間関係を結んでいくことをめざしています。

## 3.　「できる」「わかる」「かかわる」とグループ学習

グループ学習を学びの基本にしているのは、人類が幾多の試練の中で到達した民主主義という考え方（思想）を、すべての子どもたちに教えるためであり、基本的人権の尊重や平和主義という日本国憲法の精神に基づいた教育をめざしているためです。

グループ学習では、運動能力の高い子も低い子も教科内容をともに学び、「わかる」ことで「できる」ようになっていきます。技能差があることによって教え合い、学び合いが生まれ、「みんなで高まる」ことの価値を、体育授業の中で実感を伴って学ぶことができるのです。つまり、「できる」「わかる」ためには「かかわる」ことが必要となります。

例えばマット運動の授業では、どのグループも同じようにセットされたマットの上で、共通の内容を学びます。モデルの技を教師が子どもたちに提示し、このモデルの技をつくり変えることで、自分たちの作品を協同でつくっていきます。しかし、グループ内にはいろいろな運動能力の子がいるので、どのような技にするかで揉めることがあります。例えば、側転ができる子は、側転を作品に入れたいと主張しますし、まだできない子は「私はできないからイヤだ」と主張します。側転を作品に入れるか入れないかは、子どもたちの合意によって決定するため、互いにゆずり合うことや、教え合うという「かかわり」が必要になり、様々な課題を乗り越えながら「私たち」の作品ができあがります。

自分たちが決定権をもち、実際に合意すると

33

いうことは、このように互いの能力や思いのちがいをめぐって、一見すると面倒なやりとりを重ねることを意味します。しかし、その面倒な過程を経たうえで決まったことや、それに基づく経験は、子どもたちにとって大切なかけがえのない学びとなります。

　私たちは、運動文化（スポーツ）の価値を学ぶ過程で、子どもたちが互いを尊重しあえるように育ってほしいと願っています。そして、個性という一人ひとりのかけがえのなさを「対等・平等」の関係の中で認めあい、高めあっていく社会が実現できる主体者を育てたいと考えています。このため、本書ではグループ学習を学びの基本に据えているのです。

## 4. 「ねらい」と発達階梯

　これまで述べてきた「できる」「わかる」「かかわる」の関係は、発達階梯によって異なります。発達階梯の前半（幼年、小学校）では、「できる」ことを中心としながら「わかる」ことも「ねらい」に組み込むことになり、発達階梯の後半（中学、高校）へと育つにつれて「わかる」「考える」ことが主な「ねらい」となっていきます。

　また、「かかわる」はすべての発達階梯において育てていく「ねらい」となります。つまり、幼年や小学校前半段階では「からだでわかる」ことが中心となり、主に10歳以降の発達段階で運動文化（スポーツ）における科学性や文化性について「わかる」「考える」ことを「ねらい」とするとよいのです。

「かかわる」も、「できる」ための合理的な方法をめぐって仲間とともに考えることから出発して、運動能力や考え方の「ちがい」を認め合い・高め合い、主体的な自治の力を獲得していくように育てていく見通しが必要です。

　したがって、「できる」「わかる」を抜きにして「かかわる」は成立しえないという関係にあります[7]。

## 5. 「楽しさ」と「体力」

「楽しさ」や「体力」は、「できる」「わかる」「かかわる」という学習の過程で形成されるものであり、体育の授業で教える直接の「ねらい」にはなり得ません。運動の楽しさを体験させることは大切なことですが、「楽しさ」は子ども一人ひとりが感じることであり、どのような楽しさを感じるかは、個人の情意的内容となります。つまり、楽しさとは、「できる」「わかる」の結果として子どもたち一人ひとりが内面的に感じるものであり、教育の直接の「ねらい」とはならないのです。

　1970年代から「楽しい体育」が学習指導要領によって推奨され、「楽しさ」が直接の「ねらい」とされたために、体育で教えるべき「ねらい」がはっきりしなかったという歴史があります。

　実際の授業でも、「できる」「わかる」ことが実現されたときに、子どもたちは「楽しさ」を感じています。体育の直接の「ねらい」である達成的目標は、あくまでも「できる」「わかる」にあり、「楽しさ」は、その結果として獲得される間接的な「ねらい」である形成的目標なのです。

「体力」も「できる」「わかる」を追求する結果として獲得されるものです。「できる」ことによって、子どもたちの体力が高まっていくことは大切ですし、教師としてその体力の高まりを見取っていく必要があります。

　しかし、この「体力」もまた、子ども一人ひとりの個性的な身体運動能力であり、どのような体力を獲得するのかについて、全員共通の「ねらい」とすることには無理があります。つまり、「体力」は子ども一人ひとりが自分のからだとの対話の中で個性的に感じ取り獲得していく内容であり、「体力」を育てることは「できる」「わかる」の結果として獲得される形成的目標なのです。

## 6. 指導案と授業

　これまで述べてきたことをふまえて、「本時のねらい」を設定するために必要なことを整理しておきます。

①冒頭で述べたように、「単元のねらい」との関係を明確にします。「本時のねらい」は「単元のねらい」を具体化したものです。「単元のねらい」が全体的内容であるために、やや抽象的内容となりますが、「本時のねらい」は授業時間（45〜50分）におけるより具体的内容となります。

②「本時のねらい」を具体化するためには、指導内容を具体的で詳細にしていく必要があります。また、指導内容と授業マネジメントとしての「話の仕方」「話の聞き方」「準備の仕方、片付け方」などとの関係も考える必要があります。さらに、授業時間（45〜50分）の配分（導入、展開、まとめ）を偏りのないものにすることも大切です。

　最後に「指導案と授業の関係」について述べておきます。

　授業の設計図としての指導案を、ていねいにつくることで授業の「見通し」をもつことができます。しかし一方、授業は指導案通りにはできません。指導案はあくまでもプランだからです。

　教育実習の授業を参観していると、指導案通りに授業を進めようとするあまり、子どもよりも机上の指導案を見ている姿を目にすることがあります。このため、子どもたちに「なんだ、ちっとも私たちの方を見ていないじゃないか。これじゃあ意見を言ってもムダだな」という思いを抱かせることになっています。指導案をどんなに詳細に精緻につくったとしても、授業は指導案通りには進まないものなのです。

　授業は、子どもたちと教師による筋書きのない協同・探究の世界です。つまり、授業はたえず変化する未知の世界として、教師の前に現れます。このため、教えたい内容を明確にした上で、子どもの表情・つぶやきに寄り添い、子どもたちと協同で探究していくことによって新たな発見・創造が拓かれていくのです。

　子どもたちと未知の世界を切り拓くことによって、協同探究者として成長していく授業づくりをめざしていきましょう。

【引用文献】
1）中森孜郎『保健体育の授業』（大修館書店、1979年、11頁）。
2）久保健『からだ育てと運動文化』（大修館書店、1997年、6頁）。
3）出原泰明『体育の授業方法論』（大修館書店、1991年、101頁）。
4）早川武彦「技術認識」（『学校体育授業事典』大修館書店、1995年、18頁）。
5）同上。
6）佐野淳「運動技能」（『学校体育授業事典』大修館書店、1995年、7頁）。
7）出原泰明『異質協同の学び　体育からの発信』（創文企画、2004年、78頁）。

【参考文献】
大貫耕一「本時のねらい－共通の学習内容の仕組み方と考え方－」（学校体育研究同志会編『スポーツの主人公を育てる・体育保健の授業づくり』創文企画、2018年、32-35頁）。

# 第1章 学習指導案をつくろう

## 8 指導の方向
### ―1時間の授業の考え方―

近藤雄一郎

### 1. 良い体育授業とは

　教師として体育授業を実践する際には、子どもたちにとって豊かな学びを保障したいと考えるはずです。では、果たして良い体育授業とはどのような授業なのでしょうか？そのイメージは教師によって異なるかと思いますが、ここではまず高橋による「良い体育授業の条件」について解説します[1]（図1）。

図1　良い体育授業の条件

### (1) 授業の基礎的条件（周辺的条件）

　体育の授業では、多様な運動領域を単元として扱うことになります。そのため、運動領域によって設定される授業の目標や内容、方法についての考え方や形式が異なることがありますが、「基礎的条件」とはすべての授業に常に要求される条件であり、それは「学習の勢い」と「学習の雰囲気」によって構成されます。ここでの学習の勢いとは、「授業のマネジメント（学習時間の確保）」「学習の規律（学ぶ姿勢）」といった条件が整っていて、一授業時間中の学習量や学習密度が高いことを意味します。また、学習

の雰囲気とは、子どもたちが情意的に解放されていて、仲間との肯定的な人間関係に支えられているということです。

### (2) 授業の内容的条件（中心的条件）

　「内容的条件」は、基礎的条件をベースとして機能することになります。内容的条件は、特に知識や技能に関わった陶冶目標の実現に強く関係しますので、良い体育授業を実現するためには、目標・内容・教材・方法といった授業構成の吟味が必要となります。内容的条件を満たすためには、学習者に対して適切な学習目標を明確に、具体的に設定することが求められます。そのことで、学習すべき内容の抽出・設定も可能となります。ただ、目標及び内容が適切に設定されていても、すぐれた教材が豊かに準備されていなければ意味がありません。教材は子どもたちが直接的に働きかける対象ですので、子どもたちの学習意欲を喚起し、学習内容の習得に有効な教材を提供するためにも、教具も含めた周到な教材研究が必要なのです。

　教材と関わって、学習方法に関する検討も進めておきましょう。学習方法には、一斉指導やグループ学習、個別学習など多様なスタイルがありますが、子どもたちの豊かな学びの実現や教材の有効性を発揮するために、最適な学習方法を方略的に選択・適用していくという観点が大切です。

### (3) 運動学習時間の確保

　高橋・岡澤は良い体育授業の特徴として「十

分な運動学習量が保障されている授業」を挙げています[2]。多くの子どもたちは精一杯運動を行い、運動欲求を充足させたいと思って体育の授業に臨みます。また、技術的なポイントがわかっても、すぐにはできるようにはならない点が運動の難しいところであり、できるようになるためには、わかった内容について身体を動かして、試してみることが必要となります。そのためにも、体育の授業では運動学習に充てる時間を多く確保したいところです。

多くの運動学習時間を確保するうえで意識すべきこととして、「インストラクション」と「マネジメント」の時間をいかに最小限に留めるかということが挙げられます。インストラクションとは教師による説明、指示、演示などを指します。教師としては丁寧なインストラクションを心掛けたいですが、内容が細か過ぎると多くの時間を費やすだけでなく、学習者がポイントを整理することができなかったり、注意散漫となったりする恐れがあります。そのため、学習者の実態に応じて、ポイントを絞ることが求められます。

また、体育授業においては多様なマネジメント要素がありますが、代表的なものとして「学習環境の整備（準備・後片付け）」と「移動・待機」が挙げられます。学習環境を整備するためには、学習者の協力が欠かせません。しかし、授業毎の準備・片付けを担当する班などが決められていなかったり、用具の準備・片付けの場所が把握されていなかったりすると、必要以上に時間を費やすことになります。これらのことは、単元のはじめに約束事として取り決めておくとよいでしょう。

移動・待機については、球技のゲームにおけるコートチェンジがスムーズに行われない場面や、器械運動においてマットや跳び箱の数が少なく順番待ちをしている時などに、多くの時間を費やしていることがあります。また、ことあるごとに教師が合図して学習者を集合させてい

ては、移動・待機に時間を要し、運動学習の時間が削られてしまうので注意しなければなりません。1時間の授業でマネジメント場面は20％以下、運動学習場面は60％以上が目安とされています。

## 2.　1時間の授業計画（デイリープラン）

ここでは、授業を実施するにあたって必要な授業計画、特に1単位時間の計画（デイリープラン）について説明していきます。

### (1) 目標・内容・教材の統一

1時間の授業を計画する際には、まずその日の授業で学習者にどのような力をつけさせたいかを明確化した学習目標の設定が必要です。1授業時間の目標を設定するにあたっては、本時の授業は単元全体の中でどのような知識・技能を習得することがねらいなのかという全体的視点、そして、前時ではどのような学習を展開したか、また次時ではどのような学習をするかといった、前後の授業の文脈から目標設定することが必要です。また、「楽しくゲームを行うことができる」などの抽象的表現では、教師としては適切な学習内容を抽出することができず、学習者としては本時の目標がはっきりと理解できないため、自覚的な学習は行われません。そのため、より具体的な目標設定を意識しましょう。

本時の目標が定まったら、目標を達成するために必要な学習内容は何かを考えていきます。ここで明確化された学習内容が、本時で実施する教材に反映されることになります。つまり、「何を何のために」「どのような方法で」を問うことになります。

ここまで述べてきたことは、目標・内容・教材の統一ということができ、先に述べた授業の内容的条件（中心的条件）と関わります。なお、荒木[3]は、「目的・内容・方法の統一は、教科の独自のねらいを明確にすると同時に、それぞ

れの教材のねらいをもつことであり、その教材
の指導については毎時間の目標を具体的に設定
していくということである。…（中略）…目的・
内容が明確であれば、それらに関連した学習形
態・方法は必然的に決まってくる」と述べてい
ます。このことからも、目標・内容・教材の統
一という観点は、授業実践において重要な意味
を持つことになります。

### (2) 学習環境の確認

適切な目標を設定し、内容が抽出され、それ
を担う教材が構想されても、必要な用具や施設
などの物的な授業実施上の諸条件が満たされて
いなければ授業は成り立ちません。そこで、使
用する用具の数、練習場所の設定・確保、器具
の配置といった学習環境について予め確認して
おきましょう。現存の学習環境では実施するこ
とが困難な場合には、ゲーム教材におけるルー
ルの改変や、教具の代用・自作など、授業実施
上の制約に対する教師の創意工夫が必要になり
ます。

### (3) 学習過程の具体化

目標・内容・教材を構想し、学習環境の確認
までできたら、それらを具体的な学習過程とし
て構成していきます。一般的に、1時間の学習
過程は「はじめ（導入）－なか（展開）－まと
め（整理）」の3段階となります。各段階の要
点について以下、井筒を参考にまとめます[4]。
#### 1) はじめ（導入）
はじめ（導入）は、学習に必要な条件を準備
する段階になります。安全のための身だしなみ
の点検や健康観察、本時の運動にふさわしい準
備運動、前時に実施した運動を復習することが
行われます。そして、なか（展開）につなげて
いくために、本時のねらい（目標）を提示します。
授業の良し悪しは導入の良否で決まると言って
も過言ではないので、教師による声かけも含め
て大切にしたい段階です。

#### 2) なか（展開）
なか（展開）は、学習者がそれぞれの課題に
向かって学習を進めていく段階になります。な
か（展開）で実施する教材については、時間や
回数を明確化しておく必要があります。また、
教材に取り組むにあたっての教師によるインス
トラクションについても、具体的に考えておき
ましょう。この段階で教師は、学習者が課題に
対して適切に向かっているかを確認しながら、
個別指導の機会を確保するとともに、適切な言
葉かけやフィードバックで励まし、支援し、意
欲を持続させることが大切となります。メイン
教材に取り組む中で、学習者のつまずきが生じ
ることが予想されるので、具体的な対処の手立
てを考えておくことも重要です。
#### 3) まとめ（整理）
まとめ（整理）は、個人やグループで本時の
目標の達成度や成果を確認し、1時間のまとま
りをつける段階になります。ここでは、学習者
の自己評価や相互評価、教師の講評などが行わ
れ、残された問題点を明らかにすることや、次
時の授業へうまくつなげる配慮が必要となりま
す。授業終了時における学習者の怪我や体調の
確認も忘れずに行いましょう。

### 3. 授業のヤマ場

これまでの体育授業を振り返ってみると、学
習者として、または教師として面白くない授業
を経験したことは誰しもがあるかと思います。
技術練習をただこなすだけの単調な授業であっ
たり、グループでの話し合いが深まらない授業
であったり…。授業が面白くなかったと評価し
た要因のなかには、授業展開にリズムや緩急が
なく、「授業のヤマ場」がないということも挙
げられるかと思います。

1時間の授業では本時のねらい（目標）に向
けて、授業のヤマ場を作ることが大切です。吉
本[5]によると、授業のヤマ場とは「授業で教
えねばならない一貫した内容が子どもたちの能

動的活動によってとりくまれ最終的に解決される場面」「一貫した内容が、教師の教授行為によって子どもたちのなかに『発見』や『感動』をよびおこし、その問題解決に全力を投入して立ち向かう緊張にみちたクライマックスの場面」を指します。1時間の授業の中でヤマ場を作るのは「なか（展開）」の段階になり、いかに「なか（展開）」で授業のヤマ場を作れるかが授業の良否を左右するポイントになります。授業前半には、優れた教材により活発な学習が展開されていても、授業後半になるにしたがって学習者の活気が失われたり、課題と離れた行動を取ったりする学習者が見られる、いわゆる「尻すぼみの授業」を目の当たりにすることも少なくありません。

　石井[6]は、授業をいくつかの山（未知の問いや課題）を攻略していきながら、教材の本質に迫っていく過程と捉えています。そこで、この山に対して、教師と子どもたちが、それぞれに自分の持てる知識や能力を総動員し、討論や意見交流を行いながら、緊張感を帯びた深い追求を行えているかどうかが、授業の良し悪しを決定する一つの目安になるとしています。そして、授業のヤマ場では「集中」が成立していることを挙げています。ここでいう集中とは、学習活動に自然と引き込まれ、他のことやものが気にならない状態（内的集中：没入体験）を指します。子どもたちに集中した状態を引き出したり持続させるために、教師は子どもたちの中に疑問や葛藤を生じさせる学習課題を設定し、課題内容を追求していく中で、曖昧となる学習上の課題を明確にしたり、子ども同士の発言やアイデアをつないだりしていく必要があります。

　授業にヤマ場をつくるためには、より深い教材研究（教材解釈）が必要です。子どもたちから「今日の授業でこんなことがわかったよ（できるようになったよ）」「今日はできなかったけど、次はやり方を変えてがんばってみるね」「次

の授業が楽しみだな」といった声が聞こえるように、授業のヤマ場をどこに設定するか、授業のヤマ場に向けてどのように授業を展開するか、どのような内容、方法であれば授業のヤマ場となり得るかという視点を持ちながら、1時間の授業について計画してみましょう。

【引用文献】
1) 高橋健夫「Lecture1　よい体育授業の条件」（宇土正彦・高島稔・永島惇正・高橋健夫編著『新訂　体育科教育法講義』大修館書店、2003年、48-53頁）。
2) 高橋健夫・岡澤祥訓「第1章　よい体育授業の構造」（高橋健夫編著『体育の授業を創る』大修館書店、1994年、10-24頁）。
3) 荒木豊「第2章　内容・技術」（学校体育研究同志会編『体育実践論』ベースボール・マガジン社、1974年、35-82頁）。
4) 井筒次郎「第6講　単元計画・単位時間計画の作成の実際」（杉山重利・園山和夫編著『最新　体育科教育法』大修館書店、1999年、36-43頁）。
5) 吉本均『ドラマとしての授業の成立』（明治図書、1982年、161頁）。
6) 石井英真『授業づくりの深め方』（ミネルヴァ書房、2020年、136-137頁）。

【参考文献】
竹内進「指導の方向―1時間の授業の考え方―」（学校体育研究同志会編『スポーツの主人公を育てる体育・保健の授業づくり』創文企画、2018年、36-39頁）。
日野宏『授業づくりがわかる・できる　保健体育の評価』（株式会社学研教育みらい、2021年）。
大貫耕一『スポーツの授業を創ろう』（創文企画、2020年）。

# 第１章 学習指導案をつくろう

## 9 体育授業の評価論

加登本　仁

### 1.　学習評価の目的

2017年の学習指導要領改訂では、育成を目指す資質・能力が「知識及び技能」、「思考力、判断力、表現力等」、「学びに向かう力、人間性等」の３つの柱で示されました。それに伴い、指導と評価の一体化を図る観点から2019年に学習指導要録が改訂され、学習評価についても改善が求められています[1]。評価の観点は、従前の「関心・意欲・態度」、「思考・判断・表現」、「技能」、「知識・理解」の４観点から、「知識・技能」、「思考・判断・表現」、「主体的に学習に取り組む態度」の３観点に変更されました。このように、指導や評価のあり方が見直され、模索されている段階では、そもそもの評価の目的に立ち返って考えることが大切です。

今でも評価と聞くと、◎○△といった記号や数字の並ぶ、いわゆる通知表を思い浮かべる人が多いのではないでしょうか。通知表は、学習の到達度と今後の学習の課題について、子ども自身や保護者に伝える「評定」としての機能を持っています。しかもそれは、学期や学年というまとまりの中で、「総括的評価」として実施される場合がほとんどです。たしかに「評定」は学習評価の一つの機能といえますが、学習評価はそれだけを指すものではありません。本来、教育評価は、「子どもの学習結果を中心とした情報を収集し、教育の目標が実現したかどうかを判断して、教育活動を修正したり調整したりするための決定をくだす一連の活動」[2]とされています。つまり、学習評価には、子どもの学習結果のよしあしを、ある基準に基づき値踏み

した「評定」として本人や保護者に通知する目的だけでなく、①子どものこれからの学習を励ます目的や、②教師の指導を改善する目的が含まれているのです。

2002年までの長い間、学校教育では「５段階相対評価」が実施されてきました。「集団に準拠した評価」である相対評価では、学級内での位置を客観的に示すことはできても、子どもは何がどこまでできており、どこが課題なのか、という学習成果を示さないという点や、子どもたちは、自分の評定を上げるためには、学級の友達よりもよい成績をとらなければならず、子ども同士に敵対関係をつくってしまうという点、さらには、どのような学習結果であっても、機械的に５から１がつくため、教師にとっても指導を改善するための情報にならないという点が挙げられ、学習評価の目的からみれば多くの問題を含んだ評価方法であったといえるでしょう。

2002年の学習指導要録改訂からは、「目標に準拠した評価」（いわゆる絶対評価）が採用されています。「目標に準拠した評価」では、単元ごとに、何をどこまでできたり、わかったりさせるのかという到達目標（◎十分満足できる、○おおむね満足できる、△努力を要する）が設定され、その目標の達成状況をもとに評価が行われます。つまり、授業の目標を考えることが、そのまま評価の基準を考えることになるのです。「目標に準拠した評価」の考え方のもとでは、教師が授業で教えたことに対して子どもが何を学んだのかが問題となるので、「指導

と評価の一体化」が重要になります。その際に原則となるのは、「指導したことを評価する」「指導していないことは評価しない」ということです。言い換えれば「指導したなら評価しよう」とも言えるでしょう。

## 2.　「真正の評価」に向けて

体育科では、この「指導したことを評価する」という考え方が、なかなか実現しにくい難しさがあります。この背景には、子どもたちが学習前からすでに身につけている体格や体力といったものが、運動技能の学習結果に大きく影響する点が挙げられます。スイミングスクールなどの習い事で、すでに運動技能を獲得している子どもをどう評価するか、もともと体格がよく足の速い子どもをどう評価するか。よい評価を得る子どもは、果たしてそれが授業で学習した結果であると言えるのか、教師の評価観が問われるところです。

一律に、記録など運動の結果のみを評価の基準にすることは、運動の苦手な子どもの意欲を奪い、あきらめの感情を生みかねません。「指導していないことは評価しない」という原則に従い、単元前後の伸びや、ハードル走とフラット走のタイム差を評価の基準にするなどの方法で、「個人内評価」を加味した評価の工夫が必要になります。

他にも、体育科の評価の特徴として、評価方法の難しさが挙げられます。ボール運動の授業で、ボール操作に加え、ボールを持たないときの動きを指導しておきながら、評価ではボール操作の技能を測る「スキルテスト」のみが実施される場合も少なくありません。「教師の目標が、成功したゲームにおけるプレイを中核にするのであれば、評価はゲームにおけるプレイを中心に行わなければならない」[3]と言われるような「真正の評価（オーセンティック・アセスメント）」が求められています。「真正の評価」を実施しようとした場合、目標としたことを適切に評価できるような評価資料を、どのような観点と方法で収集するのかについて、あらかじめ準備しておくことが必要となります。

体育の学習では、距離やタイムなど数値で計測できるものは評価しやすく、わかりやすい目標にもなりますが、学習の過程では、「動きの質」を問題にすることの方が重要ではないでしょうか。この「動きの質」を段階的に示すものを「ルーブリック」と呼びます。例えば水泳運動の学習で、呼吸を確保することや脱力して浮くことを目標とした場合、「脱力した連続だるま浮きが10回続けてできる」ことをA基準（十分満足できる）とすれば、「連続だるま浮きが3回以上できるが10回は続かない」はB基準、「連続だるま浮きが3回続かない」はC基準といったものです。3回や10回という数値目標には動きの質的差異が込められています。連続だるま浮きが10回続けてできるためには、水中で息こらえをして浮きやすい姿勢を維持することや、口が水面から出たところで「パッ」と強く息を吐き出す呼吸法が「わかってできる」必要があります。3回続けられない場合は、姿勢制御や呼吸法に課題があると判断できるのです。このように、単元を通して「なってほしい姿」を明確にするとともに、設定した目標に対応した評価の基準を設定することが重要です。

## 3.　到達目標と方向目標

目標を考えることは、評価を考えることでもあるのですが、すべての指導目標を同列に扱い、評価の対象とすることには慎重にならなければいけません。学習指導要領では、各教科等の指導内容が「知識及び技能」「思考力、判断力、表現力等」「学びに向かう力、人間性等」の3つの柱で整理されましたが、このうち、比較的短期間で「達成」する性格のものと、長い期間をかけて「形成」していく性格のものを区別する必要があります。「知識・技能」のうち「運動の行い方を知る」ことについては、指導場面

から比較的時間をおかずに、子どもの発言や学習カードなどへの記述をもとに評価することができます。しかし、運動技能は習得や習熟に時間を要することから、指導場面から比較的時間をおいて評価するというように、評価時期を工夫する必要があるでしょう。「思考・判断・表現」については、既習の知識・技能を活用するような学習場面で、子どもの発言や学習カードなどへの記述、動作などをもとに評価することができるでしょう。これら「知識・技能」や「思考・判断・表現」は、単元を通した学習のなかで「達成」がめざされる性格のものと考えられますが、「主体的に学習に取り組む態度」についてはどうでしょうか。図1のように、「学びに向かう力・人間性等」の目標のうち、感性や思いやりといった性格や行動面の傾向については評定の対象とせず、「主体的に学習に取り組む態度」が観点とされています。体育科では「主体的に学習に取り組む態度」の内容として、公正、協力、責任、参画、共生及び健康・安全が示されています[4]。それらは、長い期間をかけて「形成」していく性格のものであると考えられます。望ましい態度を行動目標化し、基準を示して短期的な「達成」を求めてしまうと、教師の期待に応えようとする表面的な態度を助長する可能性が

あります。「主体的に学習に取り組む態度」の評価は、方向目標として、現状を克服しながら子どもたちと形成的に向き合い高めていくものであり、主に教師の指導改善に活かすためのものであると考えられます。

## 4. 診断的評価と到達目標の設定

単元を通して、子どもたちにどのような力を身につけさせたいのか、具体的な到達目標を考えることは授業づくりの第一歩です。そのためにはまず、子どもたちの運動技能や認識、意欲や人間関係などの実態を適切に把握することが重要です。到達目標を設定するための「診断的評価」ともいえる子どもの実態把握は、どのような方法で行えばよいのでしょうか。水泳運動の学習を例に挙げると、「好嫌度調査」（意欲面）や「泳力調査」（技能面）がよく用いられます。水泳が好きか嫌いか、またその理由を子どもたちに書かせることで、「本学級の子どものうち、水泳を好きと答えた子は80％いる」「嫌いと答えた20％の子どもの主な理由には『泳げないから』『水が嫌い』『潜るのが怖い』などが挙げられる」という実態を把握できます。あるいは事前に、足をつかずに何m進めるかといった泳力調査を行うことで、「10m泳げない子ども

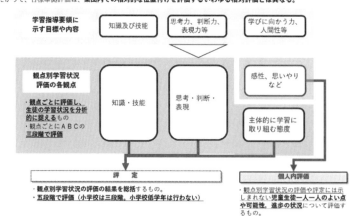

図1　各教科における評価の基本構造[1]

が半数近くいる」といった技能面の実態がみえてきます。10m 進めない子は息継ぎに課題があることが予想されます。さらに、意欲面や技能面だけでなく、「続けて長く泳ぐコツは何ですか」と単元前に子どもに記述させることもできます。子どもたちがこれから学習する運動をどのように捉えているのか、認識面についての「診断的評価」を行うことで、苦手な子は「力いっぱいキックする」「手を思い切りかく」といった力任せに進もうとする認識を持っていることが明らかになります。このような実態把握を経て、呼吸を確保することや、脱力して浮くことなどが到達目標として浮かび上がってくるのです。

## 5.　指導的評価活動

　指導と評価を考えるうえで、授業の計画段階での「診断的評価」や、評定をつける際の「総括的評価」について述べてきましたが、忘れてはならない評価活動として、学習の過程における「形成的評価」があります。「形成的評価」は、子どもの学習状況を把握しながら学習指導を軌道修正していくために、授業や単元の途中に行われる評価活動です。具体的な「つけたい力」や「なってほしい姿」に向けて、教師は授業中の言葉かけや、授業後の子どもの感想文へのコメントなどのフィードバックを行います。フィードバックの対象には、運動技能（できる）に関するものだけでなく、技術ポイントや技術構造の理解（わかる）や、仲間とともに運動を観察し合ったり、分析し合ったりする学習の方法（学び方）、さらには、仲間とともに学び合うことの意味や価値（観）についても含まれるでしょう。こうした評価活動を通した指導、いわゆる「指導的評価活動」[5] を通して、子どもたちを学習対象に粘り強く導いていくことにこそ、「指導と評価の一体化」実現の鍵があると考えられます。

【引用文献】
1）中央教育審議会（2019）児童生徒の学習評価の在り方について（報告）. https://www.mext.go.jp/component/b_menu/shingi/toushin/__icsFiles/afieldfile/2019/04/17/1415602_1_1_1.pdf 2023 年 1 月 31 日検索。
2）木原成一郎「体育科の評価」（木原成一郎・大後戸一樹・久保研二・村井潤編著『改訂版　初等体育科教育の研究』学術図書出版社、2019 年、73 頁）。
3）リンダ・L・グリフィン他：高橋健夫・岡出美則監訳『ボール運動の指導プログラム』（大修館書店、1999 年、199 頁）。
4）文部科学省『小学校学習指導要領（平成 29 年告示）解説体育編』（東洋館出版社、2018 年）。
5）石田渉「指導的評価活動」(恒吉宏典・深澤広明編『授業研究重要用語 300 の基礎知識』明治図書、2006 年、147 頁）。

【参考文献】
加登本仁「体育授業の評価論」（学校体育研究同志会編『スポーツの主人公を育てる体育・保健の授業づくり』創文企画、2018 年、40-43 頁）。

# 第1章 学習指導案をつくろう

## 10 障害のある子どもへのアプローチ
―子ども一人ひとりと「みんな」も大事に―

大宮ともこ

### 1. インクルーシブ教育が求めているもの

　この節では、体育の授業において障害のある子どもにどのようにアプローチしていく必要があるのかについて解説していきます[注1]。

　まず、近年における特別支援教育などに関わる政策の動向を確認しておきましょう。2007年から特別支援教育制度がスタートしました。それ以前の特殊教育から特別支援教育に変わって、通常学級に6％いるとされる発達障害のある子どもたちに光が当てられ、特別な教育的ニーズのある子どもが在籍するすべての学校において実施されることになりました。「無差別と平等」を基本理念とする障害者権利条約が2014年に日本でも批准され、第24条の教育条項では、どの子どもも排除されることなく、学習する権利を保障するために、環境整備や教育内容などの合理的配慮を提供することを求めています。障害がある子と無い子が可能な限り共に学ぶ特別支援教育を通して、インクルーシブ教育がめざす「共生社会」を実現していくことになったのです。

　第24条の教育条項で真に求めていることは「一人ひとりの子どもが人間として大切にされ、潜在的能力を十分に発揮できる教育内容を創造すること」だと思います。そして、障害のある子どもの自由で効果的な社会への参加を謳っています。そのためには、特別な教育的ニーズのある子どものいる学校のすべての教員が、障害は社会における様々な障壁と相対することによって生ずるものという「社会モデル」[注2]の捉え方で、障害を理解する必要があります。そ

のうえで、障害による学習又は生活上の困難について本人の立場に立って支援の内容を一緒に考えていくような取り組みが求められています。そして、多様な子どもの存在を念頭に置きながら、授業づくりや学級経営をしていくのです[注3]。つまり、教師が子どもたちに寄り添って一緒に考えていくことや、子どもに合った教材や授業の創造が不可欠になるのです。

### 2. 発達障害とは何か？

　今、特に小学校の通常学級の少なくない教師が、発達障害の子どもたちの指導に悩んでいます。具体的には、集団的な取り組みをすすめるうえで、彼・彼女らの言動に対して、どのように対応すれば良いのかわからないことが多いようです。そのため、まず、発達障害について簡潔に触れておきたいと思います。

　「発達障害」とは、脳機能の発達が関係していて、生まれつきの行動や思考の特徴があります。それゆえに、本人も無意識な場合も多いでしょう。ここでは紙面の関係で自閉症とADHDの子どもたちの特徴を示します。

①相手の気持ちを捉えるのが難しく、一方通行になりがちで、場に応じた行動がとりにくい（社会性・コミュニケーション）

②取り組みや新しい場面に対応したプランや実行していくイメージが持ち切れず、失敗したときの気持ちの切り替えが難しい（想像力と実行力）

③周りの刺激に目移りして注意や集中が長く続かず、人の話をじっと座って聞けなかったり、

待っていられなかったりする。他の興味を引く刺激が入ってくるとそちらに気持ちが向いてしまい、当初の目的を忘れてしまう（注意・集中）

④一方で特定の人・物・自分で決めた道順や順番へのこだわりが強く、自分なりの秩序を守ろうとし、それを他人にも要求してしまうこともある（こだわり）

⑤感覚過敏で靴下や靴がはけなかったり、受け付けられない周波数の音は聴いていられなかったりして、日常生活に様々な不便や困難がある（感覚過敏）

⑥運動面では協調的な動きが難しいので不器用な感じを受ける。また、感情コントロール面では、上手くいかなかったり、相手が自分の思いを受け止めてくれなかったりするとすぐに怒ってしまう（運動・感情コントロールなど）。

このような特徴ゆえに、人との共感や共有が難しい状況となり、集団活動では様々なトラブルを招きやすく、家庭や学校でも失敗を注意されることが多いです。児童期のこうした失敗体験は自尊心の発育に大きく影響し、意欲の低下を招き、自己肯定感も低くなります。周りから見て理解されにくいことも、こうした状況を生む原因となっています。

大切なことは、周りの大人が早期に気づき、適切な関わりをすることです。そうすれば、優れた能力を発揮し、自分らしく発達することができるからです。それがなければ、不登校などの二次障害になったり、成人期でうつ病や不安障害にかかったりする恐れがあります。

## 3.　発達障害の子どもとの関わり方
### (1)『困った行動』の背後の発達要求を捉えよう

発達障害の子どもたちは今までの育ちを通して、上手く関係を取り結べなくて、仲間と一緒に遊んだり、学んだりすることができなかった

経験から、強烈に仲間を求めています。一緒に取り組みたくても、関わりが一方的になってトラブルを招いてしまったり、思うようにできないと暴言を吐いて乱暴にふるまったりして、『困った行動』につながることも少なくありません。そんな『困った行動』の中に、「仲間と一緒に楽しく遊びたい」「充実した学びをしたい」「仲間の中で自らの能力を発揮して認められたい」などの発達要求があるのです。行動の背景にある、彼・彼女らの思いや発達要求まで掘り下げて、学級のみんなに伝えながら、分かり合えるようにしたいものです。

当然のことながら、困っている彼・彼女らが、その理由について整然と語れるわけでもありません。そのため、教師が仮説を立てて読み取り、指導に当たることが重要になります。また、行動の背景にある発達要求や思いに寄り添い、共感しながら、『困った行動』に対しては具体的にどうすれば良かったのか、本人が振り返れるように指導することも大切です。

### (2)「困っている子」の視線の先にあるものに寄りそって

一斉指導で多くの子どもたちに教えようとすれば、教師の決めたルールに近づけようと指導してしまいがちです。子どもたちの多様性を認め、違っていて当たり前という価値観をもつことが求められています。具体的には、発達障害の子どもたちが好きなことや「快」と感じていることに、教師が近づいて一緒に楽しむことです。彼・彼女らの VIEW や思いに寄り添いつつ関わることで、心の窓を開け、教師を受け止めてくれます。すると、コミュニケーションが広がり、彼・彼女らの素晴らしい能力にも気づくでしょう。彼・彼女らの快─不快、好き─嫌いなこと・もの、人の何に惹かれ、逆に何を忌み嫌うのか、どんな思いや感情を抱いているのかを捉えることを大切にしたいところです。

授業であれば、何を楽しみ─何が嫌なのかを

読み取ることで、彼・彼女らの「わかる・できる・つながる世界」を捉えていく手がかりになります。その中に教材や授業づくりのヒントがあることでしょう。

## 4. 指導のイメージ

### (1) 温かい「まなざし」と充実感のある居場所にしよう

居場所とは人間関係のことです。その環境の土台は教師です。発達障害の子どもたちは特に周りの友達や教師の否定的な『まなざし』に敏感です。教師が注意してばかりいる友だちには、注意が必要だと捉えるでしょう。教師の言葉や態度が、友だちへの評価をつくり出すわけです。そのような場にしないために、仲間の中で自分の能力を発揮し、感情交流をしながら充実感と達成感を積み上げていく居場所にしましょう。

そのためには、それぞれの子どもが気持ちよく過ごせるような柔軟で温かい学級のルールを、子どもたちと一緒に作り出すことが大切です。発達障害の子どもたちの独自の感覚やマイルールが、集団内のトラブルにつながることがありますが、彼・彼女らの特性を逆に活かす道も考えてみましょう。例えば、ADHDの子どもたちは人の何倍もエネルギッシュに動きます。彼・彼女らの動きが周りにとって役にたち、能力の発揮につながるように、係活動で活躍してもらったりしてはどうでしょうか。

### (2)「同じ」と「違う」を行き来しながら友だち理解を深めよう

4年生は発達的に「9歳の節」と呼ばれる時期に向かいます。抽象的な思考が形成される時期で、発達障害の子どもたちにも、集団学習についていけないなど、学習や生活、友人関係の様々な場面で「壁」にぶつかるようになります（放課後等デイサービスTEENS参照）。

異質なものや人を排除して、親密圏を作って行動する時期なので、違いに敏感になり、仲間外れをするようになります。それが、いじめや不登校になることもあります。「違う」の中に「同じ」があり、「同じ」の中に「違う」があるというように、「同じ」と「違う」を行ったり来たりする捉え方が、それ以降の自己・他者理解にはとても大切になります。例えば、ADHDの友だちは自分とは違って、じっとしていないが、好きなことには集中力を発揮するのは自分と同じであるという捉え方です。

また、抽象的な思考が培われる時だからこそ、「障害」について一緒に学び、環境によって「障害」の現れ方が変化するという理解を進めたいものです。発達障害の子どもが話せる場合には、生活でどんなことに苦労しているのかについて話をしたり、動画や本を通して一緒に学んだりして、みんなでわかり合うような場面をつくるのです。感覚やルールの捉え方の違う発達障害の子どもたちには、周りの友だちがそのことを知ってくれているだけでも安心感につながるでしょう。

そのためにも低学年から生活の中で困難なことや苦手なことなどを具体的に出し合い、みんなで了解し合って生活や学習を築き、共同の体感を積み上げていくことが大切です。障害のある子どもにとっては、そのような経験が自信となり、また、障害のない子どもたちにとっても、一人ひとりが大事にされるという実感を抱くでしょう。子どもは自分が大切にされているという実感を抱けば、人を認めるようになりますから、一人ひとりの充実をつくり出す取り組みが鍵となります。

また、学校の授業は、ここで触れたような生活環境や人間関係を基盤にして取り組まれるので、それらへの教師の働きかけは、体育授業の前提としても重要です。

## 5. 体育の可能性

さて、これまで述べてきた指導のイメージは、体育授業の中でも具体化することができま

す。言い方を変えれば、そのような指導や場をつくっていくことが、インクルーシブな体育です。

体育には、①一人ひとりの動きの感覚を大切にできる、②自己調整して身体操作することで、達成感や充実感を味わえる、③身体活動を通してコミュニケーションができる、④道具の操作から何をするのかイメージを広げることができるといった利点があります。そのような利点を存分に発揮する教材を、子どもと一緒につくっていくのです。

その際には、これまでの特別支援学校でつくられてきた教材づくりのプロセスが参考になるでしょう。特別支援学校では、授業に取り組んでいる子どもたちの姿から、この教材にはどんな意味があるのかを読み取り、変化発展させていきます。例えば、「取り合いと技術」を教える教材として、「ポンポンホッケー」、リズムとスピードコントロールを教える走運動の教材として「ぐるぐる走」と「8の字走」などがありますが、これらは、授業に参加しない「困っている子」とのやりとりを通して、生み出されてきたものです（詳細は、大宮ともこ『特別支援に役立つハンドブック vol1 体育　遊びゲーム』いかだ社を参照）。発達障害の子どもたちも、勝敗にこだわり、トラブルになることがありますが、勝敗にこだわることを否定的に捉えるのではなく、動きの素晴らしさや集団での共同の有り様など、多様な評価の視点を入れながら、勝ち負けを考えて集団で取り組む学びを展開したいものです。

また、発達障害の子どもたちは不器用で、今までの経験から自己否定感を持っていることも多いので、何度失敗しても繰り返し挑戦して取り組めるようなゲームが必要です。その中で本人が試行錯誤して能力を発揮している実感が持てるように教具や道具を工夫して、道具操作を伴う動きを引き出してみると良いでしょう。例えば、ボール操作があまりにも難しいようなら

ば、ボールの空気を抜いて転がりすぎないようにしたり、ボールの感触が嫌な子どもがいるなら、浮き輪を用いて、ボール運動で学べる内容を設定したりします。

このような試行錯誤やチャレンジこそが、教材づくりです。豊かな「学び」を生み出すヒントは、「困った子」「困っている子」に隠されています。子どもも、様々な個性を持った仲間と関わり、理解を深めることが、「豊かな学び」の条件になります。教師集団で「困った子」「困っている子」の共通理解を進めることで、教師は一人で背負わないことに、子どもはみんなにわかってもらっていることに安心感を抱くことにつながります。そうして、教師集団が、子どもの姿から教材をつくり出すことに踏み出していきましょう。

【注】
1）この原稿は、拙稿「発達障害の子どもたちと共に創る体育の学習」（『たのしい体育・スポーツ』2023年327号）を加筆・修正したものです。
2）「社会モデル」に関しては、障害者権利条約において考え方が示されており、2011年に改正された「障害者基本法」においても採用されています。
3）同様の指摘は、中央教育審議会答申（『令和の日本型学校教育』の構築を目指して〜全ての子供たちの可能性を引き出す，個別最適な学びと，協働的な学びの実現〜」（2021年1月26日）にも見られます。

【参考文献】
放課後等デイサービスTEENS「小学生の発達障害｜特徴と支援のポイントを解説」https://www.teens-moon.com/characteristics/primary/、2023年1月10日検索
大宮ともこ『特別支援に役立つハンドブック vol1 体育　遊びゲーム』（いかだ社、2009年）。

# 第２章 指導過程の考え方

## 1 発問
―子どもの思考を刺激する「問い」とは―

石田智巳

### 1.　発問とは何か

　発問とは、授業中に教師から子どもになされる指導言の一つであり、質問の形式をとるものを言います。この発問が重視されるようになったのは、子どもを「受動的な客体」とみなす立場から、「思考する主体」として捉える立場になってからのことです。しかしながら、発問には「はい」「いいえ」で答えられるような単純なものだけでなく、深い思考を経たうえで答えるものや、ときには学級に対立を起こさせるようなものなど、様々なレベルがあります。そのうえで、授業のねらいに応じて、子どもの思考を動かす発問を用意する必要があるのです。

　実際の授業を観察すると、子どもの思考が動き出す発問ではなく、焦点が絞られていない発問も見受けられます。大学の保健体育科教育法という講義で行う模擬授業において、よく見られる例を挙げます。バスケットボールにおける「３人の攻撃でゴールするにはどうすればいいのか考えてみよう」という発問です。この発問は、まさに一時間の主発問なのですが、授業が終わる頃に発問がされた場合，様々な意見が出されたとしても、それを検証することができないという意味で悪い発問となります。なぜなら、その授業ではドリブル突破、パス＆ゴー、スクリーンなどの攻撃方法のうち、子どもたちの実態に応じた指導内容が示されていないからです。

　それに対して、ベテランの先生のフラッグフットボール（小学２年生）の発問は印象的でした。授業の冒頭において、教室で前回の授業の感想文と映像から課題を抽出しました。ボールを持ったクオーターバックをガードが守っていて、そこに相手がサイドに詰めてきた状況を取りあげました。このまま進んでも外に出てしまうことになります。これを「ピンチ」と呼び、「このピンチの状況でどうすればよいか？」と発問を投げかけます。そして、「ガードが反対方向に切り返す」という課題がクラスで確認されます。その後、体育館に行ってこの状況での練習を行います。教師が子どもたちの実態をよく見ているからこその発問でした。

　この事例からも明らかなように、授業を生き生きとしたものにするためには、子どもの実態をもとに、十分に練られた発問を準備しておく必要があります。まさに、そのことが授業の成否を決定すると言っても過言ではありません。そこで以下では、発問研究の歴史と意義，体育科における発問の実際を探ることにします。

### 2.　仮説実験授業における発問

　発問研究の源流の一つは、科学や教科の論理を教える際に、子どもの論理（あるいは生活の論理）を踏まえるべきだという考え方から出てきました。ここでは「仮説実験授業」の考え方を紹介しておきます。板倉聖宣は、「科学的認識の成立過程」についての仮説的な理論、すなわち、科学的認識の基礎が「仮説と実験」にあるという理論に基づいて、1963 年頃から、それを授業に適用しようとしました [1]。

　板倉は、教科書に書かれている実験をなぞって、子どもたちに提示する授業を批判します。

なぜならば、子どもたちにはすでに生活経験による子どもの論理（生活の論理）を持っており、その子どもの論理と、科学や教科の論理を対決させることなく、後者を教えようとするところに問題があるという考えからでした。

このような問題意識から、仮説実験授業に取り組み、それは「問題 1、予想（仮説）、討論、実験 1」→「問題 2、予想（仮説）、討論、実験 2」→「以下続く…」という形ですすむものであり、「教育目標となっている一つの概念・法則」を問題の形にして、子どもの生活経験的な認識を科学的な認識へ高める方法を獲得させようとするものでした。

例えば、鉛筆のとがった部分と反対側の部分を同じぐらいの力で手に押しつけたときに、とがった部分の方が痛く感じます。このとき子どもは、痛く感じるということは、押した力が強いからだという子どもなりの論理を持ってしまうことになります。しかし、この誤謬（ごびゅう：考えや知識の誤り）をもとにして授業を組み立てることで、効果的な授業をすることができるのです。

このような考え方は体育においても同様であり、子どもたちが持っている素朴概念やつまずきをもとに、それらと体育・スポーツの論理を対決させるような組み立てが有効であることを示しています。それは、子どもの陥りやすいつまずきを探して、それを主題とした発問を考えるということでもあります。

しかし実際には、素朴概念やつまずきは「概念的に把握されているもの」と、そうではなくて「体の動きにあらわれるもの」とがあります。前者の例として、「50m を何歩で走るか？」という発問が挙げられます。人によって差があるものの、高校生であれば 30 歩ぐらいで走ることができますが、多くの生徒は自分の歩幅を知らないために 50 歩以上かかると思っています。走運動の授業のねらいに、自分の走りを自分なりに分析することが位置づけられていますが、

この歩数の発問は、単元の最初に位置づくものです。

後者の体に表れる例としては、水泳の浮き方が挙げられます。陸上では、力を入れることで自分の動きをコントロールしますが、水中ではしばしば力を抜くことが求められます。陸上での経験から、力を入れることで姿勢や動きをコントロールしようとする例が見られます。その場合、「力を抜け」と指示するのではなく、例えば、「『スーパーマン浮き』と『がっくり浮き』とではどちらが浮きやすいか？」という発問を出して、実際に確かめるのが効果的です。呼吸を確保したければ、がむしゃらに動くのではなく、力を抜いてじっとしていれば自然と浮いてくるので、そこで呼吸をすることをわからせるのです。

大切なのは、教科書に書いてあるような正解や正しいやり方を教師から子どもに一方的に伝達するのではなく、子どもの実態を把握し、そこから個々の課題に目を向けさせることであり、そのために発問が効果的になるのです。

## 3. 教授学構想と発問研究

発問研究のもう一つの源流は、教える技術を確立する学問・教授学を構想するなかに見いだせます。つまり、一般的な「よい授業」というものがあって、それに内包している諸条件を探るという考え方です。日本の教授学構想において、重要な役割を果たした一人に斎藤喜博がいます。斎藤の授業は様々なところで取り上げられ、よい授業のモデルとされました。

斎藤の発問の特徴は「ゆさぶり」と言われます。彼のめざす授業もまた、子どもの経験主義でもなく、教師の教え込みでもなく、子ども同士が文化遺産である教材を媒介にして、ときには衝突しながらも緊張関係を保ちつつ交流して、高めあっていく方向でした。そのため、子どもたちが自ら出した答えに満足しているときや、理解が表面的になってきたときに、あえて

否定する問いかけを行い、子どもの思考に揺さぶりをかけることを行います。その背景には、子どもたちの思考は、否定や矛盾という経験を経て、それを乗り越えていくことで高まっていくという考えがあります。

この斎藤の「ゆさぶり」は、多くの教師によって実践されるとともに、研究者によって定式化されてきました。例えば、吉本均の学習集団論における発問の重要性の指摘が挙げられます [2]。吉本は、前提として、「教えねばならないものを子どもたちの学びたいものに転化していくもの」が発問の機能だと述べています。さらに、斎藤のゆさぶりや、仮説実験授業を検討して、これを発問の問題であると同時に、学習集団の組織の問題だと指摘します。具体的には、以下のように述べています。

「授業が一方通行の知的伝達に終わるか、それとも知的論争＝共感の自己活動として成立するかということは、そこに、班や小集団の集団形態が存在しているなどという外的な問題ではないのである。科学や文芸の本質にむかっての知的論争＝共感の自己活動を刺激することのできる発問がそこにあるか、どうかということこそが、何より決定的なことなのである。すぐれた発問によって学習集団に対立＝分化をひきおこし、ゆさぶられ、知的な競い合いをとおして、いっそう豊かな解釈や正しい科学観を一人ひとりの子どもたちのものにしていかなくてはならないのである」。

このような考えに基づけば、教師の教材解釈は、子どもの対立や分化、そしてつまずきなどの反応の予想を伴って行われることになります。そして、授業は対立や分化から、共感や統一へと向かうことになるのです。

体育においても、ときには対立と分化、そして子どもたちなりの共感と統一をめざす授業が行われています。例えば、矢部英寿のバレーボールの実践 [3] があります。彼は、技術・戦術の学習と同時に、「どのようなバレーをめざすのか」という、単元を通して子どもたちが追求する発問を提示しています。バレーボールは元々レクリエーションとして誕生しましたが、競技化が進んだことに伴い高度なスポーツへと発展しました。そのため、学級の中にも、レクリエーション寄りのつなぐバレーを志向する者と、競技スポーツ寄りのスパイクを決める＝つながりを切るバレーを志向する者とがいました。教師がどちらかの立場で価値観を押しつければ、一方の側からの反発がくることになります。そのため矢部は、「どのようなバレーをめざすのか」という発問を投げかけます。

この実践では、バレー部で活動をするなかで傷ついてしまった元キャプテンがいました。その子の傷を知っているクラスメイトは、バレーの授業中に彼女を慰めるのですが、矢部は「寄り添って支えるだけでいいのか」と、まさに「ゆさぶり」をかけます。これは、バレーボールで傷ついたのであれば、そうではない自分たちのバレーボールをつくることで、その傷は解消できるという考えから発せられたものでした。こうして、子どもたちはめざすバレーとして「きれいなラリー」という言葉を発見していきます。それは、一定の人だけしか触らないラリーや、一発で返すラリーの対極に位置し、みんながかかわって練習し、スパイクを含めたラリーが続くというものでした。

この実践は、教師が対立や分化を想定して出した発問から始まっていますが、あらかじめ答えが用意されていたわけではありません。授業を展開しながら子どもたちのつぶやきを拾っていく中で、問いが主題化し、そこに教師が共感したり、ゆさぶりをかけたりしながら、子どもたちがつくっていったものです。そして、結果的には、子どもたちのバレーボール観にゆさぶりをかけて、新たなバレーボール観やスポーツ観を獲得したところに意義があります。

体育やスポーツは、多様な価値観を持つ子どもたちの中で行われるものであり、その中で対

立と分化から共感と統一をめざすという問いかけは、共生社会をめざす子どもたちにとって、そして、みんながスポーツの主人公になるために欠かせない視点と言えるでしょう。

## 4.　ICT を利用した授業と発問

　先に 50m 走での歩数の発問を紹介しました。あの授業には続きがあり、50m を走るときのスピードの変化を問う発問が用意されていました。50m を走る過程で、①加速し続ける、②途中で減速する、③途中で減速するがまた上がる、の 3 択です。結論的には②か③になります。つまり、スピードが落ちる地点があることに気づかせるための発問です。従来は 10m ごとのタイムを計って、そこから紙で計算をしてグラフを作成させていました（「田植え走」）。今では、タブレットで撮影し、「ウゴトル（https://ugotoru.com/）」という無料アプリを使うことで、グラフ作成まで 1 人 5 分もかからずにできるようになりました。それを応用した走り幅跳びの実践を紹介します。

　走り幅跳びの授業での子どもの関心事は、跳んだ距離（出来高）です。そこで、「もっとも遠くへ跳べる助走距離を探そう」という発問を投げかけます。ただ、発問しただけでは子どもは動き出しません。いくつか仕掛けが必要になります。まず、踏み切り足の確認が必要になります。その後、実際に 5 歩助走，9 歩助走などで跳ばせます。助走位置を決めるために、踏み切り線から逆向きに走って跳び、5 歩や 9 歩の助走距離を記録します。そしてこの位置から，タブレットを使ってそれぞれの助走のタイムと記録を測ります。大学生を対象とした実践では、多くの学生は 9 歩の方が良い記録が出ました。50m 走では 20 歩のところでスピードが落ちる事例が多いことを考えると当然です。そこから最適な助走距離と速度を探させます。

　しかし、ある大学生の場合、5 歩助走は 7 mで速度は秒速 4.72m、9 歩助走では 13.75m

で速度は秒速 5.35m でした。この学生の記録は 5 歩助走で 3m70cm、9 歩助走で 3m55cmでした。彼はスピードが出すぎているのではなく、出てきたスピードを最後に調整できてきていないことを自分自身の課題として分析しました。つまり、踏み切りまでの助走のコントロールを練習の課題と位置づけました。このように、「もっとも遠くへ跳べる助走距離をさがす」という発問は、「もっとも遠くへ跳ぶためには何が必要となるか？」という発問に変化しました。

　この実践では、走り幅跳びの記録よりも、それを生み出した助走距離や速度に目を向けることになり、他者との競争ではなく自分自身の最適な助走を作ることに焦点化されていました。ICT は映像を撮ることが目的となってしまいがちですが、発問とあわせて実態から課題へと目を向けさせたいものです。

【引用文献】
1)　板倉聖宣『仮説実験授業入門』（明治図書、1965 年、65 頁）。
2)　久田敏彦・深澤広明編『吉本均著作選集 3　学習集団の指導技術』（明治図書、2006 年、43、66 頁）。
3)　矢部英寿「中学生のバレーボール―スパイクとバレーの矛盾を問う―」（『たのしい体育・スポーツ』236 号、8-11 頁）。

【参考文献】
石田智巳「発問―子どもの思考を刺激する『問い』とは―」（学校体育研究同志会編『スポーツの主人公を育てる体育・保健の授業づくり』創文企画、2018 年、44-47 頁）。

## 第２章 指導過程の考え方

# 2 子どものつまずきとフィードバック

佐藤亮平

### 1. 体育授業のつまずきとフィードバック

　学校体育は、子どもたちに様々な運動・スポーツ文化に触れる機会を提供します。ただし、それらをただ行うだけでは、学校教育としての機能を十分に果たしているとはいえません。つまり、体育では運動・スポーツの科学を、子どもたちに伝えなければならないのです。したがって、教師には様々な運動・スポーツを素材としながら、子どもたちに身につけさせたいことを吟味し、その獲得に向かうための授業を計画・実行する能力が求められます。

　子どもの視点に立てば、彼・彼女らは運動課題と対峙し、その解決を試みることによって、技術や戦術を認識・習得しようとしています。その運動課題は、教師があらかじめ設定した教材に内在化されています。そのため教師は、子どもが運動課題に取り組む姿を見ながら、指導を行っています。これらを整理すると、実際の授業では教師―子ども―教材（運動課題）の３つが相互に関係していることがわかります。先にも述べたように、教師は子どもが対峙している運動課題への解決方法に対し、適切な指導を行うことが求められます。その行動をフィードバックといいます。このフィードバックを活かして、子どもは運動課題について思考し、解決策を実践していくのです。

　このようにして体育授業が営まれている一方で、現実の授業では運動が苦手な子どもや、うまく運動課題を解決することができない子どもがいます。これが、いわゆる「つまずき」です。「つまずき」と聞くと、悪いイメージを抱く人もい

るかもしれません。しかし、子どもが何に対して「つまずき」、どのような困難を抱えているのかを理解することは、よい体育授業をつくるために必須といえるでしょう。そこで、以下では教師と子どもを結びつける「フィードバック」の研究について検討した後、授業において生じる「つまずき」に対応する方法について解説していきます。

### 2. フィードバックに関する研究

　体育授業において教師は、子どもの活動にフィードバックを行います。このフィードバックという用語には、様々な意味があります。例えば、学校体育授業事典によると「身体運動にもとづいて動作を修正していくメカニズム」とされ、シーデントップによると「次の反応を修正するために利用される情報」とされています[1]。また、深見は、フィードバックには研究者によって様々な定義があるとしながらも、自身の研究では「子どもの次の学習行動の改善・向上に向けて与えられる教師の言語的・非言語的行動」としています[2]。この定義をもとにフィードバックについて考えると、授業において子どもが試みた運動に対し、「今のよかったよ」、「もう少し○○してみたら」という賞賛や助言からなる、教師と生徒の相互作用をあらわす用語と考えることができます。

　フィードバックを適切に行うことは、子どもの技術習得を助けるだけではなく、積極的に運動課題に取り組む子どもたちの姿勢と相まって、授業の雰囲気もよくするでしょう。そこで

以下では、体育授業に関する教師のフィード
バック行動について詳細に検討している深見の
研究を中心に、フィードバックに関する研究動
向を示していきます。

## 3.　フィードバックに関する研究動向

　フィードバックには「運動パフォーマンスの
情報」、「修正を与える」、「動機づけ」、「報酬」、
「賞賛」という機能があると深見は言います[3]。
体育は教室で行う授業とは異なり、運動を学習
することに時間を割くため、このような機能を
持つフィードバックを研究する際、非言語的な
行動も研究対象にすることが求められます。

　詳細に述べると、フィードバックには肯定的
と矯正的という種類があります。肯定的フィー
ドバックとは子どもの技能のできばえや、応答・
意見に対して「『うまい』、『よかったね』さら
には拍手するといった教師の承認・賞賛」を意
味します。矯正的フィードバックとは「『もう
ちょっと』、『腕の振りが足りないね』、『膝を曲
げてごらん』といった教師の助言・課題提示」
を意味します[4]。

　このような授業における教師の行動は、学習
成果に影響を与えます。子どもの学習成果を高
める条件には、①マネジメント行動が少ない、
②説明、演示、指示といった直接的指導が少な
いといったことだけでなく、③フィードバック、
励まし補助などの相互作用が多い、④相互作用
につながる積極的な巡視がみられる、⑤全体や
集団への関わりだけではなく、個々の児童への
関わりが多いことが含まれているからです[5]。

　深見らの小学 3 年生を対象にした研究では、
体育授業において子どもにとって有益であっ
た言葉かけについて分析しています[6]。実際、
子どもにとって有益だった言葉がけは、矯正
的フィードバックが主であり、次いで肯定的
フィードバックでした。つまり、運動に取り組
む子どもには、助言や課題提示を行う矯正的
フィードバックを行うことが有効なのです。

　また、否定的フィードバックという行動も存
在し、子どもが自分自身の誤りを認識できてい
ないときに行うと有効に作用するとされていま
す。当然ながら、教師自身の否定的な感情や挑
戦への否定は学習意欲を低下させることは容易
に想像できます。したがって、教師は教育者と
いう立場を理解したうえで、フィードバックを
行うことが重要となるでしょう。

　深見は、体育が苦手な教師が、授業中にどの
ような子どもに声がけすればよいかわからな
い、という問いに対し、「無理して気の利いた
アドバイスをしようなどと考えなくてよい」と
述べます[7]。その代わり、まずは運動をじっく
り観察し、つまずいているときには励まし、上
達には賞賛することが重要であるといいます。
また、「教師からたくさんほめられたり励まさ
れたりした授業を、子どもは良い体育授業だっ
たと高く評価する」とし、教師が肯定的なフィー
ドバックを行うことの重要性についても指摘し
ています。

## 4.　子どものつまずき

　授業において子どもは、技術や戦術の中身を
わかり・できるようになろうとしています。し
かし、すべての子どもが、何ら不自由なく技術
や戦術を習得できるとは限りません。こうした
子どものつまずきに出会った時、我々は何がで
きるのでしょうか。例えば出原は、つまずいて
いる子どもの厳しい現状を根性論や体力論に求
めず、教材研究によって子どもがともに上達し
ていく過程を確かにする重要性を示していま
す。具体的には、まず「つまずき」に気づかせ、
発見させる。そして、これに対決する学習集団
づくりを進めます。その中で、子どもがつまず
きを克服する過程を自ら見出し、自分たちが何
につまずいているのかを指導することが重要だ
といいます[8]。

　また、中村は「間違う子ども、わからない子
ども、できない子どもは授業の中の宝であり、

いい授業を展開できるかできないかはこのような子どもの指導が十分にできるかできないかにかかっていると言っても過言ではない」と述べています[9]。そして、「間違い、わからない、できないことからの指導」について論を展開します。そこでは、①できることやできないことは些細なことが分岐点となり、「常に誰でもが、間違ったり、間違われなかったりする可能性の中にいる」ことの理解から始まり、②授業において教師と子どもは、ともに「間違い、わからない、できないが誰にでも確認できる」仕組みを有し、③同じ間違いを繰り返さないように指導することが重要だと指摘しています。同時に、このような授業は「学習集団が民主化していることによって達成され、教育内容や指導方法が科学化されていく中で、よりよく完成されていく」と述べています。

このように、出原と中村の論では、つまずきを学習の中で発見し、それを集団で解決していくことの重要性が指摘されていました。さらに言えば、授業において子どもが、何を身につけるのかについて、教師が深い次元で理解する重要性について指摘していました。ただ運動をわかり・できるようになるだけに留まらず、できないことや、わからないことをグループあるいはクラス全体で共有・解決することによって、民主的な体育、あるいは学習者が主体となる授業の創造につながるのです。

## 5.　よい体育授業の実現をめざして

これまで、教師のフィードバック行動と子どものつまずきについて述べてきました。その中で、体育授業を構想するうえで注意すべき点がありました。フィードバック研究では、子どものつまずきに対して、矯正的フィードバックや肯定的フィードバックを効果的に用いることが、よい授業につながると指摘されていました。同時に、つまずきを学習の中核に据え、それを集団で解決することも重要であるという研究成果もありました。以下では、これらの研究成果に基づく教師の働きかけの実践例について取り上げます。

伊藤が提示する走・跳の運動・障害走指導案には、フィードバックの例が示されています[10]。ここでは「グループメンバーの走りは、インターバルをリズム良く走ることができていますか、リズムは崩れていませんか」というフィードバックを取り上げて考えてみます。まず、この言葉は本時のねらいにある「わかる」と「できる」に関わる内容となっています。この観点から子どもの運動を捉えた時に、教師が目にする状況を想定して具体的なフィードバックを考えていきます。例えば、子どもの技能に何も問題ない場合には、その応答として「今のよかったよ！」や「うまくできたね！」という肯定的フィードバックをするとよいでしょう。しかし、子どもの踏切り足に課題がある場合には「踏切り足はいつも同じだよ！」という指導や、リズムに悩む子どもには「1・2・3・4」というリズムを手拍子で示すなどの矯正的フィードバックを行います。このようなフィードバックは、子どもの学習意欲を喚起するだけではなく、技術の習得にもよい影響を与えるでしょう。さらに、あえて直接的にフィードバックを与えず、子どもが運動課題と自分の関係を考えるような発問をおこない、その解決方法を見つけるような場面もあります。その際には、課題解決の糸口を見つけたことに対するフィードバックを行うことで、子どもの学習意欲を喚起するとよいでしょう。

冒頭でも述べたように、体育授業では子どものつまずきが必ず生じ、それを契機として、体育の学習を進められるということです。その際に教師が考慮することにフィードバックや学習集団づくりがありました。教師は、子どもの状況や授業で教える内容などをふまえて方法を選択すると思いますが、この両者は同時に行うことが可能です。

　また、体育の授業が、子どものつまずきを契機として進められるのですから、教師には教材に対する理解を深め、子どもが学習すべき運動課題（つまずき）を明確化し、解決していく過程をイメージしておく必要があるでしょう。このような授業を構想する際、指導対象となる運動・スポーツの歴史的発展過程をあらかじめ検討しておくことは、事前につまずきそうな点を特定することに役立ちます。なぜなら、スポーツの歴史的発展過程には先人たちの試行錯誤が詰まっているからです。つまり、技術や戦術の発展過程を検討することは、単にスポーツの発展に関わる知識的理解を得られるだけではなく、技術や戦術を獲得するために必須となる運動課題を明確にすることにもつながるのです。ただし、技術指導の系統性や学習内容の発展性といった部分に関しては、目標設定や授業時間数、技能水準などを考慮することが重要です。このような点をふまえ、教師が授業を展開することができれば、いまを生きる学習者に運動・スポーツ文化を伝授するだけではなく、学習者が主体となる民主的な体育を実現するための第一歩となるでしょう。

【引用文献】
1）西條修光「フィードバックとフィードフォワード」『学校体育授業事典』（大修館書店、1995 年、52 頁）、シーデントップ、高橋健夫ほか訳『体育の教授技術』（大修館書店、1988 年、8 頁）。
2）深見英一郎「体育授業における効果的なフィードバック行動に関する検討」（筑波大学博士論文、2007 年）。
3）同上。
4）前掲 2
5）高橋健夫・岡澤祥訓「第 1 章よい体育授業の構造」（高橋健夫編『体育の授業を創る』大修館書店、1994 年、23-24 頁）。
6）深見英一郎・高橋健夫・日野克博・吉野聡「体育授業における有効なフィードバック行動に関する検討：特に、子どもの受けとめかたや授業評価との関係を中心に」（『体育学研究』第 42 巻 3 号、167-179 頁）。
7）深見英一郎「モニタリングと相互作用技術」（高橋健夫・岡出美則・友添秀則・岩田靖編『新版体育科教育学入門』創文企画、2010 年、96-97 頁）。
8）出原泰明「『習熟と認識の変革過程』を学習の対象とすること」（『体育の授業方法論』大修館書店、1991 年、166-174 頁）。
9）中村敏雄「いい授業についての考察」（岡出美則編『中村敏雄著作集第 2 巻体育の授業づくり論』、2007 年、10-15 頁）。初出「〈基調提案〉いい授業についての考察〔1〕」（『体育グループ』21 巻 3 号）。
10）伊藤嘉人「子どものつまずきとフィードバック－走・跳の運動・障害走指導案例－」（学校体育研究同志会編『スポーツの主人公を育てる体育・保健の授業づくり―指導案の基本とプラン集』創文企画、2018 年、154-161 頁）。

【参考文献】
竹田清彦・高橋健夫・岡出美則編『体育科教育学の探求』（大修館書店、1997 年）。
岡出美則・友添秀則・岩田靖編『三訂版体育科教育学入門』（大修館書店、2021 年）。
学校体育研究同志会編『体育実践論』（ベースボール・マガジン社、1974 年）。
学校体育研究同志会編『体育実践とヒューマニズム　学校体育研究同志会 50 年のあゆみ』（創文企画、2004 年）。
佐藤亮平「子どものつまずきとフィードバック」学校体育研究同志会編『スポーツの主人公を育てる体育・保健の授業づくり』（創文企画、2018 年、49-51 頁）。

# 第2章 指導過程の考え方

## 3 学習の場の考え方と作り方

近藤雄一郎

### 1. 学習の場とは

　体育授業における学習の場とは、「体育館や運動場の授業時間における運動の器具や用具の配置」であり、「運動学習の場面で、児童が効果的、能率的な学習が、進められるための器具や用具の置き方」のことを指します[1]。また、佐藤[2]は学習環境について、「体育の授業がより能率的にしかも安全であるために行われるもの」であり、「学習者自らの興味関心に基づいて自発的・自主的に学習に取り組み、運動の楽しさや喜びにふれさせられるような工夫や活用こそが大切となる」と述べています。これらの指摘にあるように、学習の場は安全管理を前提とし、学習者が教科内容を確実に「認識（わかる）・習得（できる）」することを効果的に進めるために設定する必要があります。

　以下では、学習の場の考え方について解説し、実際に場の作り方について具体例を示していきます。

### 2. 安全管理

　学習の場は、安全管理（傷害発生・衝突防止など）について十分に配慮する必要があります。例えば、以下のようなことが問われるでしょう。

・学習者同士が、安全に学習できる間隔で器具が設置されているか？
・着地における衝撃緩和のための対策がとられているか？
・走運動から停止するための十分な空間が確保されているか？
・キャッチボールなどの球技の基礎練習では、ボールの飛ぶ方向が一定となるよう、整列された隊形で学習されているか？
・失敗や転倒の際、他の学習者や壁・教具への衝突が発生する危険はないか？
・ボール、バット、ラケットなどの用具が学習場面に散乱し、転倒の可能性はないか？

　これらの観点から、傷害を未然に防ぐ場の設定が必要になるのです。授業実施中においても常に学習者の安全に気を配ることが重要です。

### 3. 待機時間の減少と利用

　学習者の人数と学習の場の関係も重要です。1クラスの学習者の人数と、学習環境（用具の数、体育館・グラウンドの広さ）を考慮して、学習の場を設定する必要があるでしょう。できるだけ、待機時間が少なく、効率よく学習ができるように、グルーピングを何人・何班で行うかも考えなければなりません。

　一方で、学習者の学びを深めるために、待機時間を積極的に利用する方法もあります。待機時間において他者が学習している様子を観察し、そこでの課題解決方法や問題点を見ることにより、自己の学習課題を明らかにすることもできます。その際、他者の運動を観察することを促す、教師による積極的な働きかけが必要であることは言うまでもありません。例えば、「待っている時間は、上手にできている人の様子を見て、どうしてできているのかなどを観察するようにしましょう。また、できている人はできていない人の様子を見て、何が不足しているのか考えてみましょう」といった働きかけを

通して、子どもは運動課題を解決するための具体的方策を認識する（わかる）ことが可能になります。そして、それらを共有することで、能動的な学びを促すこともできるのです。

## 4.　コートサイズの変更・教具の作成

　一般的に、体育の授業における球技のゴールやコートサイズ、ハードル走のハードルなどの教具は、各スポーツ団体のルールで定められた規格品が使用されることでしょう。しかし、学習者の発達段階や技能に合致しない規格品をそのまま使用することにより、学習内容を十分に身につけることができなかったり、学習環境・条件の難易度が高くなって学習意欲の低下を引き起こしたりするなど、学びを妨げることにつながる危険性もはらんでいます。これらについて佐藤[3] は、「体育の授業における施設・用具の規格は、単にチャンピオンルールに基づく規格品だけでなく、学習者に学習内容を正しく習得させ、興味をわかせ、意欲的に学習に取り組ませる条件として整えなければならない」と指摘しています。

　もちろん、規格品を用いて学習を進める場面もあるでしょうが、学習者の人数や技能などに応じてコートサイズを変更したり、使用する教具を作成したりして、効果的な学習を展開することのできる条件整備が求められるのです。

　以上、述べてきたように、学習の場は、安全性の確保、学習者の人数、学習効率や待機時間の学習、学習者の技能レベルなどを総合的に判断し、設定していくことが重要です。

　次に、学習の場の作り方を、陸上運動と水泳の例を挙げながら解説したいと思います。

## 5.　段ボールを活用した陸上運動の学習

　陸上運動系は走・跳の運動で構成されます。ここでは、走の運動としてハードル走、跳の運動として走り幅跳びを取り上げます。ハードル走では「ハードル間をリズミカルに走るリズム」の獲得が学習の前提となり、低いハードリングや振り上げ足伸ばし、ディップ（上体を前へ倒すことで腰の位置を前に出し、重心も前方へ移す動作技術）、かき込み（振り上げ足を素早く下ろす動作技術）の習得をめざしていきます[4]。一方、走り幅跳びでは「踏み切り板を目標に助走のスピード、踏み切り準備におけるスピードコントロールによって、思いっきり踏み切り、遠くまでとべた、空中に浮いた感じ」を体得するために、助走－踏み切り－空中動作－着地の各局面における技術の学習を行っていきます[5]。

　このようなそれぞれの運動における学習を進めるなかで学習者が抱く困難性として、ハードル走では「ハードルが高くて怖い、ぶつかった時に転ばないか心配」、走り幅跳びでは「踏み切り板に踏み切り足が合わない」ということが挙げられるのではないでしょうか。そこで、これらの困難性を緩和するための授業実践として、江島[6] 及び茨木[7] による段ボールを活用した教材について以下に示します。

### （1）ハードル走

　直線路（20 ～ 40 m）に段ボール（4 ～ 5 個）を置き、段ボールを跳び越しながら走ります（図1）。学習者の実態に応じた段ボールの間隔（インターバル）とすることで、リズミカルに4歩（着地を含む）で跳び越えることができる自分にあったインターバルを見つけることができ

図1　段ボールハードル走

ます。また、段ボールを縦置きまたは横置きとすることで、障害物の高さに応じた身体動作のコントロールによるハードリング技術の学習を行うこともできます。また、設置する段ボールの形状を工夫することも可能です。例えば、平面段ボールと三角柱段ボール（図2）を組み合わせて使用することで、三角柱段ボールを平面段ボールのどこに置けば走りやすいかを探求する学習を行うことができ、三角柱段ボールを踏み切り点よりも着地点の近くに置いた方が走りやすいことがわかることで、ハードリングの基本技術である足の振り落とし動作についても学ぶことができます。

図2　段ボールの組合せ

### （2）走り幅跳び

大きく跳ぶ気持ちよさと、そのための踏み切りや着地の仕方を学習するために、ダンボールをくっつけて置き、約10m離れたスタートラインから走ってきて複数個置かれた段ボールを大きく跳び越します（図3）。このとき着地点は砂場にして、安全に実施できるようにします。様々な数の段ボールが並べられた場所を設定することで、自分の力にあった場を選んだり、より多くの段ボールを跳び越したいといった意欲につながったりします。一般的な踏み切り板を

目印にした跳躍の学習では、踏み切り足を合わせることに焦点が置かれがちですが、段ボールを活用することによって、段ボールには高さがあるので、「踏み切りでは高く」といわなくても自然に上方向への踏み切りになることが期待できます。踏み切り板を目標にした前段階の学習として、助走のスピード及び踏み切り準備におけるスピードコントロールによって、思いっきり踏み切って大きく跳ぶことを学ぶために有効でしょう。

### 6.　水泳

水泳は、学習者間の泳力差が顕著に表れる運動の1つです。そのため、一般的には泳力別学習によって授業が展開されることが多いと思います。しかし、「泳げること」だけを学習課題に設定した場合には、水泳が苦手な学習者にとっては苦痛を伴う授業になってしまう恐れがあります。そこで、水泳の授業でも「わかる」を中心に学習を進めていきたいものです。それにより、能力差を補ったり、泳力差を活かしたりする授業にもつながります。この「わかる」学習を効果的行うための手立てがグループ学習となります。

佐々木[8]によると、「わかる」を中心に学習を進めることで、苦手な子どもにとっては「次はどんな練習をしたらよいか」「何に気をつけて練習したらいいのか」がわかり、得意な子どもは苦手な友達の動きを見ることで自分の泳ぎを見つめ直すことにより、「自分の泳ぎ」についての認識を深めるきっかけになります。また、泳力の異なる学習者で構成したグループ学習を進めることで、苦手な子どもから得意な子どもに「腕のかき方はどうするの？」「一回ゆっくり泳いでみて」という質問や要求が出たり、なかなか上手にならない友達に対しては「何でつま

図3　段ボール幅跳び

ずいているのか？」「どんな練習が必要なのか？」と悩みながらグループ内で相談する姿が見られたりします。このようにして友達の泳ぎや自分の泳ぎを、それまで学んできた「わかった」視点で観察することで、習熟も進み、自分の泳ぎの質も変わっていくことになります。

　以上のように、水泳の授業においても自己の課題達成に向けて黙々と泳ぐのではなく、異質集団によるグループ学習を導入することには意義があります。水中だけでなくプールサイドなども活用（図 4、5）することにより、学習の場の観点からも、待機時間の減少と利用につなげることができ、学習者による能動的な学習も期待できるでしょう。

図 4　水中でのグループ学習

図 5　プールサイドでのグループ学習

【引用文献】
1）小学校体育指導者研究会編「場の工夫」（『小学校体育　運動・用語活用事典』東洋館出版社、2003 年、62 頁）。
2）佐藤勝弘「Lecture12　体育の学習環境」（宇土正彦・高島稔・永島惇正・高橋健夫編著『新訂　体育科教育法講義』大修館書店、2003 年、100-107 頁）。
3）同上。
4）学校体育研究同志会編「2　障害走」（『陸上の指導－わかり・できる授業展開と技術指導』小学館、2008 年、24-29 頁）。
5）学校体育研究同志会編「第 2 章　走り幅とび」（『たのしい体育 SERIES2　陸上運動　投げる・とぶ』ベースボール・マガジン社、1988 年、51-74 頁）。
6）江島隆二「小学校低学年における走・跳の運動」（『たのしい体育・スポーツ』2016 年秋号、8-11 頁）。
7）茨木則雄「ハードル走っておもしろいな！―小学校中・高学年のハードル走の指導―」（『たのしい体育・スポーツ』2016 年秋号、16-19 頁）。
8）佐々木盛文「Q&A　先生、教えて！子どものつまずきと指導のポイント　小学校中・高学年の水泳指導」（『たのしい体育・スポーツ』2016 年夏号、16-23 頁）。

【参考文献】
学校体育研究同志会編『新　みんなが輝く体育 1 小学校低学年体育の授業』（創文企画、2019 年）。
学校体育研究同志会編『新　みんなが輝く体育 2 小学校中学年体育の授業』（創文企画、2019 年）。
学校体育研究同志会編『新　みんなが輝く体育 3 小学校高学年体育の授業』（創文企画、2021 年）。
竹田唯史・近藤雄一郎「学習の場の考え方」（学校体育研究同志会編『スポーツの主人公を育てる体育・保健の授業づくり』創文企画、2018 年、52-55 頁）。

## 第２章 指導過程の考え方

# 4 子どもの学習集団について
## ―異質協同（共同）のグループ学習―

伊藤嘉人

### 1. 学習集団の考え方

　今日の子どもたちを取り巻く運動やスポーツの環境は様々です。例えば、幼少のころから習い事として教室に通う子どもがいる一方、運動やスポーツに親しむ機会がなく、興味や関心をもたない子どももいます。また、スポーツを熱心に取り組んできた子どもの中には、身体的、精神的に悩まされている子どもがいるかもしれません。そして、生活の中で触れる情報やメディアなどから、運動やスポーツに関わる知識や価値観が形成されていることもあるでしょう。

　このように子どもたちの運動やスポーツに関わる技能、知識、価値観などは、誰一人として同じではありません。では、多様な知識や技能、経験を持つ子どもたちを前に、どのような学習集団をつくり、授業を展開すればよいのでしょうか。

　授業のための集団は、
①属性別同質集団（男女別、年齢別など）
②能力別同質集団（経験別、習熟度別など）
③課題別同質集団（「めあて」別など）
④異質集団（男女混合、経験・習熟混合など）
に整理することができます[1]。体育の授業においては、実技をともなう学習が多いことから、技能の習熟の観点から「経験者」班と「未経験者」班に分けることがありますが、これは「同質集団」です。一方で、構成メンバーを経験や習熟など混在するように編成した学習集団が「異質集団」となります。いずれにしても、学習集団とは授業のための集団ですから、様々な運動やスポーツ観を持つ子どもたちが交流し、学び合うことで学習が深まり、集団としても成長していく見通しを持って設定する必要があります。

### 2. 学習集団に関わる実践課題

　体育授業の学習集団をめぐって、これまで様々な議論がありました。現行の学習指導要領において「個別最適化の学び・協働的な学び」が標榜されていますが、1990年代においても、体育の「個別化」「個性化」の学習として展開された「めあて学習」の論争がありました。「めあて学習」とは、「個性」を技能習熟の尺度とするとともに能力の違いとして把握し、子ども自身が現在の能力を見極めて「めあて」を決め、学習を進めていきます[2]。つまり「できないことも個性である」とし、習熟度に分けて（習熟度別集団・能力別同質集団で）、体育の学習が展開されるのです。

　「個性を活かす」「個性に応じる」という言葉は、一見聞こえは良いように思われます。しかしながら、実際の体育の授業において、一人の教師が、子ども一人ひとりの「個に応じた学習」を展開するのは難しいのが実態です。つまり、個に応じた学習活動を展開するということは、個人に合った内容の選択学習となりますので、子どもたちの教え合う、学び合う機会は少なくなります。また、子ども同士をつなぐ共通の学習課題もありませんので、学習課題をクラス全体で追求することも難しいと言えます[注1]。

　体育の「個別化」「個性化」の学習を批判し、「体育の学習集団論」をリードしてきた出原泰明は、「能力別授業」の問題を以下のように指摘して

います[3]。

①「すべての子どもをうまくする」という
　教育観や教育実践観を放棄している（ど
　んな子どもでもゆっくりと着実に段階的
　に指導すればかならずうまくなっていく
　視点がない）。

②子どもの能力に見切りをつけることに
　なっている（どんな子どもであっても、
　「できるようになる力」「わかる力」を可
　能性として持っている）。

③すべての子どもをできる、うまくするた
　めの技術指導の系統性を持っていない。

④子どもの関係が分断される（めあてごと
　に、能力別に集団が再編成されることに
　よって、できぐあいの異なる子どもの関
　係が断ち切られる。たとえ子どもの関係
　がつくられたとしても、それはムード的
　なものに終始し、励まし合いの関係でと
　どまってしまう）。

出原の批判は、「めあて学習」の方法だけで
なく、それを「良し」とする教師の教育観を問
題にしています。授業をする教師が、子どもの
能力差や、できない子をどのように捉えるのか
が、学習集団のあり方に影響を及ぼすのですか
ら、学習集団の設定方法は、小手先のテクニッ
クに矮小化できない「実践課題」とも言えるで
しょう。

### 3.　体育授業における技術認識の差の考え方

これまで述べてきたように体育の授業は、主
に実技を伴う学習課題を設定しますので、必ず
技術認識に差が生じます。体育授業における子
どもの能力差や人間関係について、出原は図
1[4]のように整理しています。

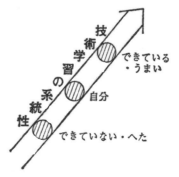

図 1　技術の傾斜と子どもの関係

真ん中に位置づく自分と同程度の「できぐあ
い」「わかりぐあい」の友だちについては、「現
在の自分」を映し出してくれる鏡として、同じ
欠点や課題をもつ友だちです。自分より「でき
ぐあい」の低い左下の友だちについては、「過
去の自分」を映し出してくれる鏡として、どの
ような欠点があるのか、どこをどうすれば次の
段階に進めるのかを観察・分析を通して整理す
ることができます。右上の自分より「できぐあ
い」の高い友だちについては、自分のめざすべ
き目標を具体的に示す「未来の自分の姿を映し
出す鏡」として、自分はどうすればそのレベル
に達することができるのか、自分の今の欠点は
どこなのかを、できぐあい、わかりぐあいの高
い友だちから学びとります。

このように、できぐあい、わかりぐあいの異
なる子どもたちをつなぐ学びにおいては、「わ
かる」という技術認識が接着剤となります。子
どもたちみんなが「できる」筋道を共有させ、
「わかる」（技術認識）を育てていくことが、体
育科固有の学びで「つながり」を生む学習集団
になるのです。

例えば、3 章の 1 でも紹介している「田植え
ライン」の実践を知るとイメージがつかめるで
しょう[注2]。短距離走では、どのような子ども
でも最高速度に達した後、そのままゴールまで
スピードを持続することができません。そのた
め、途中でスピードが落ちる地点（「謎の地点」）
の克服を子どもたちの共通の学習課題と設定し

ます。「田植えライン」を通して、走行タイムや走りのうまさに関係なく、友だちと学び合うことができます。また、共通の技術課題の解決に向けてともに学習しているからこそ、自分とは異なる違いが見え、比較することができます。そして、自分とは異なる友だちの多様にある走りに気づき、発見・比較をすることで、短距離走の技術ポイントを理解していくようになるのです[5]。

「異質協同（共同）」[注3]のグループ学習における学習集団は、子どもたちの技術認識から生まれる上下関係や主従関係ではなく、また優越感や劣等感を生み出すものではありません。学ぶべき対象（学習課題）に対して、対等、平等に学習を進めていくという教育観を基盤にしています。運動が苦手な子ども、できない・わからない子どもを大切にし、「すべての子ども」に共通の確かな学力を保証すること、その実現のために異なる子どもとの関わり合いを組織することを重視しているのです[6]。

## 4. 体育固有の認識と学習集団の関係

図2は、スポーツの主人公を育てる体育のカリキュラムを構成する枠組みの「3ともモデル」です。このモデルは、体育の教科の本質をスポーツ文化の継承・発展・変革・創造と捉え、そのための実践課題を「3とも」として描いています。3つの実践的課題における「ともにうまくなる（技術の分析・総合）」、「ともに楽しみ競い合う（競争、ルールの合意・統制）」、「ともに意味を問い直す（変革への『問い』の生成）」は、3つの教科内容（領域）の「技術的内容」、「組織的内容」、「社会的内容」を追求する固有の方法としてイメージされています[7]。これまで述べてきたように、実際の体育の授業では、「ともにうまくなる」、「ともに楽しみ競い合う」が中心的な課題となって展開されます。

子どもたちは、今の社会を生きる主人公であると同時に、未来の社会を担う主人公でもあり

ます。ただ、文化を継承するだけでなく子ども自身が自分たちの未来のために変革・創造の学力をつけることが求められています。実際に、スポーツは時代と社会の中で変わってきた歴史がありますし、私たちの手でスポーツ文化はよりよく変革することができるのです。

「3ともモデル」の「社会的内容」については、自分たちの現在の実践や学習活動そのものを対象に、その意味や価値を「問い直し」ていくこと、現在の問題を共有するとともに、自分たちが本当に求めることは何かを協同でつくり出す取り組みが課題となります[8]。深く学ぶ「探究」的な学びや、多様な視点による思考（批判的思考）には、協同が必要です。「探求」の学びと「協同」の学びは一体であると言えます[9]。

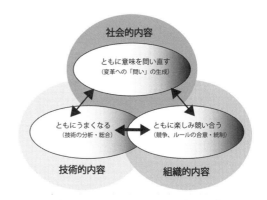

図2　スポーツの主人公の実践的課題領域・「3とも」

学校教育現場の多くの教師は、日々の教育実践において、子どもたちの学習集団の質を高め、深めようと試行錯誤をしています。異質協同（共同）の体育のグループ学習にこだわり実践する教師たちの実践記録には、すべての子どもに共通して学ばせる学習課題が明確にされています。体育の教科の本質を追求する共通の学習課題を通して、「考え合い・教え合い」、みんなが「わかり・できる」ことをめざしています。このような学習過程を通して自分を知り、グループや友だちとの信頼感を高めていき、そして結果として友だちの見方が変わり、友だちとの関わり方をつくり変えていくのです。

　体育は何を教え学ぶものなのか、体育固有の学びは何なのかと問い、子どもたちと真正面に向き合い、試行錯誤しながら授業実践することが、体育の学習集団を育むことにつながるのではないでしょうか。

【注】
1）「めあて学習」の実践課題については、出原（引用1）のほか、海野ら（参考文献）による「めあて学習」と、「グループ学習（異質協同）」における教え合いの実態調査を参照。
2）「田植えライン」の実践の詳細については、本著の第3章1ならびに引用文献5を参照。
3）「協同」「共同」は、同義に用いることがあるが、本稿では、出原（2004）の体育の学習集団論に基づき、「うまさ」や「できばえ」の異なる子ども同士の対等・平等の関係づくりを学習集団の土台に置くことから「協同」を優先して使用する。

【引用文献】
1）出原泰明『異質協同の学び：体育からの発信』（創文企画、2004年、75頁）。
2）出原泰明『体育の授業方法論』（大修館書店、1991年、77頁）。
3）同上（88-89頁）。
4）学校体育研究同志会編『技術指導と集団づくり』（ベースボール・マガジン社、1978年、70頁）。
5）出原泰明「私の実践ノート陸上50mの実践から」（学校体育研究同志会『運動文化』74号、24-27頁）。
6）同上（79頁）。
7）森敏生「これからの学習集団としてのグループ学習の授業」（『たのしい体育スポーツ』第41巻1号、6-9頁）。
8）同上。
9）佐藤学『第四次産業革命と教育の未来：ポストコロナ時代のICT教育』（岩波書店、2021年）。

【参考文献】
玉腰和典「子どもの学習集団について─異質協同の小集団学習─」（学校体育研究同志会編『スポーツの主人公を育てる体育・保健の授業づくり』創文企画、2018年、56-69頁）。
海野勇三・堀田浩一・黒川哲也「子どもの学び合いを高める指導：めあて学習とグループ学習の比較から」（『体育科教育』第45巻5号、32-36頁）。

## 第2章 指導過程の考え方

### 5 学習規律の考え方
#### ―子どもとつくる学習規律のある授業―

澤　豊治

#### 1.　学習規律はなぜ必要なのか

　授業を進めるうえで一定の約束事やルールがどうしても必要になってきます。皆さんは体育の授業における「学習規律」と聞くと、どのようなイメージを持ちますか。先生の号令で整然と整列、集合し、私語をせず先生の話をしっかり聞いている。そんなイメージを持っているのではないでしょうか。

　ここで重要なことは、この学習規律をいかに子どもに学ばせるのかということです。その指導の在り方によって、子どもの体育の授業観に大きな影響を与えると言っても過言ではありません。授業の始まりに整然と教師の前に整列し、教師の指示通りに行動することが体育授業の前提条件であるという考えや、子どもたちが規律さえ守っていれば体育の授業として良い授業であるという考え方は、全くの誤りです。確かに、学習規律は授業を成立させるうえでは大事な要素ですが、それは授業成立の前提や目的でないことを強調しておきたいと思います。実際に、学習規律への過度な期待や依存が、体育嫌いの子どもを増やしてきました。我が国の学校体育においては、集団行動をはじめとし、生活全般のしつけや、生徒指導的な側面も担わされてきた歴史があります。そのような考えや傾向は、特に現在の中学校や高校の学校体育において色濃く残っている実態があります。子どもたちからすると「体育の先生はおっかなくて厳しい」「授業は常に命令口調で勝手な言動は許されない」、それどころか「授業ではなく、訓練の時間」というような印象すら与えているということで

す。これではスポーツ文化の学習において心や身体を開放し、その面白さや価値を学ぶという、本来の授業には到底なり得ません。

　では、学習規律の本来の意味と必要性は、どのように子ども達に学び取らせていけば良いのでしょうか。まず、学習規律の指導を、全体の秩序の維持を目的とした「管理や統制」、また学習と切り離された「単なる規律訓練」として、教師から子どもへと強制的に行うべきものという考えを捨て、社会的合意目標と捉えることが大切でしょう。

　これについて木原は、「授業では、『ルール、マナー、エチケットといった社会的行動様式』を守ることやチームやグループの『組織・運営のしかた』という行動は教師が子どもに一方的に示す内容ではなく、授業最初のオリエンテーションや授業の過程で授業をたのしく進めるために子ども達と教師の参加者全員で合意していく内容」であると述べ、それを「社会的合意目標」としています[1]。教師は、どうしてそのような学習規律が必要なのか、あるいは、そのような社会的合意としての学習規律を学ぶことで、どのような力が身につくのかという認識を持って指導にあたる必要があります。そのことで、誰もが安心して学べる場にしていくためのルールや学習規律を、子ども自らが考え、つくり変える力を養いたいものです。それには、教師と子どもがともにつくっていく授業をめざす必要なツールとして、学習規律を認識させることが重要になってきます。言い換えれば、自立した集団には主体的な自己管理に基づく自己規律が必

要であることを学ばせるということです。

　繰り返しになりますが、学習規律の指導は授業成立のために不可欠で重要なものです。しかし、あくまでも学習によって身につく技能、認識（思考・判断）、態度と同様に、学習規律もその習得過程こそが、学習内容としても重要な意味を持つのです。

## 2.　体育科における学習規律の指導内容と事例

　実際の指導においては、体育科における授業の特性から、次のような学習規律を習得することが必要になってきます。

### (1) 安全を意識しながら学習するための規律

　体育の授業では、他教科と比べ授業中にけがをする比率が高くなりがちです。命に関わるような重大事故の報告も少なくありません。そのような事態を防ぐことは、最優先するべき課題です。この課題を解決するために、規律の重要性を子どもに理解させることが必要です。教師が想定される危険な項目を一方的に伝えるのではなく、まずは本時の授業内容を子どもたちに伝え、その都度、どのような危険が想定されるか、それを防ぐためにはどのような手立てを講ずれば良いかを、子どもと教師が一緒に考えるのです。そのうえで教師は、子どもたちが予測できないような危険を提示しながら、回避するための手段と規律を考えさせることが必要です。特に、器械運動や水泳、武道などの命の危険や重大事故につながる恐れのある種目を取り扱う際には、単元はじめのオリエンテーションだけでなく、毎時間、規律の内容と意味を確認する必要があるでしょう。また、子どもたちに規律を意識させるためには、①クラスのみんなが守らなければならない約束、②グループやペアで守らなければならない約束、③個人が守らなければならない約束、④器具の使用にあたって守らなければならない約束などを項目別に分けて、整理すると良いでしょう。

### (2) 自由な広い空間で効率よく学習し、学びを保障するための規律

　運動場や体育館、プールなどで行われる体育の授業では、教室と違って決まった指定席はありませんし、活動空間も広くなります。そのため、体育科独自の学習規律が必要になります。授業の中では、一定の場所にグループや班、チーム単位で整列したり、教師の周りに集合したり、各々が運動できるように広い場所へ離散したりする活動が必ず入ります。このような活動を、できるだけ効率的に行えるようになることは、学習内容の習得に向けた時間を確保し、授業を充実させるためにも大切なことです。それは、結果として豊かな学びを保障することに直結します。そのため、効率よく授業を進め、できるだけクラスのみんなに本来の学習活動の時間（理解したり練習する時間）を保障する規律も、子どもと創造できるようにします。

　例えば、サッカーやバスケットボールなど広い場所での活動において、説明やグループ毎の意見発表をするため、集合して活動する必要がある場合、どうしたら早く集合して効率よく時間が使えるかを、子どもたちに話し合わせてみるのです。「ボールをつかず持って集合する」「集合の合図に気づいた人が声をかけて、駆け足で集合する」など多様なアイデアが出されるでしょう。それらを、できる限り採用するのです。他の学級で出た良いアイデアも紹介すると良いでしょう。取り組む中身（学習内容）が明確で充実していればいるほど、子どもたちはアイデアを出し合い、みんなで守ろうとするはずです。

　学年のはじめの授業においては、特に集合や整列、教師の指示を聞く集中力を高めるような最低限の規律を、意図的に組み入れることも必要になってきます。できれば集合・整列を競い合うゲームや、伝言ゲームなどの活動を織り交ぜながら、最低限の学習規律については身につけさせておきたいものです。しかし、ここでもなぜこのような活動をしたのか、なぜ学習規律

が必要なのかを、丁寧に子どもたちに話し、納得させることを忘れてはいけません。いずれの場合においても大切なことは、子どもたちが教師にやらされていると感じる授業では学習規律の徹底は難しく、子どもたちからアイデアも出てこないということです。

### （3）ルールを守って勝敗を競うための規律

体育の授業では、勝敗を競うことが多くなります。体育の授業で扱う素材であるスポーツが、勝敗を競うことを特質とする文化なので、それは当然のことと言えるでしょう。ただし、スポーツにおける競争は、「一定のルールに則って」という条件がつきます。そのため勝敗の結果以上に、ルールを守って、正々堂々と公正な競争をすることが、体育の学習として重要です。

競技特有のルールを無視した試合は、競技を成立させないばかりか、その競技自体のおもしろさもなくしてしまい、試合をしている本人たちのやる気をそぐ結果になるのが必然です。特に小学校高学年以降においては、試合に関わるルールやモラルについても、授業の中で取り扱いたいものです。「なぜこのルールができたのか」「なぜこのルールが必要なのか」「どのような理由でルールが変更されてきたのか」「ルール（規則）とモラルの違いは何か」など、子どもに調べさせたり、考えさせたりすると良いでしょう。時代や国民の思想がスポーツのルールに色濃く反映されていることに、子どもたちは気づくはずです。そしてスポーツが成立するための大切な要件として、ルールやモラルとの関係を学び取るはずです。

このような授業を実現するためには、そのルールの意味や成り立ちを、まずは教師が理解し、それをどのように指導するのかを検討する必要があります。例えば、サッカーの競技規則には、ゴールキーパー以外の選手がボールを手でコントロールすると罰せられる「ハンドリング」という反則があります。これはサッカーと

いう競技を規定し、成立させるために重要な反則行為です。同じく相手を意図的に蹴る「キッキング」という反則も競技規則にあります。この行為は、試合を面白くさせないばかりか、対戦チームがいてはじめて成立するサッカーという競技自体を、自ら否定してしまう反則行為です。対戦する相手チームは、試合のうえでは敵ですが、サッカーというスポーツを一緒に競い合い、楽しむためにはなくてはならない存在です。その仲間を傷つける行為を、子どもたちにどのように受け止めさせるのか、同じルールでもその意味や込められた思いは違っていることを考えさせるのです。このような学習を積み重ねていくと、やがて子どもたちはスポーツにおけるフェアプレーを「道徳的に」ではなく、スポーツを誰もが楽しくおこなうための「必須条件」として学び取っていきます。フェアプレーとは、決して「拍手喝采を浴びるようなスポーツの作法」ではなく、スポーツをするうえで「絶対的になければならない最低限のルール」、つまり、スポーツをする者にとって当たり前の行為であることを、子どもたちは学ばなければならないのです。

このように体育で扱うスポーツ教材には必ずルールや規範、マナーといった文化特性があります。この文化特性を学ぶことと、学習規律を関連づける工夫が、教師として重要な課題になります。

### 3. 学習規律の指導こそ間接的指導で

このように、学習規律は、授業を成立させる観点、そして、子どもたちに学び取らせる学習内容としての観点の両面から重要です。このときの指導で留意しなければならないことは、その指導方法です。特に若手教師に見られるのが、学習規律や競技のルールを何よりも先にきちんと子どもに身につけさせておくべきもの、遵守させなければならないものだという考えに縛られた、強権的な指導です。小学校高学年から中

学校・高校では、たとえ表面上は教師に反抗的な態度は取らなくとも、強制的に学習規律ばかりを強調する教師の指導に納得していません。あくまでも重要なのは、たとえ時間がかかっても、学習規律は自分たちの学習を保障するために大切で必要なものだということを、子どもたち自身が学習活動を通して間接的に学び取っていくことにあります。

## 4.　学習規律の指導が学校生活に生きてくる

　子どもたち自らが、学習規律やルールの本当の意味や、約束事に込められた願いを理解し、自らその意義を見出したとき、授業の様子は必ず変わります。具体的には、子どもたちに対する教師からの指示回数が減っていきます。特に準備や安全配慮への指示を教師が出さなくても、子どもたちが互いに協力しておこなうようになります。次に、教師が本時の目標とねらい、グループやペアでおこなう活動や話し合う内容の要点を伝えるだけで、リーダーを中心に自分たちで授業をつくるようになっていきます。わからないところ、どうしてもできないところを教師に尋ねたり、他のグループではどのようにしているのかを見たり聞いたりして、自分たちで授業をつくり出していくのです。例えば、球技種目における試合形式の授業において、約束事やルール、マナーなどを、各グループのリーダーが意見や問題点を持ち寄り、話し合って授業を進めるようになります。このように規律やルールを自立的・自律的に習得した子どもたちは、やがて、生徒会行事、体育大会などの教科外活動、そして、部活動などの課外活動でもその経験を活かして、自治的な力として遺憾なく発揮するようになってくるのです。

## 5.　学習指導案と学習評価に関わって

　学習指導案を立案する際、学習内容や学習方法についての評価も重要ですが、特に若手教師は学習規律についての評価観点も大切にしたい

ものです。学習規律などの間接的指導は、教師のタイミングを見計らった時々の「ことばかけ」が重要になってきます。指導案では、先ず健康や、「導入」においては安全に対して配慮すべき内容やことばかけを記載します。「展開」でも子ども達が技術に集中しがちになり安全配慮がおざなりになりがちです。このような状況が出てきたときのことばかけを記入しておきましょう。授業の「展開」の後半部から「まとめ」にかけては、子ども達の気持ちが「できた」「分かってきた」と高揚し過ぎてしまう場面を良く見うけます。このこと自体は決して悪いことではありません。大切なことは、この意欲をどのように整理し次時につなぐかです。このようなときは、一旦すべての活動を停止し落ち着かせた状態にした上で、今からグループや全員でおこなうべき学習のまとめと次時の課題を整理させるよう記載しておきましょう。あらかじめ子どもの価値観や思考、あるいはつまずきや精神的状態をも予測して、指導案に学習規律に対する教師の働きかけと、その評価を書き込めるようにしましょう。

【引用文献】
1)　木原成一郎『体育授業の目標と評価』(広島大学出版会、2014 年)。

【参考文献】
田中新治郎「運動文化の創造と学習規律の形成」(『たのしい体育・スポーツ』2010 年 11 月号、)。
林俊雄「学習規律は間接的指導による自覚的習得でこそ」(『たのしい体育・スポーツ』2010 年 11 月号)。
林俊雄「学習規律の考え方」(学校体育研究同志会編『スポーツの主人公を育てる体育・保健の授業づくり』創文企画、2018 年、64-67 頁)。

# 第３章 「学び」を引き出す多様な教具

## 1 教具とは何か

伊藤嘉人

### 1. 教具とは

体育の授業は、主に運動やスポーツ種目を素材として学習が展開されます。そのため、教具というと、鉄棒や跳び箱、ボール、ネットなどの運動・スポーツを行うために必要な「器具」や「道具」のことであると認識している方も多いのではないでしょうか。

出原は、「教材」と「教具」について次のように定義しています[1]。

> 教材とは、科学の概念や法則、形象、技術・技能などの教科内容を子どもがわかりやすく、楽しく、感動的に習得できるように選択、加工された素材であり、教具はそのうちの道具の部分である。

つまり、授業において教科内容を深めるものが教材であり、そして見る、触るなどによって直観的に理解できるように加工された道具、言い方を変えれば、教材の理解や学習効果を高めるために工夫された道具が教具であると言えます[2]。

なお、岩田は、体育における「教具」の機能は「合理的な運動学習（認識学習を含む）を生み出す補助的・物的な場や課題の意図的な状況・条件を創り出す手段として考案、工夫される」として、以下のようにまとめています[3]。

> ①運動の習得を容易にする（課題の困難度を緩和する）
> ②運動の課題性を意識され、方向づける（運

動の目的や目安を明確にする）
> ③運動に制限を加える（空間・方向・位置など条件づける）
> ④運動のできばえにフィードバックを与える（結果の判断を与える）
> ⑤運動の原理や概念を直観的・視覚的に提示する（知的理解を促し、イメージを与える）
> ⑥運動課題に対する心理的不安を取り除き、安全性を確保する
> ⑦運動の学習機会を増大させ、効率を高める

言うまでもなく、教師がより良い授業実践を追求するためには、教材や教具を工夫することや、創造することが求められます。本章では、実際の授業実践から生み出された教具を紹介しながら教具の意義について解説していきます。

### 2. 子どもの「できる」や「わかる」認識を引き出し、深める教具―陸上競技（短距離走）「田植えライン」―

「田植えライン」は、陸上競技における短距離走を分析する際に用いられる教具です。短距離走を走り終えた足跡（つま先）に「リボンを結んだ釘」や「玉入れの玉」、「空き缶」などの目印を置き、その連なりが「田植えライン」となります。初めてこの実践に取り組んだ高校生たちがグリーンのひも付きの釘を刺していく作業を「田植え」と例えたことから、この短距離走の実践は「田植えライン」と名付けられました[4]。

①リボンつきの釘を1つのコースに50個ほど用意する（玉入れの玉やスチールの空き缶なども代用できる）。

②コースをテニスコート用の整備ブラシなどで掃いておく（走る前に足あとをつけないように注意しておく）。

③走者が走る。きれいに掃かれたコースだから足跡が残る。

④足跡のツマ先の部分にリボン付きの釘を刺していく（10mおきくらいに釘7、8本用意し、手分けして一斉に刺していく）。

「田植えライン」授業実践の方法

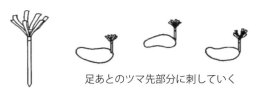

足あとのツマ先部分に刺していく

図1 リボン付きの釘と釘の使い方

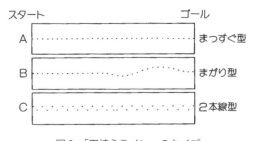

図2 「田植えライン」のタイプ

　タイムを計測することに終始する短距離走の授業において、子どもたちの学習の成果は「○○秒」であったという記録でしかありません。そのような授業では、子どもたちは、誰が速い・遅いというように、タイムのみで比較され、タイムの遅い子どもたちにとっては苦手意識が強まり、走る意欲が減退するのではないでしょうか。

　「田植えライン」の開発者である出原は、短距離走の基礎技術を「最高速度を持続する技術」であると捉えました。「なぜ最高速度を持続できないのか」、「スピードが落ち込む地点では何が起こっているのか」、「なぜ走のリズムが乱れてしまうのか」、「その乱れを回復するためにはどうすれば良いのか」など、子どもたちが短距離走で学ぶ技術の中核部分を「田植えライン」という教具を用いて見えるようにしたのです[4]。

　「田植えライン」は、走り終わると図2のように、足跡が「自分の走り」のラインとなって再現されます。そして、子ども自身の「走」の技術が具体物として表現されるのです。出原は、子どもたちの「田植えライン」から、ABCの型があると明らかにしました。

A：直線型で陸上部員に典型としてみられる型。

B：途中から曲がったり、ラインがふくらむ型。

C：腕の振りが外向きであるため左、右のキックの跡が別々になる型。

　「田植えライン」を先に触れた「教具の機能」から読み解くと、子どもたちの走りから表された「田植えライン」は、「運動の原理や概念を直観的・視覚的に提示」されるものであり、「短距離走の技術の習得を容易にする」機能があると考えられます。また、「田植えライン」によって走りの技術課題が意識され、方向づけられることで、仲間と分析し合うことが可能になり、「フィードバックを与える（結果の判断を与える）」機能が生まれます。

　以上のことから「田植えライン」は、教具として短距離走の子どもの認識を深めるべく、「ピッチ（歩数）やストライド（歩幅）の特徴や変化、スピードが落ち込む課題など、「自分の走」が具体物として表されるのです。

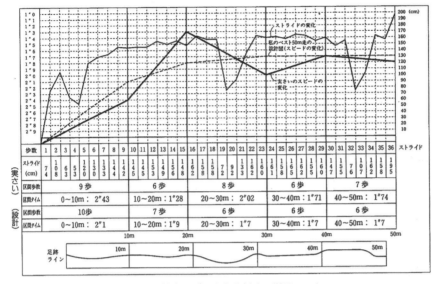

| 歩数 | 1 | 2 | 3 | 4 | 5 | 6 | 7 | 8 | 9 | 10 | 11 | 12 | 13 | 14 | 15 | 16 | 17 | 18 | 19 | 20 | 21 | 22 | 23 | 24 | 25 | 26 | 27 | 28 | 29 | 30 | 31 | 32 | 33 | 34 | 35 | 36 | ストライド |
|---|---|---|---|---|---|---|---|---|---|---|---|---|---|---|---|---|---|---|---|---|---|---|---|---|---|---|---|---|---|---|---|---|---|---|---|---|---|
| （実さい）ストライド(cm) | 74 | 108 | 63 | 53 | 120 | 133 | 144 | 142 | 145 | 153 | 145 | 153 | 156 | 148 | 162 | 158 | 158 | 72 | 133 | 160 | 161 | 158 | 162 | 155 | 160 | 167 | 175 | 76 | 97 | 2 | 158 | 195 | | | | | |
| 区間歩数 | 9歩 | | | | | | | | | 6歩 | | | | | | 8歩 | | | | | | | | 6歩 | | | | | | 7歩 | | | | | | | |
| 区間タイム | 0～10m：2″43 | | | | | | | | | 10～20m：1″28 | | | | | | 20～30m：2″02 | | | | | | | | 30～40m：1″71 | | | | | | 40～50m：1″74 | | | | | | | |
| （設計）区間歩数 | 10歩 | | | | | | | | | | 7歩 | | | | | | | 6歩 | | | | | | 6歩 | | | | | | 6歩 | | | | | | | |
| 区間タイム | 0～10m：2″1 | | | | | | | | | | 10～20m：1″9 | | | | | | | 20～30m：1″7 | | | | | | 30～40m：1″7 | | | | | | 40～50m：1″7 | | | | | | | |

図3　短距離走のデータを分析する学習シート

## 3.　教具からどのように子どもの「わかる」「できる」認識を深めていくか

　学習指導要領の目的や内容に述べられているように体育の学習内容には、知識や技能だけでなく、思考力、判断力、表現力が求められています。なぜうまくできるのか、どうすればできるようになるのかと自分自身だけでなく、友だちの課題や問題を克服するために深く考え、協同（共同）的な学びを通して深めていくことが必要です。

　図3は、短距離走のデータを分析する学習シートです。このシートは、前述の「田植えライン」に加えて、短距離走におけるスピードの推移を表した「スピード曲線」を記入することができます。「スピード曲線」とは、10mおきのラップタイムを測定し、スピードの変化を記録します。この「スピード曲線」から、タイムに関係なく、以下のような共通した技術的な課題を明確にすることができます[5]。

```
①スタートの反応
②スタートダッシュの加速
③トップスピードの高さ
④スピードの落ち込む地点の克服
⑤トップスピードの持続
⑥スピードの低下の度合い
```

「スピード曲線」や「田植えライン」の教具から表される、スピードの変化と落ち込み地点、ストライド、ピッチの変化は、「運動の原理や概念を直観的・視覚的に提示される」ものと言えます。つまり、これらの教具から、子どもたちの認識を引き出し、友だちと比較することで、タイムだけでない、走の技術について交流をすることができるのです。具体的な授業場面としては、タイムや技術認識の異なる友達との走りの共通点や課題はどこにあるのか、理想の走りに近づけるためにはどうすれば良いのかなど、短距離走の技術や能力差で区別されない「共通の課題」を追求する学びを展開させることができます。すなわち、子どもたちの走りを具体物として目に見えるようにする「田植えライン」や「スピード曲線」の教具によって、子どもたちが短距離走の技術の構造や原理を理解することにつながるのです。

　このような教具を有効に活用した授業を展開するためには、子どもたちに「わからせたい中身」を教師自身が準備しておくことが重要です。

学習の中で子どもは何を認識し思考を巡らせているのか、子どもの頭の中にどのような変化が起こっているか、そのときの頭のなかの変化や発展に着目し、子どものわかり方や、わかる段階を目に見えるかたちで外に置きかえるものが「わかる」「できる」認識を深める教具と言えます。

## 4. 優れた教育実践から学ぶ教材・教具

　学校教育現場おける教師たちの実践は、思考錯誤の連続です。教師たちは、常により良い授業を追求して取り組んでいます。今日、インターネット等で簡単に授業づくりに関わる様々な情報を手に入れることができるようになりました。文献や資料だけでなく、ウェブサイトには、各教科の様々な教材や教具が紹介されています。しかしながら、それらは便利であるものの、目の前の子どもたちにとって、そして教科の学びを深めるうえで本当に相応しい情報かどうかは、教師自身が判断しなければなりません。言うまでもなく、授業づくりの主体は教師自身です。どのような教材や教具を用いて授業をするのかは教師に委ねられているのです。本稿で紹介した「田植えライン」「スピード曲線」などの教具も、子どもと教師の対話や葛藤を通して生み出されたものであることを忘れてはなりません。

　なお、目の前の子どもの実態から教材や教具を考える姿勢は、特別支援学校の実践から多くのことが学べます。大宮とも子による以下の指摘は、教材・教具を考える上で重要な示唆を与えてくれます[6]。

①子どもを可能態として捉え、そこから発達のニーズや新たな潜在的可能性を読み取ること。
②子どもの生活課題・発達課題を大切にしながら、子どもたちを豊かな運動文化の世界へ誘い、「わかる－できる－つなが

る」学びを広げること。
③運動文化の固有の魅力や価値から子どもたちにとって何が面白いかを読み取り、そこから何を学ばせるのかという教科内容を探究し、発達課題の教材化に向かうこと。

　大宮は、体育の教材化について、教師自身が運動文化の楽しさの内容を捉えること、また同時に子どもたちが運動文化のおもしろさを味わう力をどの程度蓄えているか見抜いておくことが必要であると指摘します[7]。

　教材や教具は、ただ効率よく授業するための方法ではありません。教師には、教材や教具で何を学びとらせるのか、その中身（教科内容）の学びを深めるための教材や教具を追求することが求められているのです。そのためには、教師自身が「授業で何を教えるのか」、「何のための教材・教具なのか」と自らの実践を問い直し、より良い教育実践を追求する変革の主体である学び続ける教師でない限り、より良い教材や教具を生み出すことはできないとも言えるでしょう。

【引用文献】
1）出原泰明「教具」（『学校体育授業事典』大修館書店、1995 年、20-21 頁）。
2）出原泰明『体育の授業方法論』（大修館書店、1991 年、131-132 頁）。
3）岩田靖『体育の教材を創る：運動の面白さに誘い込む授業づくりを求めて』（大修館書店、2012 年、33-34 頁）。
4）前掲 2（135-137 頁）。
5）久保健・山崎健・江島隆二編『教育技術 MOOK 走・跳・投の　遊び／陸上運動の指導と学習カード』（小学館、1999 年、110-113 頁）。
6）丸山真司『体育のカリキュラム開発方法論』（創文企画、2015 年、221-226 頁）。
7）大宮とも子「体を動かし仲間と競いあうなかで新しい自分をつくる：体育授業の可能性」（二宮厚美・神戸大学附属養護学校編『コミュニケーション的関係がひらく障害児教育』青木書店、2005 年、96-125 頁）。

# 第3章 「学び」を引き出す多様な教具

## 2 子どもの学び合いを促す学習カードの原理

中西　匠

### 1．子どもによる課題の発見と教師の指導性

　体育の授業では、「できない・わからない」状態から「できる・わかる」状態になることがめざされますが、そのプロセスが極めて重要です。教師の号令のもと、与えられた課題をこなすだけの訓練主義的な授業では、子どもたちの主体的な学びが保障されないばかりか、学習の過程が思考を伴わない反復練習として、子どもたちに認識されてしまいます。また、学習の過程をすべて子どもたちに任せるような放任主義的な授業では、子どもたちは活発に動いているように見えても、そこでの「わかる・できる」は偶発的なものとなり、学習そのものが成立しません。

　授業における教師の指導では、「教師が学ばせたい内容構成」と、「子どもたち自身による課題の発見と追求過程」が統一される必要があります。長谷川裕は、体育授業における教師のはたらきかけと子どもの学習行為の関係を、図1のように表しました[1]。

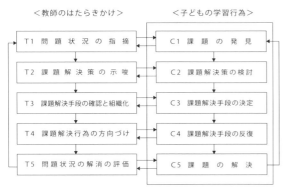

図1　子どもによる課題の発見・追求と教師による
　　　内容構成・指導性の関係（長谷川1988）

　子どもの学習は、課題の発見（C1）からはじまり、その課題の解決方法をさぐり（C2）、1つの解決手段を選びとって（C3）、解決行為を展開し（C4）、課題解決がなされる（C5）と、また新たな課題を見つけ出すというプロセスをたどります。その際に教師は、C1からC5の段階において、子どもたちが自分たちの力で、この筋道をたどっていけるように、T1〜T5に指導というかたちで「介入」することが求められます。

### 2．発見追求過程における学習カードの意義

　子どもたち自身が課題を発見し、自分たちで解決していくためには、多様なメンバーによって教え合い、学び合う学習集団（異質集団）を組織することが重要です。子どもは異質な仲間との認識や習熟の交流によって、より豊かに課題を発見し、解決することができるのです。そして、異質集団における教え合い、学び合いを促す手段として、学習カードの活用が有効です。一般的に学習カードは、①技能体系や練習の発展のさせ方を示す、②学習の自己評価を促し、学習の成果を明らかにする、③運動の仕方や練習方法を示す、④子どもたちが学習の進め方、学び方の学習をするなどの機能があると言われており、実際に体育の授業においても、さまざまなカードが活用されています[2]。

　個人レベルでの到達度の記録や、パッケージとして示された練習内容の紹介、活動内容の記録にとどまらず、異質集団による学び合いを促すためには、子どもたちの実態や学習の領域、

学習内容に応じた工夫が求められます。以下では、具体例を示しながら、学習カードが子どもの学び合いを促す仕組みについて解説します。

## 3. 課題の発見と学習カード

図2は、小学校5年生が、鉄棒の授業で、仲間の演技を見て、発見したことを書いた技術分析

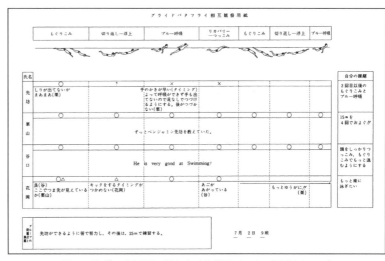

図3　泳ぎの分解図に対応させた学習ノート（長谷川 1988）

カード（どうしたらうまくなるのだろ～カード）です[3]。「仲間がどうしたらうまくなるのだろう」と考えながら観察できるように、カードの名前にも工夫がなされ、より具体的なデータとなるように図示する欄があります。記録者のゆかりさんは、「手がきちんとふれていて上に高く上がっていた」と記述し、イラストでも腕がしっかり振れていることが、子どもらしいタッチで表現されています。

図3は、高校生がグライドバタフライの学習の際に用いた学習カードです。上段に「もぐりこみ」「プルー呼吸」などの泳ぎの局面と、局面ごとの分解図が記されています。下段には

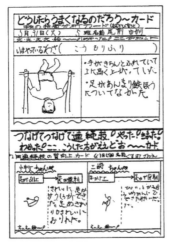

図2　技術分析カード（西垣 1999）

4人のメンバーそれぞれが、自分や他のメンバーの泳ぎを観察した、局面ごとの習熟度評価とコメントを書く欄があります。そしてさらに、メンバーからのコメントや評価をふまえた「自分の課題」を記す欄があります。

苦労している先坊君に対して、栗山君は「手のかきが早い（タイミング）よって呼吸ができず手も出てない」と的確な指摘をしており、先坊君はそれを受けて自分の課題を「2回目以降のもぐりこみとプルー呼吸」としています。花岡君は、自分の観察欄に「キックするタイミングがつかめない」と記しています。教師はタイトルの工夫や泳ぎの分解図を示すことにより観察視点の拡散をふせぎ、グループで観察記録を共有させることによって、学び合いを促しています。また、図示を求めたり、メンバーからのコメントを受けたりして、自分自身の課題の発見と共有を促しています。

教師が直接的に問題状況を指摘するのではなく、カードの枠組みとして観察視点や評価の観点を提示することで、子どもたちの学び合いによる課題の発見が促されています。

## 4. 課題解決手段の検討・決定と学習カード

集団で課題の解決手段を検討及び決定し、解決していくプロセスは、すべての体育授業で展

開されますが、集団での表現種目の作品づくりや、球技における作戦づくりなどのなかに典型的に見ることができます。

図４は、小学校４年生の集団イメージ音楽マットの実践の際に用いられたものです[4]。作品づくりは、介入をし過ぎても、自由に任せ過ぎでもうまくいきません。この実践では、たね（はじめ）→つぼみ（なか）→きれいな花（おわり）という簡単なイメージと、それにふさわしい曲が子どもたちによって選択され、そのイメージをストーリーとして学習カードの上段に記す枠が設けられています。

子どもたちは、事前に学んだ連続技のバリエーション、大きく見える技と小さく見える技

の使い分け、時間差を含むマットの使い方をふまえて、イメージにふさわしい音楽マットの作品を作っていきます。作品づくりは、はじめづくり（２時間）、なかづくり（２時間）、おわりづくり（２時間）と、２時間ずつに区切って段階的におこなわれていますが、それぞれの段階で「全体での話し合い・ポイントの発見」の時間があり、班での共同作業と共に、学級全体で各班の成果を共有しています。

図５は、小学校５年生のペースランニングの実践の際に用いられた学習カードです[5]。この実践では、目標タイムを授業におけるペース走の分析から導き出しています。まず、運動強度心拍数を算出し、さらに100mごとのペースを決めます。実際に走ったペース走の結果を、目標と併記し、さらに左下のグラフに転記しています。記入者のR.O君は、これらのデータと走ってみての気づきをもとに、改めて1000m持久走の目標タイムを決めています。

この学習カードからは、集団での学び合いは読み取れません。しかし、データをもとに分析的に課題の解決方法を探る、このようなカードを用いることにより、教師は課題解決策を示唆（T2）したり、課題解決行為を方向づけ（T4）、グループによる学び合いを促したりすることができます。各自のデータを比較・交流することにより、一般的・法則的な解決法にたどり着くことができ、分析的な学習方法を教えることにもなります。

以上５つの事例を紹介しながら、学習カードが子どもたちの学び合いを促進する仕組みについて述べてきました。学習カードは、子どもたちが課題を発見し、解決していくプロセスにおいて、教師のはたらきかけ、すなわち問題状況の指摘（T1）、課題解決策の

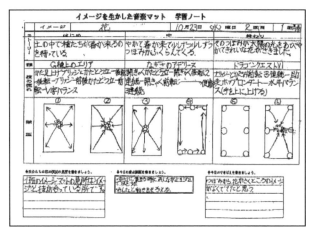

図４　イメージを生かした音楽マット学習ノート（水本2009）

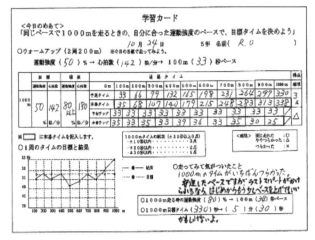

図５　ペースランニングの学習カード（松崎2008）

示唆（T2）、課題解決手段の認識と組織化（T3）、課題解決行為の方向づけ（T4）、問題状況の解消の評価（T5）のための重要な道具であるということがわかります。

## 5.　学習カード作成の手順と留意点

　書籍やインターネット上で公開されている既成のテンプレートをそのまま使用したのでは、思ったような効果が得られないことがあります。ここでは、効果的な学習カードを作成する際の手順と活用の際の留意点について述べます。

　学習カードを作成するにあたって最初に留意すべきことは、「カードの目的」を明確にすることです。「何のために」がぼやけていると、たくさんの項目を盛り込みすぎることになり、子どもにとっても、教師にとっても多くの労力と時間を費やすことになります。カードの目的を明確にするためには、単元の到達目標や教科内容が具体的であることが前提となります。したがって学習カードの作成は、指導案（とりわけ単元計画）の作成とリンクさせながら進めることが非常に重要です。

　次に、目的に応じてカードの中身やレイアウトを決めていきます。カードでは、写真や図が大きな役割を果たします。技の完成形のイメージとして理想的なフォームの写真や図を用いることもありますが、図 2 のように子どもたち自身が作図することによって観察の視点を共有させたり、図 3 のようにグライドを強調した泳ぎの分解図を示すことにより観察視点の拡散したりするのをふせぐなど、「何をどう見るか」が明確になるような工夫や加工が求められます。課題解決の手段を検討・解決するためのカードでは、解決に向けて話し合いや作業が進むようなヒントと手順をカードのレイアウトに盛り込むことによって、子どもたち自身による学び合いが促されます。実際に図 4 では、枠組みを埋めながら、作品づくり（課題解決）ができる

ような工夫が見られます。

　学習カードを活用する際には、①図 1 における T1 から T5 の視点にもとづく教師からの問題提起的な書き込みによって思考を促す、②よく書けているカードを公開して記述内容を方向づける、③カードの記述内容をみんなで分析し、その成果をクラス全体で交流する、④それぞれの課題意識をふまえて子どもたち自身にカードを改良させるなどの手立てをとることにより、さらに学び合いは促されると考えられます。

　ICT の進歩によってタブレット端末も使いやすくなり、体育の授業で活用できるアプリケーションもさまざまなものが開発され、可能性は大きく広がりつつあります。しかし、本稿で述べた子どもの学び合いを促す学習カードの原理は、機材がタブレットになっても変わるものではありません。

【引用文献】
1)　長谷川裕「水泳の授業における教師の指導性と子どもの自主性の統一」（中村敏雄編著『体育の実験的実践』創文企画、1988 年、123-175 頁）。
2)　阪田尚彦・高橋健夫・細江文利編『学校体育授業事典』（大修館書店、1995 年、172-175 頁）。
3)　西垣豊和「子どもがつくる単元計画—教え合い・学び合う学習集団づくり—」（『たのしい体育・スポーツ』第 8 巻 1 号、23-25 頁）。
4)　水本浩徳「個人連続技から集団イメージ音楽マットへ」（『たのしい体育・スポーツ』第 28 巻 4 号、26-29 頁）。
5)　松崎弥寿雄「運動強度からペースを考えて走るペースランニング（5 年）の実践」（『たのしい体育・スポーツ』第 27 巻 10 号、16-20 頁）。

【参考文献】
中村敏雄編著『体育の実験的実践』（創文企画、1988 年）。
出原泰明『体育の授業方法論』（大修館書店、1991 年）。
中西匠「子どもの学び合いを促す学習カードの原理」（学校体育研究同志会編『スポーツの主人公を育てる体育・保健の授業づくり』創文企画、2018 年、60-63 頁）。

# 第3章 「学び」を引き出す多様な教具

## 3 教具と教材・学習内容の関係
― 「習熟のための教具」と「認識のための教具」―

沼倉　学

### 1. 授業における教具と教師の工夫

　体育の授業では多くの教具を使います。球技であればボールやゴール、器械運動ならマットや跳び箱、陸上運動ならハードルやリレーのバトンなどがすぐ思いつきます。

　授業を行うに当たって、教師は子どもの実態を見て、学習内容を習得したり認識したりしやすくするために教具に一工夫を加えます。例えば、球技をする時にボールの空気を少し抜きます（図1）。そうすると、ボールの弾みが抑えられ苦手な子でも操作がしやす

図1　空気を抜いたボール

くなったり、ボールへの恐怖心が低減したりします。跳び箱の授業で手を着く位置をわかりやすくするためにテープを貼ったりするのも、同様の工夫です。

　さらに認識や習熟を高めたいと思うと、教師は身の周りにあるモノを活用したり、教具を自作したりします。例えば、小学校低・中学年の障害（物）走をする時、ハードルではなくダンボール箱を活用します。競技用のハードルは低中学年の児童に取っては馴染みがなく、「ぶつかったら痛そう」と思います。その点、ダンボール箱だと子どもにとって身近で当たっても痛くないとわかっているので、子どもたちは思

図2　ダンボール箱を用いた障害（物）走

い切って跳び越えることができます（図2）。

　他にも新聞紙、牛乳パック、ロープ、ビニール袋などの身近にある素材を教具として活用することで、様々な運動を経験させることができます。

　さらに教えたい内容を焦点化したり不要な要素をできるだけ排除して、自作の教具を作る教師もいます。特に特別支援教育の現場では子どもたちの特性や能力が一人ひとり異なるので、その子どもに合わせて教具を作ったり、一般的なスポーツの指導が難しいので、オリジナルスポーツを開発するといった事例も数多くみられます。

　このように、体育では様々な教具を用いるだけでなく、様々な工夫を加えた教具が用いられます。そこには①その種目の用具をそのまま用いる、②その用具に手を加え、操作性を高めたり認識しやすくしたりする、③代用できる素材を用いたり加工したりして活用する、④学習内容を焦点化したオリジナル教材・教具を作成する、といったいくつかの段階があります。

### 2. 「現象としての教材」「モノとしての教具」

　③や④の段階の「教具づくり」は、それを使った運動の行い方やルール、学習の仕方なども一緒に考える「教材づくり」の一部ですが、できあがった具体物の印象が強いと、「教材＝教具」と捉えてしまいます。しかし、岩田はそれらを「現象としての教材」と「モノとしての教具」に区分けすることの重要性を指摘しています[1]。

　自作教具の例として、投運動学習に使う「バトンスロー」があります（図3）。これはロープにリレーで使うバトンを通し、ロープに沿ってバトンを投げるというものです。的を上方に設置すると、やり投げや遠投につながる運動になり、目線よりやや低い位置に設置すると、野球のピッチャーのような運動になります。

　この「バトンスロー」の学習内容は「勢いのある投動作」です。バトンを直接操作することで、腕を後方に引き下げること（テイクバック）や、勢いをつけるための逆足の踏み出し、腰の回転と連動させる動作などを獲得したり習熟したりすることがねらいになります。また、ロープの長軸方向に沿って力を入れることや、投げ上げる角度の調整によって、投げ上げ角の重要性を認識することも、大切な学習内容になります。

　教具を図4の様に設置して、的を目がけて投げます。ロープづたいにバトンが飛んでいく様子が面白く、子どもたちは夢中になってバトンを投げます。その結果、学習内容が身に付き習熟していきます。この教具を使って行う一連の運動やその仕方が教材としての「バトンスロー」であり、岩田のいう「現象としての教材」です。

　そして、図3が岩田のいう「モノとしての教具」になります。では、「バトンスロー」が教材名であるならば、図3の教具は何と呼ぶのがよいのでしょうか。例えば、「ロープにバトンを通した投運動教材に使う道具」などと呼ぶとわかりづらくなりますので、図3を教具

名としても「バトンスロー」と呼んでも差し支えないでしょう。それだけ、この教材は「物的構成要素」が強いということになります。

　このように、教材と教具は分かちがたく結びついている場合が多いのですが、学習内容を吟味し、その学習の最適な手段を物的要素も含めて検討するという「教材づくり」の質を高めるためには、「現象としての教材」と「モノとしての教具」を使い分けていく必要があります。

## 3.　習熟のための教具

　教具はその役割から大きく2種類に分けられます。一つは、「習熟のための教具」です。投げたり跳んだり直接操作して、運動技能を獲得したり、習熟したりすることを助ける教具です。習熟のためにはある程度繰り返しその運動を行う必要があります。そのためには、操作がしやすかったり、意欲喚起をしてくれたりする教具が望ましいです。

　球技を行う場合は、ボールの選択はとても重要です。始めに、「空気を抜いたボール」の例を挙げましたが、現在は表面がウレタン製で扱いやすいボールや、手触りや重さの違う様々なボールが市販されています。無意識に「学校にあるボール」を選んでしまいますが、子どもたちの技能レベルに合ったボールを選択できるように、意識的に何種類かのボールを用意しておきたいものです。

　また、「習熟のための教具」は手作りできるものも多いです。先ほどの「バトンスロー」もその1つです。「習熟のための教具」を作る素材として新聞紙も活用することができます（図5）。丸めてボールにしたり、輪っかを作ってケンパをしたり、そのまま頭に乗せたり体に付けたりして動いてみるのも面白いです。特に低・中学年では、その種目の専門用具を使うと実態に合わないことが多いので、身近な素材で手作りすると良いです。子どもと一緒に自分だけの「My教具」を作るのもオススメです。自分だ

図3　「バトンスロー」の　　図4　「バトンスロー」を
　　　教具　　　　　　　　　　　使って運動をしてい
　　　　　　　　　　　　　　　　る様子

図5　新聞紙で作った教具とそのまま使う例

けの「My教具」だと、順番待ちが無いのでたくさん練習をすることができます。また、自分で作った教具は愛着が出てきて、意欲喚起にもつながります。

## 4.　認識のための教具

　運動ができるようになるためには、自分の現状を知り、課題を見つけ、それを解決するポイントを意識して行うことが大切です。しかし、運動は行うとすぐに消え、その軌跡やできばえを直接観察することはできません。そのような運動を様々な側面から客観的に見える形にして認識するための教具があります。

　バスケットボールのシュートが入るためには、ボールの持ち方や投げ方といったボールを操作する学習と同時に、コートのどこから打てば確率が高いのかという「空間認知」の学習も大切になります。このコート上の重要空間を認識するための教材が「シュート位置調査」（図6）です。ゴール前の様々な場所からシュートを打ち、入ったらその地点に赤玉を置き、外れ

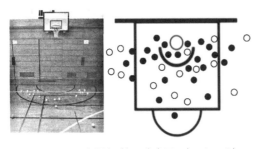

図6　シュート調査（左：赤白玉、右：シール）

たら白玉を置きます。個人やグループで一定の本数を打ち終わった後で、その紅白玉の位置を確認します。赤玉がたくさん集まっているところがシュートが入りやすい位置、またはゾーンだということが視覚的にわかります。コートを示したカードにシールを貼っていく方法もあります。いずれの場合も、教師は「どこが1番入るでしょう？」といった発問を投げかけ、子どもたちに予想させ、実際に調べさせます。この一連の学習が「シュート位置調査」という教材で、ここで使用した「紅白玉」や「シール」「記録用紙」などの「物的構成要素」が教具です。

## 5.　物的構成要素の重要性と限界

　シュートが入りやすい「重要空間」を指導する時、掲示物で示して説明する方が、時間短縮にもなり効率的です。しかし、多少時間と手間がかかっても、実際にシュートした結果を自分たちで可視化させた方が、深く印象に残ります。この運動の経過や、できばえといった現象を可視化し、分析したり検討したりできるようにするために「赤白玉」や「シール」が大きな役割を果たします。岩田は、この教材について「モノとしての教具の存在が大きなウェイトを占めていることは見逃せない」と述べています。つまり、この教材も「物的構成要素」が強い教材であり、教具が重要な意味を持つのです。

　「認識のための教具」に「手型・足型」があります。これは特にマット運動の側方倒立回転（側転）の学習に用いられます（図7）。側転を行い、その時の手と足が着いた位置に「手型・足型」を置き、そこから今の側転のできばえを確認し、課題やポイントを見つけていきます。手足の位置がカーブしていれば、まだ腰が十分に上がっていないことが考えられ、上手になってくると手足の並びが直線的になっていきます。しかし、置かれた教具の並びだけをみても、そのことはわかりません。その並びの意味がわからないと、できばえやその後の課題は見えてこない

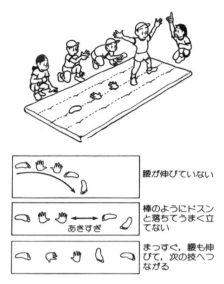

図7 「手型・足型」を使った学習と
それが示すできぐあい

のです。「シュート位置調査」の場合は、「赤白玉」
や「シール」の位置を見れば、すぐにどこから
シュートを打てばいいのかがわかります。しか
し、「手型・足型」は側転の「手と足が着いた
位置」という側面からの情報しか視覚化できま
せん。その情報をどう読み解くかという学習が
必要になります。つまり、「モノとしての教具」
が示したものをどう分析するかという「現象と
しての教材」の理解がより重要になるのです。

## 6. ワークシートとICT教具の活用

先ほどの「認識のための教具」には、様々な
ワークシートも含まれます。特に運動のできば
えやゲーム内容を分析するためのワークシート
は、課題解決型学習には必要不可欠です。

また、これからの授業では1人1台タブレッ
ト端末が使えるようになり、体育でもその活用
について検討が進んでいます。しかし、それら
もあくまで学習内容を具現化した教材の「物的
構成要素」の1つに過ぎません。学習内容を
吟味し、学習手段としてICT器機を使用する姿
勢が大切です。ICT器機の使用を前提とした教
材づくりは、学習内容が曖昧になるので注意が
必要です。

ICT器機活用については、従来使われてきた
ワークシートのデジタル化が実用的と思われま
す。以下に陸上運動の教材「『田植え』学習」
におけるデジタルワークシートの事例を紹介
します。（図8。「『田植え』学習」については、
62-64頁「伊藤論考」を参照。）

この教材で作成する「スピード曲線」は、自
分の走運動を「スピードの変化」という側面か
らグラフとして視覚化したものです。従来は測
定したタイムをグラフ用紙に書き込んで作成し
ていたので、時間と手間がかかりました。しか
し、デジタルワークシートを使うと測定タイム
を入力するだけで、わずか数秒で「スピード曲
線」が描けます。この教材も「手型・足型」と
同様に、教具が示したものをどう読み解くかと
いう学習が重要になります。「スピード曲線」
の作成をICT器機に任せることができれば、そ
の後の学習に時間をさけるので、デジタルワー
クシートはとても有効な教具だといえます。

このように、ICT器機も「モノとしての教具」
だということを自覚して、教材の機能を高める
活用の仕方を検討していくことが大切です。

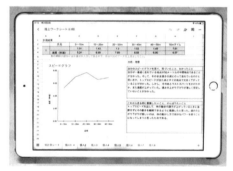

図8 デジタルワークシートで描いた「スピード曲線」

【引用文献】
1）岩田靖『体育科教育における教材論』（明和出版、
　2017年、217-238頁）。

【参考文献】
学校体育研究同志会「私の教材・教具づくり / 教材・
　教具博物館」（『たのしい体育・スポーツ』2018年
　秋号、46-51頁）。

## 第 3 章 「学び」を引き出す多様な教具

## 4 作文の書かせ方と読み方

矢部英寿

### 1. 体育の学習における作文

　子どもの書いた作文からは、様々なことが読み取れます。子どものできているところや、わかっているところなど、教師が教えた内容に対して子どもがどのように学んだのかについて知ることができます。一方で、作文には教えた内容とは直接には結び付かないことも書かれます。例えば、学習者同士の人間関係を反映したこと、家庭や学級での生活を反映したこと、時には社会や世の中の考え方を反映した意見なども記されます。それらを、体育で教えている内容とは直接関係しないからといって、排除するわけにはいきません。例えば、チームのメンバーを変えてほしいという要求が作文に表れることがありますが、それも放っておけません。そうかといって、持ち込まれた生活上の様々なことの全てに応えるのにも無理があります。教師は、子どもの書いた作文を読みながら、その点で悩みます。チーム替えの例でいえば、その要求に応えるためには、いくつも考えなければならない点があるからです。例えば、次のような点です。

①要求がクラスの人間関係からくるものなのか。
②要求がゲームの行い方からくるものなのか。
③要求がそのスポーツの特徴からくるものなのか。
④要求がその子のかかえる事情からくるものなのか。

　多くの場合は、これらが「ないまぜ」になったうえで、作文に「チームを変えてほしい」と書かれることになります。ここでまた、教師は次のような選択をせまられます。

①人間関係の問題として、授業ではないところで解決のための道筋をつける。
②授業の中で、対戦の仕方などゲームの行い方を変える。
③授業の中で、スポーツ自体の持つ問題として、ルール、作戦、練習の改善を図る。
④その子の抱える問題を考慮して相談にのる。
⑤授業でも学級でもこの点にふれない。

　さらに、解決のために動くとすれば、教師とその子との間だけで解決を図るのか、学級の子どもと一緒に解決を図るのかを判断しなければなりません。同時に、このことを学習課題とするのか、しないのかも考えます。学習課題にするというのは、この課題の解決そのものを学習の対象にするということです。何か文化的背景をもった学習内容をわかったり、できたりすることで、課題の解決を図るのです。文化的背景をもった学習内容というのは、スポーツでいえばルールだったり、歴史だったり、戦術や技術だったりします。その子どもがチームの中で生かされる場面がなくて、チーム替えを要求しているのであれば、ルールの変更や、戦術、技術の習得で解決する場合があります。または、スポーツの歴史の学習による、ゲームや技術に対する考え方の広がりと深まりによって、解決に導くこともあります。

　このように、作文を書かせることで、一人の子どものささやかな一言を、学級の子ども全員の成長につなげていく可能性が広がります。同

時に、複雑な判断にせまられる教師も、一人の子どもの作文によって、成長を遂げる一人であることはいうまでもありません。

## 2. 作文をどう読み取るのか

筆者の書いた実践記録の一部を以下に紹介します[1]。子どもの書いた作文を読み取り、理解や解釈をしながら、子どもの成長の道筋を見つけようとしている過程がわかるかと思います。

中学校3年生で器械運動による集団演技を創った。ロングマット6枚を並べた長方形の四隅に跳び箱を配置した空間で、学級全員男女混合でひとつの演技を創るのだ。…略…。1年生の時にはマット運動を中心に器械運動の学習をし、2年生では跳び箱運動を中心とした学習をしてきている。そこでは、できたできないの差が生じている。3年生では、そのできたできないの差がある学級で、ひとつの集団演技を考えさせた。

Aは練習を進める中で次のように書いた。

マット運動や跳び箱は得意、不得意の人がいると思うけど、そこをカバーできたらいいなと思います。また、得意な人は苦手な人を教えたり、苦手な人も楽しめたらいいと思います。

この、一見のどかでありふれた理想論に見える作文も、実は差を認めつつも全体としてどのようにだれもが腑に落ちる形で決着を付けようとするかに腐心している姿に読めるのだ。できない方の部類にいる子どもでも、全体の中に位置付いて楽しみたいという希望は次のBのような作文になる。

私はなかなかマットや跳び箱がうまくなれないままでした。でも、友だちやクラスメートが応援してくれて、楽しく活動することができました。なので、私はだれもが集団演技から楽しい、見ていて自分もやりたくなるような世界を創りたいです。私がみんなからしてもらったように、私のような運動が苦手で跳び箱のできな

い人でも体を使って表現しようとすれば自然と楽しくなってくると思います。」

そして、楽しむことの内実を、次のように語ったCの作文がある。

私はひとりひとりの技が光るような演技をつくりたいです。個人が自分を集団の中の一人として、みんなと協調性を保ちながら自分らしさを見せることで○組らしく、また、見ていても楽しい演技ができるのではないかと思います。私はこの集団演技で○組らしい団結力が表れる世界を創りたいです。私はその世界の一員として努力していきます。

Cは、集団の中の自分の位置付けにこだわっている。集団の中の自分の位置に苦労してきた生徒だからこそ、そこに気付くのだが、苦労の程度に差はあっても実は全ての生徒がその位置付けに悩むのだ。できるできないという垂直的な位置付けではなく、「自分らしさ」という水平的な位置付けをこの生徒は志向している。まだ「団結力」という概念しか育ってはいないが、その三字でしか表せていない概念を、私は体育の授業でふくらませていきたいと考えている。集団の中での自分の位置付けに不安を抱える生徒の多くは、以下のような考えを述べる。

それぞれの個性を生かし、その個性があるからこそできるものがあるから。」「○組はわりとみんな個性派なので、いっけんバラバラに見えるかもしれませんが、実は同じことをやっていて団結している、そんなふうな感じが私のイメージです。「全員の小さな力で大きなものや美しいもの創りたい。」

子どもたちの作文の中にある「みんな個性的。でも集団」というイメージを私は複雑な思いで読んでいる。自分だけ違う存在でいたくないという気持ちと、自分だけの個性でいたいという気持ちの狭間にある「生きづらさ」も垣間見えるからだ。苦手なこと、できないことは、どの時点でもだれにでもあるのだが、みんなが同じようにできなければならないという圧力もか

かっている。できること、分かること、点数を
より多く取ることへの志向がそうさせている。
できた時の喜びが、みんなができているところ
にやっとたどり着いたという感動ならばそれは
それで疑問が残る。学校というところではでき
ないことが「生きづらさに」に結び付きやすい。
だから、できるようになることの意味も考えさ
せたいのだ。

　できるできないということが、一直線に並ん
でいるのではなく、多様なでき具合があるとい
うことについても考えさせた。多様なでき具合
ということについては、器械体操の競技の世界
でも課題になっている。それは、体操競技の「D
スコア」と「Eスコア」という採点方法に表れ
ている。「Dスコア」は技の難度などによる加
点であり、「Eスコア」は完成度による減点で
ある。この難度と完成度の比重のかけ方に揺れ
てきた歴史が体操競技にはある。Dたちが言う
「より難しい技で競い合った方がやっている方
も見ている方も楽しいのではないか。」という
意見にEは次のように反論している。

　無理して難しい技をやっていると簡単な技よ
り失敗する確率が高いです。しかし、簡単な技
をやれば失敗する確率は低くなるし、よりきれ
いな演技をすることができます。演技力は難し
い技をやっていればいいわけではないのです。
簡単な技でもひとつひとつを組み合わせれば演
技力に磨きがかかるはずです。

　Eは、出来不出来の一直線の尺度に加えて「演
技力」という尺度を持ち込んでいる。このこと
によって課題が全て解決されるわけではない。
しかし、集団演技に演技力という価値を持ち込
むことによって自分の位置付けに納得を得る生
徒が生まれるのではないだろうか。多様なでき
具合を考えさせることは、自分がそこに居る意
味のヒントになる。

　授業を終えてやはり生活上の困難を抱えてい
るAは次のように書いた。

　集団でマットや跳び箱をして自分の技の上達

や器械運動の楽しみなどがわかった。どんな人
でも輝ける世界を創れたらいいなと思いまし
た。それは体育に限らず日々の日常生活にも共
通していることだと思います。自分は最初、器
械運動に対して少し嫌だという気持ちがあった
けど、初めて台上跳ね跳びにチャレンジしてみ
て、今では自分の得意なことになれました。運
動神経のあるないで輝けるかどうかは決まらな
いと思います。

　この生徒の作文には、器械運動の集団演技で
はない「日常生活」で、どのようにしたら「ど
んな人でも輝ける世界が創れるのか」について
は言葉が足りていない。同様に言葉は足りない
のだが、その糸口としてBは次のように書いて
いる。

　得意な人が苦手な人を人ごとと思わず、苦手
な人ができないなら、得意な人もできたと感じ
ないような集団としての気持ちのつながりが必
要だと思いました。つながりがあれば、自然と
拍手が起こったり、今まで跳び箱ができなかっ
た人ができるようになった時など本人はもちろ
ん楽しいと感じるし、周りも自分のことのよう
に喜んで得意な人も楽しめると思います。

　言葉は素朴な作文であるが、ここには、でき
たできないを優劣とはせず、共同（協同）の関
係に持ち込もうとする意図が見られる。そこで
楽しめるというのだ。生きづらさを反転させる
芽はこのようなところにある。


　このように、作文には体育の学習内容とから
まるようにして、学級の課題や人間関係上の悩
みも表れてきます。教師は、子どもが器械運動
の集団演技を創る過程において、子どもがどこ
までできたり分かったりしているのか、考え方
がどう表れていて、どう変わっているのか、そ
して、人間的な成長の過程に学習したことがど
う影響したのかを読み取っていくのです。

## 3. 作文を書かせる方法

### ①何を書かせるのか

〈その日の授業について書かせる〉

　授業の感想、できた（わかった）こと、できなかった（わからなかった）こと、考えたこと、疑問に思ったことを書かせます。「学習を通して思ったこと考えたことを書こう」と投げかけます。できた（わかった）ことに限定してしまうと、何をどこまで学びとったかはわかりますが、学んだことを通して、その子に何が形成されているのかまで知ることができません。

〈あるテーマをもって書かせる〉

　単元を進める途中で、ポイントになることについてテーマを決めて書かせることがあります。例えば「○○というスポーツの□□というルールについて考えたことを書こう」という場合などです。

〈友だちの作文を読んで書かせる〉

　一人の作文をみんなで読み合い、読んで考えたことを書くという場合があります。物事の見方や考え方を深めるには必要な学習です。議論や討論のきっかけにもなります。ひとつの課題をめぐってクラスの中で論争になるのであれば、学習はかなり深まったといえます。

### ②どのように書かせるのか

〈作文用紙を配って書かせる〉

　集めやすいのが利点です。グループ毎や、体育係が集めたりします。その日の授業に対して、子どもたちが考えたことを全体として把握しやすいという利点もあります。

〈作文ノートに書かせる〉

　一人ひとりの作文ノートに書かせるメリットは、成長や変化の過程がわかることです。子ども自身にとっては、以前と今の自分を比べることで成長を実感できます。教師にとっては教えたことが、子どもの成長や変化にどのようにつながっているのかがわかります。

### ③書いてきたものをどう扱うか

〈教師が「ことば」を書き込んで返す〉

　子どもが書いたものに対して、教師が考えたことや、支援の「ことば」を書き込んで返します。子どもは、どんな「ことば」が返ってくるのか楽しみに待っています。この場合は、ひとりの子どもと教師との1対1のやりとりになりがちです。

〈学級みんなで読む〉

　一人の気づきや疑問は、時には全体にとって大事な課題だったりします。また、教師の一言よりも、同世代の仲間の一言の方が影響力をもつ場合があります。一人の作文をみんなで読み合う学習は、学習集団全体を成長させる契機になります。

【引用文献】
1) 矢部英寿「生徒が抱える『生きづらさ』への理解を」（『体育科教育』第63巻1号、36-39頁）。

【参考文献】
矢部英寿「作文の書かせ方と読み方」（学校体育研究同志会編『スポーツの主人公を育てる体育・保健の授業づくり』創文企画、2018年、88-91頁）。

## 第4章 保健の授業

# 1 生きる力を育む保健の授業
## ―教えることと学ぶこと―

平野和弘

### 1. 体育教師が保健の授業をする理由

保健は、戦後になってから授業として学校教育の中に位置づけられました。もちろん、戦前も衛生教育や、しつけの一部として存在していましたが、小学校から高校までを通して「育てたい力」、つまり学力を見通し、教師が計画をもって指導するのは戦後からであり、保健体育教師が担うことになりました。

文科省は、学習指導要領において「心と体を一体としてとらえる」をキーワードに、健康教育と身体を扱う教科の体育をつなげ、体育の教師が保健を担当することを当たり前としています。体育は「体力」向上を基本とした考えのなか、現在に至るまで保健とつながり続けているのです。しかも、戦前のしつけや衛生教育が、体操・体練に結びついていたことから、今でも生徒指導的な役割が保健と、それを指導する保健体育教師に期待されている実態もあります。本来、科学を教えることを目的とする教科教育であるはずの保健が、どこか道徳的なにおいがするのは、そのような歴史的要因もあるのです。

自分の中学・高校時代の部活動体験を土台に保健体育教師をめざす者もおり、「体育教師になったのであって、保健を受け持つなんて考えていなかった」ならまだしも、「部活指導」こそ、自分の仕事と考えている者も少なからず存在しています。このような教師が行う授業は、貧弱で、知識を押しつけ、教科書を説明するだけで、「何のために」「どうしてこの教材を」と問うことなく、授業に「しかたなく」向かっているのではないでしょうか。その延長に、保健の授業を軽視する子どもが出現することになります。

### 2. 学習指導要領の目標と内容

保健の授業は、小学校では、領域として体育の授業内に3・4年で合わせて8時間、5・6年で同じく16時間、中学校は分野として3年間で48時間を基準に設定され、高校では他教科と同じ扱いで科目として2単位、設置されています。

学習指導要領[1]における保健の目標を見ていきましょう。高校や中学保健体育では「生涯を通じて人々が自らの健康や環境を適切に管理し、改善していくための資質・能力を次のとおり育成する」として、「個人及び社会生活における健康・安全について理解を深め、技能を身に付ける」ことを求め、「課題を発見し、合理的な解決に向けて思考し判断するとともに、他者に伝える力を養う」そして「態度を養う」ことを重視しています。小学校も「理解・思考・判断・伝える力・態度」をキーワードにして、保健に取り組むように示しています。教科となった道徳との連携も強く求められてもいます。これらは先に触れた戦前の「しつけ」教育につながる発想です。

小学校から高校まで一貫して、健康は「私事」「自分で何とかするべきもの」と捉えられており、これでは保健の授業が説教やしつけの域を出ず、心構え主義から脱却できないばかりか、子どもたちも授業にへきえきとし、「つまらない」教科に成り下がってしまう危険性があります。

　さらに、保健で教える内容は、次のように設定されています。小学校においては、3年生から保健に取り組むように提示しており、3年「健康な生活」、4年「体の発育・発達」、5年「心の健康」「けがの防止」、6年「病気の予防」、中学においては1年で「心身の機能の発達と心の健康」、2年で「健康と環境」「傷害の防止」、3年で「健康な生活と疾病の予防」、高校では「現代社会と健康」、「安全な社会生活」、「生涯を通じる健康」、「健康を支える環境づくり」を教えることになっています。よく言えば網羅的ですが、悪く言えば総花的です。子どもの発達や生活、そして社会や時代を反映させ、教科の内容を貫く方針がないと、知識のばら売りになる可能性もあります。

### 3.　生活・権利という視点

　これまで述べてきたような歴史や実態をふまえると、学習指導要領を参考にしつつも、別の視点から保健授業の可能性を考えてみることも必要となります。

　例えば、保健の授業で追求する「健康」を憲法から読み解くと、第25条に「すべての国民は健康で、文化的な最低限度の生活を営む権利を有する。国はすべての生活部面について、社会福祉、社会保障、及び公衆衛生の向上、及び増進に努めなければならない」と記されています。この観点から考えると、これまでの保健の授業に見受けられた「心構え主義」や「態度主義」は、国民の生存権を国に社会的使命として実施させる権利要求をうやむやにし、国の社会的責任を国民一人ひとりに押し付けるという点で問題があると言えるでしょう。そのため、これからは憲法の精神を保健の授業で活かしていくことが実践の課題になると言えるでしょう。

　過去にも、同様の主張は見られます。例えば城丸章夫は[2]、1960年代前半当時の保健の問題を「生活の問題」「労働と貧困の問題」であるとし、「貧しさの中で、しかもどんな生活上の保健意識をもつかが一切を決するのである」としています。当時から長い年月が経過しましたが、今も生活の困難さは変わりません。7人に1人の子どもが貧困家庭で育つ状況において、健康を知識や態度だけで乗り越えさせることができるのか、あるいは、権利や生活との関連を意識させるのかが問われているのです。

### 4.　子どもの生活現実に切り込む実践

　私たちは、眼の前の子どもたちの生活現実を無視し、授業を組むことはできません。「学級崩壊」「子どもたちの荒れ」「いじめ問題」また毎年最高値を示す「不登校」の子どもの増加から推察するのはたやすいでしょう。「しつけ」や「心構え」を子ども一人ひとりに押しつけ、教科道徳で「道」を諭す。これで子どもたちの現実は変えられるのでしょうか。自己責任論がはびこる中で、人は健康に生きるために人を頼れない、社会を頼れない、国を頼れなくなっています。「保健」の授業の出発は、この社会の問題を、そして、健康を阻害する大前提を、大きな視点で見つめること、そして子どもの生活現実に迫ることから始めたいものです。榊原は、保健の授業について次のように述べています[3]。

　「保健は教科そのものが、現代世界が見えてくるようにできている。なぜか。それは人々のいのちやくらしについて学ぶ教科だからである。保健は生命や生活を中心テーマとすることから、人々の生存権をさえ脅かし続ける現代社会を必然的に照射し告発する。社会科を超えるリアリティがここにある。『不自由さの自覚化』はまずもって生存権レベルで覚醒させられなければならない。これさえも巧妙に見えにくくされている現代社会を、生命、健康という鋭利なメスで解剖していくことが、この教科の使命である」

　「保健」の授業は、偏差値に代表される「学校知」とは離れた存在であったことや、子どもの

周りをリアルに切り取り、提示できることから、これまでの優れた実践の多くが子どもの「生活知」と「学び」の充実を関連づけて報告されています。保健の授業には、今時の子どもたちに向かって「勝負できる内容」がいっぱい詰まっています。生活に密着した健康という幅広い教科領域の深さが、身近な問題から、国際問題までも射程におくことを許しているのです。このような視点に立って、子どもたちの困難さを「保健」の学力で克服させていく実践が、「総合的な学習（探究）の時間」や「特別活動」とともに連携し、数多く報告されているのです。

## 5. 保健の授業づくりに向けて

「保健」の授業づくりにあたり教師に求められる力を以下の3つ力として提案します。

### ①科学的な認識を育てる

教師の思い込みや経験、そして貧弱な思想では、子どもたちは育ちません。誰もが実証できる事実が必要で、検証や追試に耐えた、中身で勝負できるすぐれた実践が求められています。例えば、「宝子の授業」と呼んでいる胎児性水俣病の学習があります[4]。ユージン・スミスの写真集「水俣」のなかの母と子の入浴の図をみせながら、母が子である胎児性水俣病の智子さんを「宝子」と呼んだ理由を生徒と考えるものです。生徒から発せられる「障害がある子だから」「家族の絆が深まった」という答えは間違いではありませんが、表面的でもあります。それは科学を元に考えているのではないからです。授業では、「本当に宝の子と呼ぶのか」から始まる検証が核になります。当時の科学的常識を覆した、子が母のメチル水銀を胎盤を通して吸い取ったこと。それが母の健康を回復させ、弟妹たちの新たな命を出現させた事実を知らせます。そこには、食物連鎖、生物濃縮、血液胎盤関門など、科学を土台にしたわかる力が必要とされています。「宝子」と呼ぶことに簡単に共感はできないだろうけど、科学的な事実を突きつけるなかで、「宝子」と呼ぶ理由を「わかる」ことができるのです。

### ②構造的な把握をする力

目の前の出来事や課題を、そのまま受け取るのではなく、様々な側面からのアプローチをかける方法と思想を伝えたいです。例えば、公害の患者たちが裁判に立ち上がる場面。公害闘争は様々な現実が患者たちの前に立ちふさがります。しかし、患者たちはともに学びあい、課題を様々な角度から検討しつつ闘います。病像論はもちろん、過失や予見義務、損害論や、社会的差別の問題、一つひとつ明らかにしていくのです。その中で、問題の全体像も見えてくるので、その軌跡を追うことになります。ここを題材に、生徒同士で意見を交換し、新たな地平に飛び込むのです。患者さんたちの闘いの歴史が日本の環境行政に影響を与えていくことを知り、実感していくことが、構造的に把握する力につながっていきます。

### ③実存的な実践力

人は取り換え不可能な一人ひとりの人生があり、学ぶことや知ることは、他者の人生にかかわるのだという自覚を持つことが求められます。それは教材に対する姿勢でもあります。数見は、中学保健の実践として「夏の車中で死んだ幼児の体温」を課題に出す授業を例にあげています。授業のノリだとか、軽い気持ちでの取り組みをいさめ、命に敬意を表し、人間の適応に対して、どれだけ深い研究をしたうえで実践したのか、教材研究こそ大切だと述べています[5]。誰もが生きていていい世界をつくるために何が必要なのかをイメージする力を育て、認知的共感ができるようになることで、相手の存在を尊ぶとともに、自分を大切にする意味を理解します。

## 6.　自前の授業に向けて

　自前の授業をつくるうえで、ひとまず典型教材に取り組むことをお勧めします。目の前の子どもたちにどんな力が必要かということと、自分が持っている専門性のすり合わせの作業であり、この楽しい作業を教師はもちろん、生徒や家庭や地域と共有していくことが大切です。そのために、教材研究の旅に出かけていくという覚悟が求められます。この一歩は課題を持つ現地や、本の世界や、官製や民間の研究団体や、地域と様々です。学校から飛び出し、他者や仲間との交流の中で磨きをかけてもらいたいのです。

　フランスの詩人ルイ・アラゴンは、「ストラスブール大学の歌」という詩のなかに次のような言葉を残しています。

　「教えるとは希望を語ること、学ぶとは誠実を胸に刻むこと」

　第二次大戦中、ナチスドイツに侵略され抵抗し殺されたフランスの学生、教員たちにむけた詩です。弾圧の中でも、困難な中でも、教師は、未来を語りかける力を持っている、希望を伝えることができると、あらわしているのでしょう。そして「学ぶ」ことこそ、自分の人生を真摯に生きる筋道だと言っているのではないでしょうか。教師は「学び」ながら「教え」続けます。その先には、希望を語り、誠実を胸に刻むあなたの「生きる」があらわれてきてもらいたいです。

【引用文献】
1）文部科学省『小学校学習指導要領』『中学校学習指導要領』『高等学校学習指導要領』（2018年）。
2）城丸章夫『体育教育の本質（第4版）』（明治図書、1963年、118-119頁）。
3）榊原義夫「生徒と一緒に考えた売春の授業」（学校体育研究同志会編『第105回学校体育研究同志会全国大会提案集』、14頁）。
4）平野和弘「生きる力を育む保健の授業 総合的な学習の時間へのヒント 第1回　宝子の授業」（『体育科教育』2000年4月号、67-69頁）。
5）数見隆生『教育保健学への構図―「教育としての学校保健」の進展のために』（大修館書店、1994年、128-133頁）。

【参考文献】
平野和弘「生きる力を育む保健の授業」（学校体育研究同志会編『スポーツの主人公を育てる体育・保健の授業づくり』創文企画、2018年、84-87頁）。

## 第４章 保健の授業

### 2 保健の授業で大切にしたいこと
―子ども・親・教師をつなぐ「対話の授業」―

上野山小百合

#### 1. 魅力的な保健の授業

　私は、小学校の教員をしてきました。保健体育の時間と総合的な学習の時間を使って自前の単元構成で授業を始めると、それまでに経験したことのない手応えを感じ、まさに教育実践の醍醐味を知りました。子どもが変わり、主体的に動き出したのです。教師も親も子どもから学び、対話し、子ども理解が深まりました。子どもたちの豊かな成長を見て、自分自身の成長も実感しました。以下では、これまでの実践をもとに、子ども・親・教師がともにつながり、成長できる「対話の授業」について解説していきます。

#### 2. 子ども・親・教師を知ることから

　保健の授業でまず大切にしたいのは、子ども・親・教師の願いや思い、発達や生活背景などを知ることです。保健の学習内容が命や健康を軸に展開され、子どもたちの体や生活と密接に結びついているからです。教師も集団で学習して、社会を見る目を養うことが大切です。子どもや親をありのまま見つめ、「対話の授業」によって「子どもたち」「親たち」「教師たち」が相互に自己を知り、お互いに認め合い、社会の仕組みを知っていくことが保健の授業では可能です。

#### 3. 何を教材にして「対話」をするのか

　「命」「健康」「環境」などをテーマにした教材は、親や教師、仲間とも対話がしやすい内容です。親も教師も、子どもや自分の健康や命を守りたいという思いは一致します。子どもたちの未来のためにも、環境を守りたいと考えます。子どもたちも、命や健康にかかわる問題には、とても敏感です。日常生活のなかで学んでいることや、テレビや新聞などで関心を持っていることなどを、どんどん教室に持ち込み、対話の授業が展開されます。

　例えば、新型コロナウイルス感染症については小学校低学年の子どもでも、テレビや家族との会話などから多くの知識を得ていました。学校でも家庭でも多くの行動制限があり、子どもたちも不安やストレスを抱えて生活せざるを得ませんでした。そのような状況において、まず子どもたちの声を教室のみんなで聴くことから始め、「マスクってなぜつけないといけないの？」など、疑問に思っていることも出し合い、科学的な知識を学んでいくなかで、子どもたちの安心や主体的な行動につなげた実践は数多くあります[1]。

　ほかにも、学級の仲間の生まれた歴史を知り合う「みんなどこから？（みんどこ？）」の実践では、自分が生まれた時のことを家族にインタビューし、それを学級で学び合いました。1人1人に、いろいろなドラマがあって、生まれてきてここに存在しているということを共有できます。仲間の話を聞いて知りたくなったことを出し合い、命の誕生に関わる科学的な知識を学び、自己肯定感を育み、子どもたちを結びつけ、親たちともつながっていくことができます[2]。

## 4．健康問題は社会問題

「食問題」「すいみん」「たばこ」「エイズ」「インフルエンザ」「環境ホルモン」「水俣病」「原発」なども「対話の授業」で、子どもたちや親と共に学べる大事なテーマです [3]。社会で起こっている事実を取り上げ、子どもの身近な生活と結びつけ、関心や疑問を引き出しながら真実を追究する「対話の授業」は、教師や大人にとっても学びがいがあります。

　健康問題、環境問題は社会問題であり、どの教材を学習しても「人々の命や健康を犠牲にしてまで利潤をあげる社会はおかしいのではないか」ということに気づきます。しかし、社会を変えるべき、政治が悪いという告発をして終わる授業ではなく、仲間や親たち、教師たちと意見交流をして、社会はどうあるべきかという自分の考えを持つことが大切です。例えば環境ホルモンを学習した子どもが、人類の未来を守るためには、環境ホルモンのことをみんなが知らなくてはいけないと気づき、「もっともっと環境ホルモンをみんなに知らせていきたい。将来、自分が親になったら子どもにも伝えていく」と書いたことがあります。

　たばこの授業でも、はじめは喫煙者を厳しい目で見ていた子どもが、国策として国民に喫煙習慣を広め、戦費のために利用された歴史や、世界の政策との比較を通して、「だまされるな日本人、たばこぐらいやめられるから」という認識に変わっていきました。

## 5．子どもの疑問、興味・関心を引きだす

「子どもの疑問は宝」です。授業では毎回「わかったこと・疑問・もっと知りたいこと・感想」を書く時間を保障します。導入の授業は特に、疑問がたくさん出るようなインパクトがあって、子どもが関心を持てる内容の教材を探します。選んだ教材が子どもたちの興味・関心にピタっとはまると、すごく喜びを感じ、さらに教材研究がしたくなります。絵本の読み聞かせ、体験記を読む、ビデオ視聴、クイズ形式など、導入で色々な工夫をしてみましょう。興味・関心を引き出せると、子どもにとって授業は受け身的ではなくなり、「自分の知りたいことを学ぶ」主体的な授業になります。毎回の授業で出てきた疑問は、次の授業で話し合ったり、授業で取り上げきれない問いには学級通信（授業通信）で紹介し、短くコメントを書いたり、個人的に返答したりします。次の授業で取り上げたい子どもの問いが決まると、その問いに答える教材研究が始まり、教師も子どもと共に深く学んでいきます。

## 6．答えが一つではない発問も入れる

　例えば、環境ホルモンの授業では、「環境ホルモンの影響を一番受けやすい生き物は何でしょう？その理由も説明しましょう」の発問をしました。それまでに食物連鎖を学んでいるので、食物連鎖の頂点に立つ大型の肉食動物、あるいは人間という答えが多数でしたが、あまり目立たない存在のＡさんが「わたしは、小さな野生動物だと思う。自分で自分の身を守ることができないから」と考えました。この子が発表すると、違う意見だった子どもたちが刺激を受けて「野生生物だと考えたＡさんの意見に感動した。だったら環境ホルモンの影響を一番受けない動物はなんだろう？」という感想がありました。次の時間に、この疑問を学級に投げかけることにし、私ならどう答えるかなと悩み、「影響を受けないのは、この学習をしたあなたたちだと思う」と答えたいと思って授業にのぞみました。実際に子どもから、「この勉強をしたぼくら？」との発言が返ってきたときは感動しました。そして「他の組は勉強してないの？」「知らせないと！」とつぶやきが続き、「どんな方法で知らせたい？」と聞くと、色々な案が出て、劇をしたりパンフレットを作ったり、ポスターを地域に貼るなどの自主的な活動が始まりました。

## 7. 「生活的概念（自然発生的概念）」と「科学的概念」の結合

　保健の授業では、算数や国語などの授業にほとんど参加できない子も、塾に通って受験学力が高い子も、同じスタートラインに立って学習ができます。九九をまだ覚えられなくて、計算が苦手で漢字もあまり書けないＤさんが、環境ホルモンの学習では、親に「そのおわん、はげてきてるから環境ホルモンが出るし、すてたほうがいいで」と忠告し、普段は参観に来てとも言わないのに「環境ホルモンの授業参観、見に来て」と言いました。自主的に動き出した劇では、環境ホルモンについて説明する役になり、一番長いセリフを一番早く覚えました。この変化は生活的概念（自然発生的概念）と科学的概念の関係から説明できます。ヴィゴツキー[4]は「科学的概念は、生活的概念を下から上へと発達させ、科学的概念は、生活的概念を介して上から下へ発達する」「科学的概念の語義は、生活的概念を介して豊かに、そしてリアルになり、生活的概念は科学的概念の習得を通してより意識化されたものになる」と述べています。「自然発生的な生活的概念と意識的に習得される科学的概念のくいちがい」が「発達の最近接領域」として位置づけられているのです。Ｄさんの場合、算数での科学的概念の習得は生活的概念と結びつくことはほとんどなかったのですが、保健では学校で学習した科学的概念が生活的概念と結びつき、思考を促し、学ぶ意欲をおこさせ、科学的概念が豊かになりました。その結果、生活を意識的に見て忠告するまでになり、母親を驚かせたのです。

　水俣病の授業で、自分の生活と関係があると思ったとたんに、授業に主体的に参加し始めた子もいました。彼も他の教科ではつまずき、家庭環境も厳しい子でしたが「水俣病の○子さんのことを調べてほしい」と母親に話して、一緒に文献やネットで調べたと母親から聞きました。彼からは、どんどん疑問も出てきて、深く

学び、友だちと発表に向けて対話し、最高裁の判決文まで書き写していました。「対話の授業」では、生活的概念が呼び起こされるような内容で「対話」が行われるため、発達の最近接領域が広がり、学級全体で学び合う雰囲気ができていきます。

## 8. 「社会的本能」を昇華させる

　ヴィゴツキーは『教育心理学講義』[5]で「社会的本能」について、「社会性」も「本能」であるという考えを述べています。保健の「対話の授業」は、「社会的本能」を昇華させるのではないかと思います。保健を学んで、「生活的概念が下から上へと発達」し、社会の仕組みが見えてくると子どもたちは素直に「社会をよりよく変えたい」と考えます。環境ホルモンの授業では、「身近にあるあやしいプラスチック容器探し」に始まり、家族と対話をしたりしながら、まず自分の生活を変えたいと思い、人類を環境ホルモンから守るために劇を演じたり、パンフレットを作ったりして、自分のできることを考えて動き出しました。これは子どもたちの「社会的本能」が呼び覚まされたからではないかと思います。授業のまとめとして、学んだことをもとに親子や友だちとの「えんぴつ対談」に取り組むこともします。これも「社会的本能」を昇華させる活動で、子どもたちの学びから生まれたエネルギーが、社会変革の方向に向けられ、生きる力になっていくのです。

## 9. 想像力を働かせ、感性を豊かに、真実を見抜く力が育つ

「対話の授業」では、教材でとりあげた人物との対話も大事にしています。例えば水俣病の実践でも一般的な患者と見るのではなく、「患者の○○さん」の生活を想像し、生き方を具体的に学ぶことが大切です。導入の授業で紹介した○子さんの話が、子どもたちの心に深く響き、毎時間「先生、○子さんは今どうしてるの？」

と尋ねる子がいました。私は、水俣で支援をされている方に〇子さんの消息を問い合わせて、その報告をしました。このように保健の授業では、想像力を働かせ、遠くで起こっている問題でも、自分の問題として考えることが大切です。原発事故の問題を学ぶ時にも、「福島で生活している〇〇さん」を具体的に紹介し、想像力を働かせて学び、一人の問題から社会的背景を見る授業構成にしました。このように教材の人物へのイメージを膨らませることは、人の悲しみや喜びに共感する心を耕すことになります。そして、こんなに一生懸命生きている人の命や健康が大事にされないことへの理不尽さを理解し、「経済よりも命が大事だ」ということに気づいていくのだと思います。

## 10. 授業づくりと学級づくり

　対話の授業で考えを深め合い、刺激されて、さらに考える関係は、お互いの人間性をも認め合う関係になり、学んだことをもとに仲間と活動することで、自分自身や学級に自信がついていきます。

　例えば6年のエイズの実践があります。幼い男子としらけた女子の溝を感じる学級でしたが、死と向き合わなければいけないエイズを学ぶ中で出てきた疑問から、話題が恋愛・結婚になり、討論をしているうちに自然と男女の仲がよくなり、地域の公園でも男女仲良く遊ぶようになりました。授業のまとめで行った鉛筆対談を男女でしている姿も見られ、その内容も深く、さらっと「性交」についての意見交流もされる雰囲気の学級になりました。

　学級崩壊ではないかと心配された6年生で「飢餓問題」の実践をした時も、子どもたちの優しさや、世界の子どもを救いたいという思いが引き出され、教師や親の子ども理解が深まりました。学びが深まると、何か自分たちでできることをして助けたいという思いが膨らみ、ユニセフ募金の取り組みで学級のみんながつながり、目に見える形で自分たちの成果が残せて「自分らの学級ってなかなかやるやん！」と、自分や学級に自信を持てるまでに変わっていきました。授業を通して、教師は子どもの内面の豊かさが見えて理解が深まり、それが授業に反映されて子ども自身の自己肯定感が高まり、授業がさらに豊かになります。そして、教師としてのやりがいを感じ、また実践がしたくなるのです。

## 11. 身の周りに教材は溢れている

　このように保健の授業は、学校教育においてとても重要です。現代的な課題は身の周りに溢れています。例えば、第2部の指導案にある「スマホやゲーム機」の実践が挙げられます。ほかにも「気候危機」も早急に取り組むべき課題で、世界や日本の若者の行動に学ぶ教材づくりなども考えられます。ぜひ果敢に取り組んでほしいと思います。

【引用文献】
1）榊原義夫・上野山小百合編著『コロナに負けない教師と子どもたち』（自費出版、2021年）。
2）上野山小百合・大津紀子編著『子どもが動き出す授業づくり』（いかだ社、2017年）。
3）同上。
4）ヴィゴツキー著／土井捷三・神谷栄司訳『「発達の最近接領域」の理論』（三学出版、2003年、154頁）。
5）ヴィゴツキー著／柴田義松訳『ヴィゴツキー教育心理学講義』（新読書社、2005年、58頁）。

# 第4章 保健の授業

## 3 子どもの体力とからだについて

續木智彦

### 1. からだと体の違い

　学習指導要領では、「体つくり」や「体ほぐしの運動」などと、漢字の「体」を用いて「カラダ」と読ませています。ただし、漢字の「体」（旧字体は體）は本来、「からだ」の「すがたやかたち」などの外見を意味しています[1]。英語ではbodyとほぼ同意です。これに対して、「からだ」を表す日本語に「身」があります。これは、漢字伝来以前の日本人の話し言葉の「ミ」という「音」の意味を漢字に充てたもので、「実」や「味」などと同様に、物事の内実を表しています。したがって、これを「からだ」に充てた場合には、その中身を意味します。そして、この両者を合わせた「身体」は、「からだ」の外と中を合わせた意味になります。これまで特にことわらずに使ってきましたが、本稿ではこの「身体」をよりやわらかいイメージを持ったものとして捉えて、「からだ」という言葉を使っています。

　また、中森孜郎[2]は、「からだ」は「かけがえのない価値を持つ人間の命そのもの」であると述べています。さらに、中森は、「からだ」の捉え方は「人間を主体として認めるかどうかという一点にかかっている」とも述べており、その意味では、「からだ」は自分（私）という主体の原点でもあるとも言えます。

　さて、1998年に体育科・保健体育科の目標に「心と体を一体としてとらえ」という文言が加わりました。そして、「体操」という領域名が「体つくり運動」に変わり、「体ほぐしの運動」が導入されました。

　高橋健夫[3]は、「体ほぐし運動」の導入のねらいを、「児童生徒の生育環境の変化に関わって、顕在的・潜在的に子どもたちの体や心に深刻な影響が現れている。体ほぐしはこうした諸問題に対処する一つの方略」であったとしています。また、「人間の理性と感性、精神と肉体、頭と手足の分化・分離（実存的二分性）が余儀なくされており、そこから人間の全体をいかにして回復するか」が問われているのだとも述べています。

　また、佐藤学[4]は、今日の子どもたちの身体の異変が、「人と交われない硬直した身体、人まえに立つと萎縮してしまう身体、感受性と応答性を喪失した身体、硬い殻で覆われた自閉的な身体、突発的に暴力と破壊へと向かう身体という、精神的な意味における身体の危機が叫ばれて今日を迎えている」として、「過去二十年間における教育の危機的現象の大半は、その根底において身体の危機を軸として展開してきたと言っても過言ではない」と述べています。

　これまでは、胃・食・住、仕事や遊びなどの「くらしのかたち」としての「からだの文化」に取り組む中で子どもの「文化としてのからだ」が形成されてきました。しかし、それが今日のように衰退している状況下では、家庭と地域が総ぐるみでそれらを耕し・育てる体制を再構築することが求められています。そしてその上に、学校の教科・教科外活動における話す・書く・聞く・造る・描く・歌う・演じる等々の活動はすべて身体に発するものであり、教育活動全体を身体という観点からとらえ連携や統合をはか

ることが大切であります。

　以上に述べたことから考えると、私たちが今日の教育において「からだ」を考える場合には、子どもたちの「体」と「心」の育ちそびれを克服してトータルに発達させていく営みはもとより、子どもたちの生命を守り、輝かせる営み、子どもたちを自分の人生と社会の主体者に育てていく営みの原点として、「からだ」を捉えていく必要があります。

## 2.　子どもの体力・運動能力の現状と課題

　子どもたちの新体力テスト施行後18年間の合計点の年次推移は、ほとんどの年代で緩やかな向上傾向を示しています（図1・2）[注1]。ここで測定されている行動体力[注2]と運動能力[注3]をまとめて、本稿では「たくましいからだ」と呼ぶことにします。しかし、新体力テスト開始時から現在までの体力関連項目の平均値の推移をみると、シャトルラン、上体起こし、反復

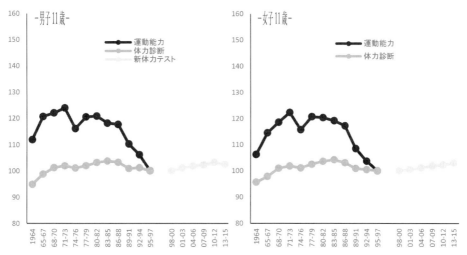

**図1　旧体力テストと新体力テストの平均値の年次推移**

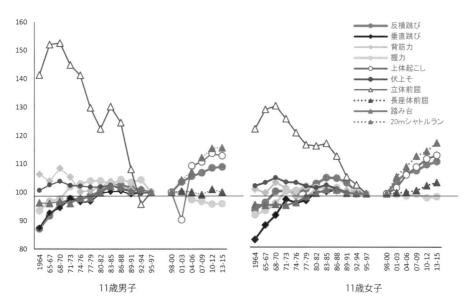

11歳男子　　　　　　　　11歳女子
（旧項目：背筋力、伏臥上体そらし、踏み台昇降、垂直跳び、立位体前屈）
**図2　旧体力テストと新体力テストの体力診断平均値の年次推移**

横跳びでは上昇傾向に、握力、長座体前屈、立ち幅跳びでは横ばい、ないし低下傾向にあるなど、2極化の傾向を示しています。

また、同様に運動能力関連項目の推移をみると、すべての項目が横ばい、ないし低下傾向にあります。

次に、からだの「動き」という視点から捉えなおしてみましょう。今日の教育現場の実態をみると、子どもたちのからだと動きの「二極化」や「一面化」（特定のことしかできない）や、「応用力のなさ」が目につき、そのため特に幼児や小学校低・中学年の体育授業が困難をかかえています。最近、日本学術会議 [5] は、「子どもの動きの健全な育成を目指して—基本的動作が危ない—」という提言を出しました。そこでは、①子どもの動きの発達（形成）に遅れが見られること、②子どもにスポーツが広まっている反面、生活の中の動きが未形成なこと、③子どもの動きの形成は、もはや子どもの自然的発育・発達や自主的な活動に委ねられる域を出ており、社会環境の再整備や学校等における教育の改善を通して、保証されるべき危機的な状況に至っていると指摘され、子どもの「からだと動きの育ちそびれ」が生じていることを問題にしています。

こうした事態が生じている要因には、子どもたちの外遊びや家事の手伝いの減少があります。そしてその上に、早期から特定の種目に固定化したスポーツ・習い事の経験が重なり、それらの「生活」経験で身につけた「からだ」を、様々な必要に応じて上手に使いこなすことができないでいるのです。

過去の子どもたちは、小学校に入学して、はじめてスポーツ教材を学ぶことになっても、それまでの日常生活や遊びの中で培われてきたからだの力や技を応用して（木登りを器械に、鬼ごっこを陸上や球技に）、

何とかこなすことができてきました。しかし今日、子ども期の生活が文明化・機械化される中で、からだを使って遊びに没頭する生活が激減し、からだと動きの「生活世界」の貧困化と、「文化の世界」とのつなぎ目の断絶が生じてしまっているのです。

### 3. かしこいからだの未発達

からだと動きに目を向けたときに、運動遊びは、「動き」そのものを直接指導するのではなく、環境自体に子どもの行為を引き出すさまざまな感覚情報が存在しており、アフォーダンス効果 [注4] によって「動き」が導かれていくと考えます。このような環境との相互作用によって、各運動種目で求められる動きの基礎を獲得することの他に、固定施設・遊具に創造的に働きかけて遊ぶならば、動きの学習能力・自己組織化能力を獲得することもできます。さらに、「運動的要素」を「スポーツ」などの行動水準におけるスキルへと効果的に展開する能力とされる、荒木秀夫のコオーディネーション理論 [注5] [6] の、①平衡能力（姿勢のバランスをとると同時に、バランスの取り方を自由に変えられる能力）、②定位分化能力（周りの状況を的確に判断し、必要な動きで対処できる能力）、③反応リズム能力（タイミングをとる、適切に反応するなどの動きを流れでつかめる能力）、④運動結合・変換能力（いくつかの動きを統合させてパターン化するとと

図3　コオーディネーション能力の構造

もに、それを自由に組み換えることができる能力）を育む養素が多分に含まれています（図3）[注6]。完成を求めない、定型化することを嫌うコオーディネーションの考え方は、「子どもの文化」の特徴である自由度に合致するものであると考えられます。

　また、竹内常一[7]は、これまで、幼・少年期にからだを介してモノやコトや人と直接に交渉する野生の生活の中で、また、他者（大人や仲間たち）と交渉しながら自分たちの手で社会をつくる中で自然に成熟してきたが、それが失われつつある今日、私たちは、それらを「教育とケアによって人為的に成熟させなければならないという困難きわまりない課題」（「神」のしごとにも似た）をつきつけられていると指摘しています。

　つまり、子どもたちは、その場の環境や状況を読んだり合わせたり創り出したりしながら、自由自在に適応、変化できる「かしこいからだ」が未発達なのです。「かしこいからだ」を育むためには、「体つくり運動」領域の授業で、久保健[8]が指摘する、子どもたちが自分のからだ（で・を・に・が）、awareness（気づく・感じる・わかる）、coordination（調整する、組み合わせる、組みかえる、協調する）、communication（交流する・組み合わせる・伝え合う）といった、「体ほぐしの運動」実践が求められています（図4）[注7]。ここでは、「からだ」をほぐす・ひらく、「からだ」を（で）探る・感じる・「からだ」に（が）気づく、「からだ」で（が）遊ぶ・喜ぶ、「からだ」を耕す・育てるなどの多様な「からだ」の営みを学習していくなかで、自分のからだと向き合いオールマイティーな「からだ」を育み、からだ（＝自分）とつきあいながら生きていくことができるのだと考えられています。

【注】
1) 図1・2は、子どものからだと心・連絡会議（2016）『子どものからだと心白書』（2016、ブックハウス

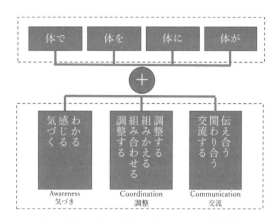

図4　「体ほぐしの運動」のねらいと実践課題

　HD）のデータを参照し筆者が作成した。
2) 行動体力とは、筋力、敏捷性、柔軟性、持久力など持っている体力を外界に向かって発揮するときに活躍する体力。
3) 運動能力とは、「走る、跳ぶ、投げる、捕る、蹴る、運ぶなど」の、動詞で表される能力。
4) アフォーダンスとは、環境は人間や動物にとって単なる物質的な存在ではなく直接的に意味や価値を提供するものであるという考え方。
5) コオーディネーションとは部分を部分として捉えず、全体との関係から捉えるという見方で、一方コーディネーションは部分と部分を供応させるという捉え方で違いがある。
6) 図3は、文献6) より引用した。
7) 図4は、文献8) を参考して筆者が作成した。

【引用文献】
1) 白川静『常用字解』（平凡社、2003年、415頁）。
2) 中森孜郎『からだを育てる』（大修館書店、1982年、10頁）。
3) 高橋健夫『「体ほぐし」―そのねらいと内容』（『体育科教育』第48巻第9号、76-77頁）。
4) 佐藤学「イニシエーションを奪われた若者たち―オムの身体が語るもの―」（『ひと』23(10)、41-48頁）。
5) 日本学術会議「子どもの動きの健全な育成を目指して―基本的動作が危ない―」、2017年。
6) 荒木秀夫(2013)『「体つくり運動」とコオーディネーション』（『たのしい体育・スポーツ』2013年5月号、26-29頁）。
7) 竹内常一『少年期不在』（青木書店、1998年15-16頁）。
8) 久保健「これでわかる体ほぐしの運動」（成美堂出版、2016年、10頁）。

## 第４章 保健の授業

# 4 保健と体育をつなぐ視点

髙田佳孝

### 1. 近年の学習指導要領における保健と体育

従前から体育実技と保健の学習は、関連づけて指導することが求められてきましたが、近年、さらにその方針が強調されています。例えば小学校体育科では、1998年の学習指導要領改訂から小学校中学年、高学年で「保健」を扱うことになりました。同時に「心と体を一体として捉え、運動領域と保健領域との密接な関連をもたせて指導する」と記され、「保健」と「体育」の関連性が重視されるようになっています。2016年の改訂でも「各領域の各内容については、運動領域と保健領域との関連を図る指導に留意すること」と記され、小学校の運動領域と保健領域との一層の関連が図られました。

中学校の保健体育科においても、2008年改訂からは「心と体をより一体としてとらえ、健全な発達を促すことが求められることから、体育と保健を一層関連させて指導することが重要である」と記され、カリキュラム・マネジメントを意図した「保健」と「体育」の関連性のある指導が求められてきました。具体的には、「健康課題を解決することを重視する観点から、健康な生活と疾病の予防の内容を学年ごとに配当するとともに、体育分野との一層の関連を図った内容等について改善する」方針が示され、各分野において双方向に関連を図り、指導することが明記されています。

高等学校の保健体育科も同様です。科目体育と科目保健との一層の関連を図った内容などについて改善を図り、心身の健康の保持増進や回復と、スポーツとの関連などについて改善を図る方針が示されています。

### 2. 新型コロナウイルス感染症に対応する準備はできていたのか？

このように、保健と体育を関連づけて指導し、それを健康な生活に活かすことが求められてきましたが、実際にはどうだったでしょうか。例えば、2019年12月から新型コロナウイルス感染症が広がり社会問題化しましたが、この状況に保健と体育を関連づける実践が対応できたでしょうか。また、対応できる準備が進められてきたでしょうか。

これまでにも、同様の問題意識は見られました。城丸章夫が著した『体育教育の本質』[1] には「教科研体育研究活動の発展」として、戦後の悲惨な生活環境と対峙する保健授業の在り方について議論された記録（1957年）が所収されています。そこでは、生活習慣と保健の学習との関連や、体育や他教科との関連性について議論されていました。当時の問題意識を基盤にして、後に城丸は「人間のからだの尊厳」に向けて保健と体育、そして生活指導を関連づけることを保健体育教師に求めています[2]。近年でも、保健と体育のカリキュラム・マネジメントについて指摘されています。そこでは、各領域のねらいに即して多面的な視点から体力や心の健康について学ぶことが提案されています。また、心と体は一つであることについて、保健では健康の保持増進の視点から、体育では実践的な動きを通して、双方の分野の特性に合わせて学ぶことも提唱されています[3]。

　しかし、実際のカリキュラム・マネジメントは進んできたとは言い難く、現状の体育科年間指導計画上ではその関連性が見られず、学校現場に未だ十分に定着していません[4]。このような状況ではありますが、先駆的な実践も見受けられます。例えば、アクションリサーチを活用した「コロナ禍に取り組む　保健と体育を関連させたプロジェクト学習」[5]があります。それは、小学校3年生体育「保健」領域の（イ）一日の生活の仕方を取り上げ、コロナ流行時の「一日の生活」の課題を検討し、感染予防をしながら学校生活に運動をどう取り入れていくのか、先生と児童が検討していく取り組みでした。しかし、この先駆的な授業実践においても、自分たちでつくり上げたコロナ禍の生活様式を、実際の体育実技の中で活かしたり、発展させたりするには至らず、体育実技として保健の感染症の学習をどのように活かしていくのかについては、未だ検討課題として残されています。実際に近年においては、保健の学習で新型コロナウイルス感染症に関する正しい知識を理解することが求められていますが[6]、そのような学習と体育実技を関連づける方法や原理については不明な点が多いのです。

### 3.　感染症を防ぐルール・規律の考え方

　感染症対策などの学習規律は、授業成立に欠かせないものといわれています。しかし、その習得は押しつけや強制ではできません[7]。西田[8]が指摘するように，「三密を避ける」という配慮事項も、子どもたちの管理を強化するメッセージになりかねません。そのため、コロナ禍だからこそ、新型コロナウイルス感染症の感染リスクの高い体育学習について、健康教育や総合教育として積極的に位置づけ、子どもたち自らが考える機会を設けることを提言しています。この指摘にあるように、「感染症を防ぐルールを子どもに説明すれば終わり」というほど、単純なことではありません。そもそも保健

の学習は生活に活かすために学んでいるのであり、体育授業においても、子どもたちが感染症のルール・規律に主体的に関わることが重要です。

　感染症対策を意識した学習規律は、子どもたちとの対話や合意形成を経て設定されるべき内容です。目標を子どもたちと合意する、さらには評価基準を子どもたちとともにつくる（合意する）といった取り組みによって、感染症対策を自分事として捉え、受け身な態度ではない、主体的な学習活動が期待できるからです[9]。

　前掲の西田も、子どもたちの経験を学びにつなげつつ、実技の授業をおこなう際には、命を守るために三密を避けなければならないことを伝え、「よりみんなで豊かにスポーツに取り組むには、どうすればよいか」を子どもたちと一緒に考えることが重要であると述べています[10]。しかし、子どもたち自身が感染リスクを見抜き、回避していくための具体的な方策は示されておらず、保健の感染症の学習を確立し、体育実技と関連づけて展開していくことは喫緊の課題です。つまり、児童・生徒が主体的・対話的にコロナ禍の生活様式を見直す保健領域の学習と体育実技を関連づけるカリキュラム・マネジメントに取り組み、身体的な距離を保ちながらも運動学習の時間を確保できるような体育実技のあり方を明らかにしていく必要があるのです。

### 4.　感染症対策を子どもに決めさせるイメージ
①国と学校の感染症対策を確認する

　文部科学省（2021）は、「学校の新しい生活様式」において、「感染症対策を講じても、なお感染のリスクが高い学習活動」の一例に、「児童生徒が長時間、近距離で対面形式となるグループワーク等」をあげています。コロナ禍以前の体育授業であれば、グループワーク（ペアやグループでの学習）などをおこなうことで、対話の機会を含みこませることができまし

たが、その学習形態をとることすら容易ではなかったのです。地域によっては当面の間、グループでの活動をおこなわないことを決めている学校もありました。また、運動中、屋外では熱中症のリスクから守るため、マスクを着用しなくてもよいという方針が出ましたが、実際にはマスクを着用する児童・生徒が多く、感染症対策が優先されている現状がありました。

今後も国の感染症対策は変更されていくと考えられますが、授業の前提として、その動向を注意深く見ておく必要があるでしょう。

②感染症に関わる保健の学習内容を調べる

次に、感染症に関わる政策と保健の学習の関連性を見取る必要があります。小学校6年生の「病気の予防」の単元では、「病原体が主な要因となって起こる病気予防」という学習内容があり、中学校3年生の「健康な生活と病気の予防」の単元においては、「感染症の予防」の学習を扱っています。また、高等学校1年生の「現代社会と健康」の単元では、「感染症の予防」の学習を指導することになっています。

これまでの学習指導要領において保健の内容が、小学校では「身近な生活」、中学校では「個人生活」、高等学校では「個人及び社会生活」に関わる内容で構成されてきたことをふまえれば、体育実技と感染症の学習が直接的に関連する内容として、身近な生活や個人生活に関わる内容が中心となる、小・中学校が対象となると考えられます。今後、このような保健の学習の系統性も重視しながら、体育実技と感染症の学習を関連づけた授業実践を検討していく必要があるでしょう。

③体育実技の単元に保健の学習内容を位置づける

体育実技と保健学習を関連づけた授業づくりに向けて、保健学習（感染症に関わる学習）の観点を以下に例示しました。

---

〈病原体がもとになって起こる病気の予防〉
①病原体が体内に入るのを防ぐ
　・発生源をなくす⇒感染源対策
　・病原体がうつる道筋を断ち切る
　　⇒感染経路対策
②体の抵抗力を高める
　・運動、食事、休養、予防接種
　　特に体力や体調を維持することが重要

---

ここでは、第Ⅱ部における学習指導案の実践プラン集小学校の実践プランで紹介している「マット運動の学習規律に関わる保健の学習」を例にあげて、上記の保健の学習を組み込んだ授業計画（マット運動）について説明します。まず、単元を次に示すような内容で進めていきます。

---

＜1時間目＞
学習規律に関わる保健の学習（Study）
　　　　↓
保健の学習にもとづいた「三密」を防ぐ学習規律の構築（Plan）

＜2時間目以降＞
学習規律の実行（Do）
　　　　↓
学習規律の振り返り（Check）
　　　　↓
次時への継承（Continue）

---

この一連の流れでは、体育実技に入る前に（単元の1時間目に）、「学習規律に関わる保健の学習」から「保健の学習にもとづいた『三密』を防ぐ学習規律の構築」の内容を学ぶようにしています（表1）。具体的には、マット運動において、感染症に対して何が危険か、また実技をおこなう際、どのような感染症対策が必要かを考え、そのなかで子どもたち自身が考えた、

感染症対策を意識した「学習規律」をまとめます。そして実際に、この学習規律を意識しながら２時間目以降の体育実技をおこなっていくことになります。当然のことながら、本来のマット運動の「ねらい」から外れないように注意しなければなりません。

表1　単元計画例（マット運動）

| 全10H | 1 | 2 | 3 | 4 | 5 | 6 | 7 | 8 | 9 | 10 |
|---|---|---|---|---|---|---|---|---|---|---|
| 3分 | 感染症 | 準備運動 | | | | | | | | |
| 7分 | 対策の | 予備運動 | | | | | | | | |
| 30分 | 学習（学習 | 基本的な技の習得 | | 各自の課題への挑戦 | | | | 発表会 | | |
| 5分 | 規律） | まとめ・振り返り（カード記入） | | | | | | | | |

④学習カードに記載する（振りかえる）

　次に、学習規律を振りかえるための学習カードを紹介します。

図1　学習カード例（マット運動）

　図1にあるように、1時間目に保健の学習を通して子どもとたちと合意した感染症対策を、学習規律として位置づけ、学習カードに記載していきます。そして、実際に守れているのかを毎時間、教師と子どもで振りかえるようにします。

現行の『学習指導要領』及び『解説』の「指導計画の作成と内容の取扱い」では、「心の健康と体つくり運動」や「応急手当と水泳」などのように、体育実技と保健の学習を関連づける方針が示されていますが、感染症の学習と体育の連携について具体的に示されてはいません。そのため、まずはこのような実践研究を積み重ねていくことが大切になるでしょう。

【引用文献】
1）城丸章夫『体育教育の本質』（明治図書、1960年、186-201頁）。
2）城丸章夫『体育と人格形成』（青木書店、1980年、67-68頁）。
3）佐藤豊「体育と保健の関連性を生かしたカリキュラム構想」（『体育科教育学研究』33巻2号、73-80頁）。
4）森田哲史「小学校体育科における運動領域と保健領域を関連付けるカリキュラムを構想する」（『体育科教育』第69巻8号、31-34頁）。
5）川上亜美・物部博文・梅澤秋久「アクションリサーチを活用した保健授業 コロナ禍に取り組む 保健と体育を関連させたプロジェクト学習」（『体育科教育』第68巻12号、74-77頁）。
6）竹山輝「保健の授業で新型コロナウイルスを取り上げる」（庄子寛之編『withコロナ時代の授業のあり方』明治図書、2020年、136-137頁）。
7）林俊雄「学習規律の考え方」「学習の場の考え方」学校体育研究同志会編『スポーツの主人公を育てる体育・保健の授業づくり』（創文企画、2018年、64-67頁）。
8）西田佳「3密の中でどうする体育？」（教育科学研究会「教室と授業を語る」分科会・中村（新井）清二・石垣雅也 編著『コロナ時代の教師のしごと これからの授業と教育課程づくりのヒント』旬報社、2020年、49-63頁）。
9）加登本仁「体育授業の評価論」学校体育研究同志会編『スポーツの主人公を育てる体育・保健の授業づくり』（創文企画、2018年、40-43頁）。
10）前掲8。

# 第5章 授業から学校づくりへ

## 1 スポーツの主人公に必要な能力と学校体育の役割

佐藤亮平・森 敏生

### 1. 子どもを社会や文化の主人公に育てる前提

　教師は、授業や教科外活動を通して、社会の主人公を形成する専門家です。体育に焦点化して述べると、スポーツにおける課題解決の力を育てるのが、体育に関わる教師の仕事と言えるでしょう。そのため、教師には社会やスポーツの矛盾や課題を捉える視点が不可欠です。

　今、国際社会ではロシアによるウクライナ侵攻、世界を分断するような政治への不信感、新型コロナウイルス感染症との闘いがあり、また、新自由主義的な経済システムにおいて、貧困や格差の問題が表面化してきました。日本の子どもの貧困も深刻です。内閣府『令和3年度子供の貧困の状況と子供の貧困対策の実施の状況』（3-5頁）によると、衣服や食料を買えなかった経験をしたことがある世帯が10%以上おり、経済的な理由で進学を高校までとする人が30%います。加えて、清水らは子どもの生活環境に「スポーツ格差」が存在していることも明らかにしています。「スポーツの市場化」が「経済成長のプロセスとともに進展」し、スポーツが習い事となり、家計負担を増大させているのです[1]。昨今の運動部活動の地域移行も、その延長にある問題として捉える必要があるでしょう。

　他方、トップスポーツの世界では莫大な税金が投入されています。例えば、オリンピック2020東京大会やFIFAワールドカップカタール大会2022において、多額の予算が計上されたと報道されています。こうした資金は、多くの人たちがスポーツを行う権利を保障するもの

となってはいません。加えて、オリンピックの誘致や運営に関わる不正、施設・設備を建築する労働者の命を奪う危険な過酷労働など、スポーツをめぐる深刻な社会問題が起こっています。組織的なドーピング、指導者による暴言や暴力、人種差別といった権利の侵害、これらによりスポーツ文化そのものへの不信感も強まっています。

　教師の仕事が、社会やスポーツの主人公を形成することにあるのならば、このような現実を直視し、授業との関係を問うていく必要があります。それは、これまで見てきた現状の課題を打破するために、体育・スポーツが果たす役割を問うことでもあります。

### 2. 体育、スポーツと権利の関係

　スポーツには、前項で述べたように現実の問題や矛盾がありますが、それに対してスポーツの価値を国際的に承認、共有し、高めていく動きもあります。1978年にユネスコ（国連教育科学文化機関）は「体育・スポーツ国際憲章」を採択しました。そこでは、世界人権宣言を受けて、体育・スポーツが人権の行使の基本的条件、生活の向上、人間の価値の尊重、国際的交流などに資する基本的権利であるという考え方が示されました。その後、体育・スポーツに関わる国際的な動向や様々な調査研究をふまえて、2015年に「体育・身体活動・スポーツに関する国際憲章」へとリニューアルされました。この「2015国際憲章」においては、体育・身体活動・スポーツの権利が保障される対象、権

利行使の主体、権利保障の社会的取り組みの範囲が拡大・多様化しました。

同様の運動は、日本においても広がってきました。2011 年には「スポーツ振興法」を全面改訂した「スポーツ基本法」が制定されました。そこでは、「スポーツを通じて幸福で豊かな生活を営むことは、全ての人々の権利」であると記されています。このようにスポーツを権利とする考え方（スポーツ権論）は、1960 年代に芽吹き、1965 年には「体育・スポーツが小数の人の独占物であった時代は過ぎました。それは万人の権利でなければなりません」という設立宣言の下で、新日本体育連盟（現在：新日本スポーツ連盟）が設立されていました。その後、スポーツ権論は 1970 年代に集中的に議論され、その際、スポーツ権は日本国憲法の第 13条に記された「幸福追求権」、25 条の「生存権」、26 条「教育をうける権利」を根拠に考えられていました。この先駆的な論議が実り、はじめてスポーツ権がスポーツ基本法に明記されたのです。

このような動向をふまえれば、学校の体育授業や教科外体育において、現状の社会やスポーツの課題を「体育・スポーツの権利」の視点から変えていく力をつけていくことが重要です。実際に、スポーツ基本法には、すべての「国民が生涯にわたりあらゆる機会と場所において、自主的・自律的に適性や健康状態に応じてスポーツを行うことができるようにする」ことが、国や地方公共団体の責務であり、スポーツ諸団体も努める必要があると規定されています。スポーツの権利主体である国民が、それらを要求していくのであり、子どもたちにもそのような力をつける必要があります。

2022 年には「スポーツ基本法」の理念を具体化する第 3 期「スポーツ基本計画」が公表されました。その中では、する・みる・ささえるといったスポーツ基本法におけるスポーツとの関係を実現するために、①スポーツを「つくる／はぐくむ」、②「あつまり」、スポーツを「ともに」行い、「つながり」を感じる、③スポーツに「誰もがアクセス」できることが明記されました。これらの方針と保健体育の授業や教科外体育がどのように関わるのかも検討課題になるでしょう。

さらに「スポーツに関心を持たない層や苦手な層にとって、その多くは、学校や地域スポーツ環境の場等において、これまでと変わらないスポーツの種類や実施方法等に対して、魅力を感じられず興味がわかなかったり、不満や非効率さを感じていたりするような場合が想定される」という記述もあります（16 頁）。これをふまえれば、これからの体育では、「これまでと変わらないスポーツの種類や実施方法」を問い直し、すべての子どもたちに、スポーツが持つ面白さや楽しさを十分に伝えることができるような「スポーツをつくる／はぐくむ」という役割が期待されていると言えるでしょう。

## 3.　スポーツの主人公が持つ教養と体育

スポーツ権論の成立と展開に関連して、1970 年代後半には体育の目的と学力・学習内容の構成が議論されていました。この先進的な体育の構想を、当時の体育実践において追求・実現することは容易ではありませんでしたが、今日においては再検討に値します。

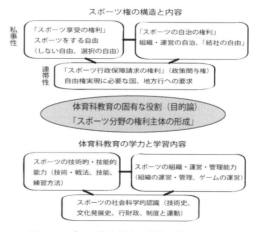

図 1　スポーツ権と体育の学力（森、2018）

図１はスポーツ権の構造と体育の学力・学習内容の構造とが、スポーツの権利主体の形成という体育の目的のもとに関連していることを示しています。第一に「スポーツ享受の権利」を実質的に保障するには、基礎となる「スポーツの技術的・技能的能力」の獲得が必要になります。第二に「スポーツの自治の権利」には、それを行使する「スポーツの組織・運営・管理能力」の形成が必要です。第三に「スポーツ行政保障請求の権利」には、それを根拠づける「スポーツの社会科学的認識」が必要でしょう。そして、第一と第二は、近代市民的な「自由権」の保障・実現に関わる内容であり、第三は「社会権」に関わる内容です。「自由権」は自己責任ではなく、社会による公共的・制度的な条件の整備があってこそ、すべての人に平等・公平に保障されるという意味で、「社会権」と関連づけて把握することが重要です。したがって体育授業では、この権利に関する教養の基礎となる、社会科学的認識を学ぶことが求められます。

しかしながら、こうした権利を行使する基礎的な力を体育の授業で育てる際に、学校での学びと子どもの生活とが結びつかないと、学習が形骸化してしまいます。実社会や文化の問題・課題と権利行使との関係を、子どもの実生活と文化の学習に反映させる必要があるのです。それは、子どもたちの“いま”である生活世界と、スポーツ文化を結ぶ視点を検討すると言うこともできるでしょう。これらを結節させることは、一方では自分たちの生活世界のなかに、スポーツ実践における「不自由」な現実や疎外状況に、子どもの目を向けさせる機会になります。「できない、わからない」「仲間に入れない、参加しづらい」「自由に使える用具がない、足りない」「安心して楽しめる場所や設備がない」といった不自由さの目線を授業に持ち込むことによって、この場に生きるリアルな“いま”に即して問題と向き合うことが可能となるのです。他方で、その問題が決して個人の問題ではなく、歴史や社会の問題とつながっているということにも目を向けていく必要があります。浮上した問題を他者と共同・協働して、歴史的・社会的な問題として理解し、それを社会的に解決していける力を持つことが、スポーツの主人公にふさわしい教養といえるでしょう。

このように、体育の授業でスポーツの文化価値を学ぶということは、森[2]によれば、既存のスポーツ文化の「価値を歪め、揺るがす問題に気づき、問題の解決を図り、価値を実現していく方法や価値を創造する力を育てる」ことでもあります。既存のスポーツ文化には、不平等や格差の問題や、実質的な平等が実現されていない現実があります。それに気づくことは、自由権の保障につながる第一歩です。また、その先には、すべての人が自由に楽しむ社会的な条件を自分たちが権利として獲得していく力（社会権の行使）を育てることが展望されています。すべての人のスポーツに対する要求や必要を等しく尊重し、その実現を平等に保障する民主的な体育実践として、共同的・協働的にスポーツの技術的・技能的能力を獲得し、ルールや競技のあり方とその運用ついて合意を形成していく学びと経験が必要です。さらには、こうした学びや経験を支える公的・社会的な仕組みや条件をつくりだす認識と実践力を形成することが求められるでしょう。これらは、戦後間もない頃の民主的な体育実践の構想にその萌芽をみることができます[注1]。

こうして獲得された体育の学力は、現実の生活や教科外体育における民主的・自治的な実践に活かされることで、鍛えられた教養となり、社会を変革し、より民主的なスポーツ実践を創造する力へとつながっていきます。

## 4.　スポーツの主人公を育てる体育

最後に、より具体的で実践的な試みの事例として、岡崎の「リレー再創造型の授業の提案」[3]と岡崎・佐藤の「バレーボールのルールと技術

を関連づけた授業プランの提案」[4]を紹介します。岡崎のリレー実践では、ある生徒が「さらし者になるのは嫌だ」という作文を書いたことをきっかけに、リレーにおける平等性を探求していきます。授業の過程では、生徒の考えをもとに生み出された 6 つの異なるルールでリレーを実践し、誰もが納得して楽しめるリレーの在り方そのものへの問いかけがなされます。その後、リレーを再創造していく討論が展開されます。この岡崎の実践では、生徒の生活世界から顕わとなったリレーの問題を炙り出し（多様な生徒の声に平等に目を向け）、ルールと技術を学ぶことを通じてリレーのもっている面白さや楽しさに気づかせ、その楽しみ方の自由や自発性を問題にし、ルールを変えてリレーのあり方を決定する自由と、多様な声に折り合いをつける民主的な学びや経験を生徒たちに求めました。

　次に、岡崎が実践した卒業記念バレーボール大会の事例をみてみます。そこでは、各クラスからの要望を発言する代表者を選出し、自分たちの学びを生かしたバレーボール大会のルールづくりや運営を生徒たちが行いました。そして、大会終了後には、このような自治的な学びを自分たちが確証できるように文集を作成していました。

　これらの実践を可能にした背景には、生徒を民主的な関係におきながら自治的な決定を促すことで、スポーツの主人公へと導く岡崎の民主的な体育観があります。同時に、スポーツの主人公を育てる体育には、原則的な視点があると考えられます。それは、平等の原理を背景とした民主的な関係を土台として、それぞれの子どもに固有の願いや要求が尊重され、技術・戦術・ルールの学習を主体的・協働的に進めながら競技の在り方を問い、すべての人たちにスポーツをする条件が平等・公平・公正に保障される学びを展望することです。さらに、その学びの先にある、民主的な社会を創造する力を育むこと

も重要となります。そして、これらの視点は、単元レベルでも、年間計画でも、その学びの積み重ねの先にある学校期の出口像においても貫かれます。この原則を貫いた実践を積み重ねてできた学びの履歴は、その歩みと道のりを子どもが振り返った時、民主的な関係構築を土台として、すべての人の自由なスポーツ文化の享受と、それを社会的に実現する力を含んだ教育課程となります。こうして子どもの中に生成された教育課程は、子どもたちが学校から旅立つ時に、権利主体として"いま"のおかしさを考え、より民主的な可能性にひらかれた"いま"へと向かわせ、地域や社会を変革する民主的な実験への参加を可能とするでしょう。

【注】
1）詳細は、石田智巳「戦後学校体育の原点とスポーツの捉え方－丹下保夫と佐々木賢太郎が見たスポーツの未来－」（『運動文化研究』36 号、14-24 頁）を参照。

【引用文献】
1）清水紀宏『子どものスポーツ格差－体力二極化の原因を問う』（大修館書店、2021 年、23-24 頁）。
2）森敏生「スポーツの主人公に必要な能力と学校体育の役割」（学校体育研究同志会編『スポーツの主人公を育てる体育・保健の授業づくり』創文企画、2018 年、72-75 頁）。
3）岡崎太郎「リレー再創造型の授業の提案」（『体育科教育』第 69 巻 5 号、42-45 頁）。
4）岡崎太郎・佐藤亮平「バレーボールのルールと技術を関連づけた授業プランの提案：2018 年度～2020 年度の中学 3 年生を対象にしたバレーボール単元の分析から」（『宮城教育大学教職大学院紀要』3、119-130 頁）。

# 第5章 授業から学校づくりへ

## 2 授業づくりからカリキュラムづくりへ

久我アレキサンデル・丸山真司

### 1. 授業づくりとカリキュラムづくりの関係

授業をつくるという営みは、子どもの学力と人格の形成に向けて授業（単元）の「目標─内容─方法─評価」を、一貫性をもって実践の中に具現化していく営みです。それは教師にとって最も専門的力量が試される場でもあります。しかしながら、一回の授業のみで子どもの学力形成や人格の形成を保障することはできません。一つひとつの授業を「授業（単元）─年間計画─教科カリキュラム─学校カリキュラム─制度としてのカリキュラム（学習指導要領）」という、大きな構造の中に位置づける必要があります。安彦は、授業研究について、「指導過程や指導方法」ばかりでなく、「『授業』を『カリキュラム』の展開過程と考え、改善すべき対象が、教育内容、組織原理、履修原理、教材、授業時間数、学習形態などの『カリキュラム』を構成する内部要素のうち、どれに焦点づけられるのかを明確にする必要がある」と述べ、カリキュラム評価の観点から授業研究を位置づけ、カリキュラムの改善につながる授業研究の必要性を指摘しています[1]。個々の授業実践を「単元─学年─階梯」という長い時間軸の中で捉え、教科のカリキュラム開発につながる授業づくりが、今、求められています[2]。

そのためにはまず、教師自身が体育の教科観を吟味し、子どもを捉えることが必要になります。次に、子どもにどのような運動・スポーツ文化と出会わせ、いかに子どもの発達を引き出すかを問うことになります。つまり、運動文化の学びを通して、子どもの生活課題や発達課題

に迫る実践構想が必要になるのです。その際に、運動文化の固有の魅力や価値から、子どもたちにとって何が面白いかを読み取り、何を学ばせるのかという教科内容を探求することと、発達課題の教材化がとりわけ重要になります[3]。

### 2. 授業づくりにカリキュラムづくりの視点を入れると何が変わるか

第一に、教師がカリキュラムづくりという視点を持つことによって、各階梯あるいは学年の出口像や、各階梯─学年─単元間の接続を意識し、問題にするようになると考えられます。とりわけ、年間計画においてその出口像を明確にし、その中でそれぞれの単元の位置づけに注目した授業づくりが展開されるようになります。例えば、自らの学校で独自の体育カリキュラムづくりを展開した小山は、中学3年間の出口像を明確に設定したうえで、その達成に向けて各学年のテーマ（1年「スポーツ文化への目覚め、仕組みを調べ、わかればみんなができる」→2年「スポーツのあり方を考え、集団の中で生きる」→3年「生涯スポーツに向けて、計画・運営を自分の手で」）を設定し、それに基づいて3年間にわたる各学年の具体的な単元内容や教材を構造化しています（表1）[4]。

このように各学年の出口─単元の出口を構造化したうえで授業づくりをしようとすれば、学年間の関係や年間計画における単元間の関係に触れざるを得なくなり、その結果、教師はそれぞれの単元や授業の位置づけを問い直すようになります。つまり、カリキュラムづくりの視点

表1　スポーツ分野の主体者形成に向けた教育課程（小山、2002）

| | 4月 | 5月 | 6月 | 7・8月 | 9月 | 10月 | 11月 | 12月 | 1〜3月 |
|---|---|---|---|---|---|---|---|---|---|
| 1年 | テーマ：「スポーツ文化の目覚め。仕組みを調べ、分かればみんなができる。」 | | | | | | | | |
| | 体力・柔軟性 | 陸上・リレー・跳躍 | | 水泳 | バレーボール | | 器械運動 | | バスケットボール |
| | 仕組みを調べ、原理を理解すれば誰もが伸びる。 | | | 基礎 水泳観の変革1 | みんなが楽しみながら上手くなるには | | 仕組みを調べ分かってみんなができる感動 | | コンビネーションプレイの基礎を学びみんなでシュートへ |
| | 体育理論：スポーツの仕組みを学ぶ（ボール、ゴールの授業など） | | | | | | | | |
| | 保健：スポーツとけがの処置。心身の発達（運動とからだ、第二次性徴を含む） | | | | | | | | |
| 2年 | テーマ：「スポーツのあり方を考え、集団の中で生きる」 | | | | | | | | |
| | 体力・筋力 | 集団マット 空間構成を考えた集団演技 | | 水泳 発展 水泳観の変革2 | バレーボール 競争のあり方とチームプレイ | | 剣道 型から一本の美へ 相手の尊重 | | バスケットボール 空間の使い方と戦術、競争のあり方とチームプレイ |
| | 体育理論：スポーツのあり方を考える（勝敗・競争、五輪の歴史と精神など） | | | | | | | | |
| | 保健：健康と環境、応急処置（出血と止血） | | | | | | | | |
| 3年 | テーマ：「生涯スポーツへ向けて、計画・運営を自分たちの手で」 | | | | | | | | |
| | 陸上・短距離走 追究の仕方を学ぶ。能力の奥の深さを学ぶ。 | | | 水泳 計画立案と個人追究。個人バレー中心。 | バレーボール チームの計画による全員アタックを目指す | | 体力 持久力 | 表現 心の解放、踊る楽しさ | バスケットボール チームの計画による全員シュートを目指す |
| 生徒会 | 体育理論：みんなのスポーツ（スポーツ権・生涯スポーツ、スポーツ行財政など） | | | | | | | | |
| | 保健：運動と健康。疾病の予防、応急処置（心肺蘇生法実習） | | | | | | | | |

| | 4月 | 5月 | 6月 | 7・8月 | 9月 | 10月 | 11月 | 12月 | 1〜3月 |
|---|---|---|---|---|---|---|---|---|---|
| 生徒会 | 自由参加→ | リレー大会 | | 水球大会 | | | 駅伝大会 | | バスケット選手権 雪中サッカー大会 |
| | 全員参加→ | | 各種レク行事 | | 体育祭 | | バレー大会 | | バスケット大会 |
| 部活動 | 1年生入部 | 郡夏季大会 北信大会 県大会 | 2年生引継ぎ 3年生引継ぎ | | 郡新人大会 北信新人大会 | | | 冬日課・冬季練習 | |
| | | | | | 3年生の運動不足、受験に向けてのストレス | | | | |

＊本校ではバレーボールとバスケットボールについては3年間継続して学習し、学年毎のバレーボール、バスケットボール大会を行っている。

＊男女混合、技能差のあるチームの中で、バレーボールではポジションが固定（ローテーションは行うが）された中での自分の役割や動き方を学ぶ。この学習の発展として、今度はバスケットボールで自由にコート内を動き回れる状況で、自分の役割や出方を学び、友との関わりの中でみんなで楽しめる学習を目指している。この中でリーダーとしての活動の仕方、審判の仕方等を学んでいく。とかく仲間との関わりの苦手な現代の生徒たちにとって重要な学習であり、大事に考えていきたい。

＊「ミニスポーツ企画」（生徒会主催）
　　自由参加：リレー大会（5月放課後）、水球大会（9月放課後）、駅伝大会（12月土曜日）、
　　　　　　　バスケットボール大会（1月昼休み）雪中サッカー大会（2月放課後）
　　全員参加：各種レク行事、体育祭、バレー大会、バスケット大会

から、長期的な展望と学校教育全体の中で、学年テーマと単元のねらいの設定、内容や教材選択、さらに指導の問題を捉え、授業づくりが展開されるようになるのです。そして、授業づくりにおいて施設・道具・予算・時間・人材・組織などのカリキュラムづくりに必要な環境条件を問い直す意識が芽生えるようにもなります。

　第二に、カリキュラムづくりの視点を持つことは、「育ちそびれ」の回復と教科内容・教材の重点化を進めることになります。「育ちそびれ」をいかに回復していくかは、すべての子どもに学力を保障していく視点につながるものであり、公教育にとってきわめて重要な問題です。階梯―学年―単元を接続して考えるという視点は、この「育ちそびれ」の格差拡大の解消に向けた学び直しを、カリキュラムの中にどう組み込むかという問題に向かわせます。したがって、子どもの「育ちそびれ」の回復や、すべての子どもに体育の学びを保障するために

は、必然的に各階梯・学年で教えたい中身や育てたい力の"濃淡"を明確にし、それを具体的な単元や、授業の目標・課題に反映させて構造化する必要が生じます。ここでは教科内容や教材の重点化が、避けては通れない問題となります。カリキュラムづくりの視点をもち、教科内容や教材の重点化を進めることによって"ガラクタ教材"は整理され、細切れ単元から大単元の授業が展開されていくことになるでしょう。例えば山内は、器械運動において子どもの「育ちそびれ」を発見し、器械運動に共通する基礎的感覚づくりを養うために「ねこちゃん体操」という典型教材や、跳び箱運動・鉄棒運動・マット運動を総合的・系統的に指導していく「器械運動のクロスカリキュラム」を開発しています[5]。課題意識を持って複数の教材を構造化し、長期的に子ども達の成長や発達を促していくことで、「育ちそびれ」の回復につながっていくのです。

　第三に、カリキュラムづくりの視点を持つことによって、授業実践と教科外活動（部活や学校行事）との関連を意識するようになります。小山は、体育授業と生徒会活動や部活動を結びつけた体育カリキュラムを構想し、重点教材（バレーボール、バスケットボール）の3年間の継続学習や、「生涯スポーツに向けて計画・運営を自分たちの手で」という体育のテーマと絡めながら、生徒会主催で、まさに子どもたちの手でバレーボール・バスケットボール大会（全員参加）や、自由参加型のリレー大会・水球大会・駅伝大会・バスケット選手権などを開催し

ています。このように体育授業の学習と教科外活動（体育行事、部活動等）を視野に入れて構造化した体育のカリキュラムづくりは、運動文化の主体者形成をめざす体育を展開するうえで不可欠となります。

第四に、カリキュラムづくりの視点を持つことによって、学校づくりを意識するようになります。植田は「教育課程は学校づくりの羅針盤」[6] であると述べています。教師たち自らの手でカリキュラムをつくるという行為は、学校づくりを方向づける核となる活動になるのです。学校のなかで、授業づくりとカリキュラムづくりの結合が中心的な問題として取り上げられ、それに対して教師たちが意図的、組織的な協同活動として挑むとき、カリキュラムづくりは学校を変える「起爆剤」となっていきます[7]。そこでは、カリキュラムづくりをめぐって、教師間の合意形成をどのようにつくり出していくかがとりわけ重要となります。例えば、坂本は１年生〜６年生までの教科内容を柱にした体育カリキュラムを自ら開発し、そのカリキュラムを学校で実現するために、校内の研究授業（体育）を自ら引き受けて実施したり、体育主任として設備・用具を使いやすく整備するなど、学校の同僚が計画通りに授業を進めるようにするために様々な活動を意図的に仕掛けながら教師間の合意形成を図っています[8]。とりわけ、「体育科について問題意識を持たない多くの先生方に、年間計画や授業づくりのことをどうやって理解してもらうか」という問題意識を出発点とした、体育のカリキュラムづくりをめぐる同僚との合意の結果、子どもが変わるとともに、子どもが変わる事実を目の当たりにして親、教師、管理職も変わっていったと坂本は述べています。坂本のカリキュラム実践は、教師たちが自らの手で合意をつくりながらカリキュラムをつくっていくことが、子どもを変え、教師を変え、学校を変える「起爆剤」になることを示しています。

## 3. 授業づくりからカリキュラムづくりへ

学校体育研究同志会が『体育の教育課程試案』（2003）を作成した際には、近年の優れた授業実践記録を118編取り上げ「実践カタログ」としてまとめました。この集積された「実践カタログ」の分析から、教育階梯ごとの子どもの生活課題や発達課題、実践の特徴（ex. 目標、教科内容、方法、教材解釈・教材づくり、単元構成、学習活動の組織など）を抽出し、そこから各階梯の特徴やカリキュラムづくりの示唆を引き出しました。こうした「実践カタログ」の分析から、教師の手による自前のカリキュラムづくりを展開する取り組みは、実践を相互に省察し、その実践の中からカリキュラムづくりの課題をつかみ出すプロセスを重視したものです。これはまた、カリキュラムと授業実践を絶え間なく往還するプロセスでもあります。そこでは、カリキュラムがそのつくり手である教師によって、授業実践というフィルターにかけられながら吟味され、カリキュラムが授業実践を変え、個々の実践がカリキュラムを変えていくというサイクルが生まれていきます。このような「実践カタログ」づくりと、その集団的分析作業こそが、授業づくりとカリキュラムづくりを往還する重要な方法のひとつになるのです。

一方で、多忙を極める学校現場では、最初からカリキュラムづくりを視野に入れて、個々の授業実践をまとめて構造化していくことは非常に困難であると思われます。そこでまずは、個別の授業実践や単元と向き合い、その成果を年間計画の目標達成に向けた段階的なステップとして位置づけていくことを意識するとよいでしょう。それが年間計画づくり―カリキュラムづくりの第一歩になるはずです。

また、授業づくりの出発点は、目の前の子どもの姿を捉えるところにあります。子どもの姿（実態）に対して、教師がどのような問題意識を持っているかを改めて問い直すことで、子どもにどのような変化や成長を期待し、また、そ

れをどのようにして促していくかを考えていくことになります。そのようにして具体的な授業が形作られていくと考えられますが、教師が願うような子どもの変化や成長は、多くの場合、一授業、一単元では完結しないものです。言い換えれば、教師の問題意識が一授業、一単元では解消し得ない場合に、必然的に年間計画づくりやカリキュラムづくりへと関心が向いていくのではないかと思われます。このようにカリキュラムづくりを考えていくためにも、まずは子どもの実態を踏まえた授業づくりに向き合い、そのなかで教師が自分の問題意識を問い直していくことが必要になってくるのです。

　自分の授業に向き合うための方法として、日常的な指導案の積み重ねや、指導案に基づいた授業の公開などが考えられます。まず、指導案を書きあげることにより、教師は指導案という形で自分の授業を対象化することができます。また、カリキュラムの改善につながる授業研究の必要性に関する安彦の指摘を踏まえるならば、指導過程や指導方法ばかりに目が向いてしまわないためにも、授業の骨組みを示す指導案とセットで授業を批評してもらう場を用意することで、具体的な課題意識や授業の目標など、教師（実践者）の意図を汲んだ議論を実現することが非常に重要なプロセスになると考えられます。授業研究を介した教師集団による相互交流が教師を鍛え、そして教師を自前のカリキュラムづくりの主体に育てていくことになるのです。

【引用文献】
1）安彦忠彦「カリキュラム研究と授業研究」（日本教育方法学会編『日本の授業研究―授業研究の方法と形態―』学文社、2009 年、19 頁）。
2）丸山真司「これからの教科教育学にはどのような課題があるか」（日本教科教育学会編『今なぜ，教科教育なのか』文渓堂、2015 年、113-118 頁）。
3）大宮とも子「体を動かし仲間と競いあうなかで新しい自分をつくる―体育の授業の可能性」（二宮厚美・神戸大学附属養護学校編『コミュニケーション的関係がひらく障害児教育』青木書店、2005 年、96-125 頁）。
4）小山吉明「中学校の体育に 8 年間かけて取り組んできたこと―運動文化のトータルな実践―」（学校体育研究同志会年報『運動文化研究』21 号、2003 年、55-69 頁）。
5）山内基広『ねこちゃん体操からはじめる器械運動のトータル学習プラン』（創文企画、2007 年）。
6）植田健男「21 世紀の『教育改革』と私たちの『教育課程づくり』―学校づくりの羅針盤としての『教育課程』―」（愛知県高等学校教職員組合編『愛知の高校教育』28 号、34-69 頁）。
7）丸山真司「学校を変える『起爆剤』としての体育のカリキュラムづくり」（『体育科教育』第 54 巻 5 号，大修館書店、2006 年、20-23 頁）。
8）坂本桂「現場からの教育課程づくり『わかる』と『できる』一体当たり的年間計画の取り組みから見えてきたもの―」（学校体育研究同志会教育課程自主編成プロジェクト編『教師と子どもが創る体育・健康教育の教育課程試案　第 2 巻』創文企画、2004 年、263-268 頁）。

【参考文献】
丸山真司『体育のカリキュラム開発方法論』（創文企画、2015 年）。
学校体育研究同志会教育課程自主編成プロジェクト編『教師と子どもが創る体育・健康教育の教育課程試案　第 1 巻』（創文企画、2003 年）。
丸山真司「授業づくりからカリキュラムづくりへ」（学校体育研究同志会編『スポーツの主人公を育てる体育・保健の授業づくり』創文企画、2018 年、76-79 頁）。

# 第5章 授業から学校づくりへ

## 3 授業、教科外活動、課外活動の関連性

神谷　拓・齋藤　光

### 1. 教育課程の矛盾への対応

通常、教育課程とは、学校がつくる教育計画を意味します。しかし、そのような捉え方だと、運動部活動の位置づけが曖昧になります。運動部活動は課外活動とも呼ばれますが、それは教育課程外の活動を意味するからです。実際に、学習指導要領の「総則」において、部活動が「教育課程との関連が図られるよう留意すること」と説明されているように、部活動と教育課程は区別されています。先に触れた教育課程＝学校の教育計画という捉え方だと、部活動は教育計画の「外」にある活動ということになってしまいます。

そもそも学習指導要領は、国の示す教育課程の基準として告示され、そこで示された内容は全員に習得させること（必修）が前提になっています。ですから、過去に学習指導要領の内容にクラブが位置づけられた際には必修になり、自主的・自発的な参加になりませんでした。その問題をふまえて現行の学習指導要領においては、部活動が教育課程（教育計画）外の活動として位置づけられているのです。

では、課外の部活動において、教育計画は必要ないのでしょうか。部活動で発生している非科学的な指導、体罰・暴力、封建的な組織運営、そして勝利至上主義など、いずれも学校における教育計画の不備を背景に問題が生じています。そのためスポーツ庁は学習指導要領とは別に、部活動のガイドラインを示すに至っています。

一方で教育課程やカリキュラムを「学校の教師たちが、子どもや青年の成長と発達に必要な文化を選択して組織した全体的な学習経験の計画と実践」[1]と定義する立場もあります。この定義に基づけば部活動を教育課程に含むこともできますが、部活動が教育課程外・課外活動と呼ばれてきた歴史との整合性が課題になります。そのため、ここでは以下のように考え方を整理したいと思います。

・ 教育課程…全員が参加することを前提とする教育計画
・ 教育課程外の活動（課外活動）…上記の教育課程からは外れる、自主的・自発的な参加を前提とする活動
・ カリキュラム…教育課程と教育課程外の活動（課外活動）に関わる総合的な教育計画

### 2. 教育課程の編成原理

まず、教育課程がどのような領域によって編成されるのかについて解説します（図1）。教育課程は授業と、運動会、学級活動・ホームルーム活動、修学旅行、児童会・生徒会活動といった教科外活動（特別活動）によって編成されます。

授業で行われる指導は「教科指導」と呼ばれます。その主目的は、子どもが「文化・科学」に働きかけ、知識や技能を習得することにあります。一方で教科外活動においては、子どもが働きかける対象が「文化・科学」ではなく、「生活・集団」へと変わります。学校は、教師と子どもの集団生活のうえに成り立っているので、

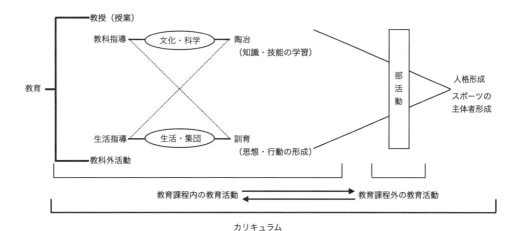

図1　教育課程・教育課程外の活動（課外活動）・カリキュラムの関係

そこでは様々な課題が生じます。そのような課題を、子ども自身の力で乗り越えさせていくことは、学校卒業後の生活を見据えても大切な経験です。そのため教育課程に教科外活動を組み込み、子どもが「生活・集団」の課題に働きかけることを促し、「みんな」を大切にする思想や、それに必要な行動を形成してきました。その指導を生活指導と言います。

このように教科指導と生活指導とでは、指導の目的や方法が異なります。しかし注意する必要があるのは、これらはあくまでも主目的の違いを示しただけであって、実際の授業において生活指導的な役割がない、あるいは、教科外活動に教科指導的な役割がないということではありません。具体的には、本書で示されているように、体育の学習を通して「集団づくり」に取り組むことは可能です。しかし、その際に大切なのは、「知識・技能の習得」という教科指導の主目的を逸脱しない範囲で集団づくりに取り組む姿勢です。同様に、運動会などの教科外活動でも、運動文化の学習を深めることができるでしょう。しかし、そこでも「子ども自身が生活・集団の課題に取り組む」という、生活指導の目的が優先されます。教師は、授業と教科外活動の指導において何が主目的かを意識しながら、それぞれで異なるアプローチをとり、子ど

もの人格形成やスポーツの主体者形成に迫る必要があるのです。

### 3.　生活指導・教科外活動の指導

「文化・科学」を学ぶ教科指導のイメージに関しては既に第 1 章〜第 4 章で論じているので、ここでは運動会を事例にして生活指導について解説していきます[注1]。運動会では表 1[2] の左側のような課題が生じます。生活指導の目的は、みんなを大切にする思想や行動の形成ですから、例えば表 1 左側の「組体操のテーマ」という課題を、みんなで解決していく必要があります。左側の課題の全てを子ども自身が解決していくのが理想的ですが、子どもの状況（発達段階など）や学校の実態（運動会で使える時間）をふまえると、難しいのが実状でしょう。そのため、表 1 の右側にあるように、実際には教師が解決したり、教師が提案して子どもが解決したりする場面が生じます。

学校・教師として大切なことは、運動会においてどのような課題が生じるのか、そして、それを解決するのは誰かを事前に想定しておくことです。あるいは、事前に想定していたものとは異なる課題が生じた際にも、「これは誰が解決すべきか」を、一度、立ち止まって考えるのです。表 1 の左側の課題を、全て教師が解決

表１　ある小学校の運動会における自治集団活動の取り組み

| 運動会に関して決めていく内容 | 決　め　方 |
|---|---|
| 運動会をすること（日程） | 教師が決めた（職員会議） |
| 運動会のねらい | 教師が決めた（職員会議） |
| 学年の種目は短距離走・団体競技・表現の３種目 | 教師が決めた（職員会議） |
| 団体競技・表現種目の中身をどうするか | 子どもたちに任せた |
| 騎馬戦・組体操の実行委員会をつくり、計画や提案をする | 教師から子どもたちへ提案した |
| 組体操の形態<br>（技の発表会的なものか、テーマに基づいた創作か） | 子どもたちに任せた |
| 組体操のテーマ | 子どもたちに任せた |
| 組体操を創っていく進め方<br>（場面数・クラス創作をすること） | 教師から子どもたちへ提案した |
| 組体操「ワールドツアー」の場面構成 | 子どもたちに任せた |
| 各場面の担当クラス | 子どもたちに任せた |
| 練習計画 | 教師から子どもたちへ提案した |
| 練習時間の司会・進行 | 子どもたちに任せた |
| 次回の練習のめあて | 子どもたちに任せた<br>（教師の助言あり） |
| 場面ごとのクラス創作 | 組み立て技の選択→子どもたち<br>隊形・音楽→教師提案 |
| 騎馬戦のルール | 教師提案→子どもたちに任せた |
| 誰と騎馬を組むか | 子どもたちに任せた |

してしまうことも可能ですが、それでは「みんな」を大切にする思想や、それに関わる行動が形成できません。教師は課題解決の権利をできるだけ子どもに委ねていく必要があり、それには表１のような指導の見通しが大切なのです。

## 4.　部活動指導のイメージ

　次に、教育課程外の活動（課外活動）である部活動についても触れておきましょう。まず、冒頭の図１を見れば明らかなように、課外活動は教育課程の延長に位置づけられ、授業や教科外活動で経験したことを活かせます。例えば、運動部活動は学校で行うクラブですが、クラブの語源には「社交」や「自治」といった意味があり、そのような組織を基盤にして「学習」や「文化」活動に取り組まれてきました[3]。現在、楽しまれているスポーツのルールも、クラブが生み出してきた経緯があります。そのため、語源にあるような「本来のクラブ」であれば、教育課程で追求する学習（教科）や自治（教科外活動）と相性が良いのです。具体的には、体育や保健における学習の経験を活かして運動部活動の練習計画を立てたり、あるいは、教科外活動にお

ける自治集団活動の経験を活かして、部の方針や役割分担などを決めたりすることもできます[4]。実際に課外の運動部活動は、教育課程の教育活動よりも時間的な制約から自由になれるため、授業や教科外活動では経験しがたい内容や活動に取り組むこともできます。

　表２[5]は、私立中学校・高等学校の剣道部において、部員の自治集団活動を進めていくうえで用いられたワークシートです。当初、顧問の先生が決めたり、解決したりする場面が多かったのですが（表中の○）、ワークシートに基づいて組織運営の在り方を話し合っ

表２　運動部活動のマネジメント・確認シート

| NO. | 自治の内容 | 部員 | 先生 | 協力 | その他 |
|---|---|---|---|---|---|
| 1 | 大会・試合のルール・規則や、試合中に使う戦術・作戦・プラン | 自分たちで学習した | 先生が指導した | 一緒に取り組んだ | |
| 2 | 部の目標や方針 | 自分たちで決めた | 先生が決めた | 一緒に決めた | |
| 3 | 練習の内容 | 自分たちで決めた | 先生が決めた | 一緒に決めた | |
| 4 | 練習試合の相手 | 自分たちで決めた | 先生が決めた | 一緒に決めた | |
| 5 | どの大会に出場するのか | 自分たちで決めた | 先生が決めた | 一緒に決めた | |
| 6 | プレイ・動き・演技の分析（プレイ・動き・演技を撮影して分析する等） | 自分たちで行った | 先生が指導した | 一緒に取り組んだ | |
| 7 | 大会・試合に出場するメンバー（レギュラー・補欠） | 自分たちで決めた | 先生が決めた | 一緒に決めた | |
| 8 | 大会・試合のポジション（役割） | 自分たちで決めた | 先生が決めた | 一緒に決めた | |
| 9 | 自分たちで部活動の「名称」（学校名以外のクラブ・チームの名前） | 自分たちで決めた | 先生が決めた | 一緒に決めた | |
| 10 | 学校外の人との協力体制（外部指導者などを探したり、依頼をしたりする） | 自分たちで解決した | 先生が決めた | 一緒に取り組んだ | |
| 11 | キャプテン | 自分たちで決めた | 先生が決めた | 一緒に決めた | |
| 12 | キャプテン以外の役割 | 自分たちで決めた | 先生が決めた | 一緒に決めた | |
| 13 | 練習（試合）の日程、時間、場所 | 自分たちで決めた | 先生が決めた | 一緒に決めた | |
| 14 | ミーティング（練習以外の話し合いの場）の日程、時間、場所 | 自分たちで決めた | 先生が決めた | 一緒に決めた | |
| 15 | 部活動に必要な予算の計上（計算） | 自分たちで解決した | 先生が解決した | 一緒に取り組んだ | |
| 16 | 部活動に関わる費用の支払い | 自分たちで解決した | 先生が解決した | 一緒に取り組んだ | |
| 17 | 用具の準備や管理 | 自分たちで解決した | 先生が解決した | 一緒に取り組んだ | |
| 18 | 移動手段（学外に移動する際の現地までのアクセス方法）を調べる | 自分たちで解決した | 先生が解決した | 一緒に取り組んだ | 父母 |
| 19 | 学外の場所への移動 | 自分たちでした | 先生がしてくれた | | 父母 |
| 20 | 施設の借用や共有（学内） | 自分たちで解決した | 先生が解決した | 一緒に取り組んだ | |
| 21 | 施設の借用や共有（学外） | 自分たちで解決した | 先生が解決した | 一緒に取り組んだ | |
| 22 | 掃除分担 | 自分たちで決めた自分たちで解決した | 先生が決めた先生が解決した | 一緒に決めた一緒に取り組んだ | |
| 23 | 剣道連盟への登録 | 自分たちで決めた自分たちで解決した | 先生が決めた先生が解決した | 一緒に決めた一緒に取り組んだ | |
| 24 | 部費の徴収と管理 | 自分たちで決めた自分たちで解決した | 先生が決めた先生が解決した | 一緒に決めた一緒に取り組んだ | |
| 25 | クラブジャージ注文 | 自分たちで決めた自分たちで解決した | 先生が決めた先生が解決した | 一緒に決めた一緒に取り組んだ | |

た結果、部員が中心となって決める内容や、教師と一緒に決める内容が多くなりました（表中の矢印）。このようにして課外の運動部活動において、意図的に部員自身の意思決定の場面を増やしていくことで、スポーツの主人公としての力をつけていきます。学校を卒業してからクラブをつくることになれば、自分たちであらゆる課題を解決していく必要があるのですから、それを見据えた経験を事前にしておくのです。

　このようにして授業、教科外活動、課外活動を通して、スポーツの主人公を形成していくのが学校体育の目的であり、それには課外活動までを視野に入れたカリキュラムが求められます。

## 5.　カリキュラリゼーション

　課外活動で取り組まれていた内容が、教育課程に組み込まれることもあります。このことをカリキュラリゼーションと呼びます[6]。例えば、戦前に大学の課外活動として行われていたスポーツは、戦後の民主主義教育において教育的意義が注目され、体育授業の内容として教育課程化されました。また今日の特別活動も、戦後において教育課程化された経緯があります。

　カリキュラリゼーションは、現在も進行中の教育運動です。例えば、コロナ禍において教科外活動における集団づくりが停滞したことを背景に、部活動で実践されてきた自治集団活動の方法が「総合的な探究の時間」において教材化されてきました。また、表2の自治は体育授業においても教材化され、子どもの主体的な学びに貢献しています[7]。他にも、課外活動・部活動に取り組む姿から子どもの理解が深まり、教育課程の指導に活かされることもあります。

　このように実際に領域として教育課程化されることはなくても、課外活動が教育課程の教育活動を励ましている事実があります。もちろん肯定的なことだけではありません。部活動の悪しき上下関係や、部活動中心の思想がヒドゥン

カリキュラム（隠れたカリキュラム）として機能し、教育課程に悪影響を及ぼすこともあります。例えば、部活動があるから体育行事の話し合いをサボるというような事態です。そのため各学校は、課外活動・部活動を含んだ包括的なカリキュラムを作成し、教育課程との関連性について配慮しておく必要があるのです。

【注】
1) 運動会に関しては、神谷拓編著『運動会指導の原理と実践』（大修館書店、2022年）を参照。

【引用文献】
1) 西岡加名恵「カリキュラムと教育課程」（『教育評価重要用語事典』明治図書、2021年、141頁）。
2) 吉澤潤「運動会を自治活動の中間発表の場に」（『たのしい体育・スポーツ』第32巻10号、21頁）。
3) 中村敏雄『クラブ活動入門』（高校生文化研究会、1979年、30頁）。
4) 神谷拓「連載・子どもが決める！部活のミライ」（『体育科教育』2022年4月〜2023年3月号）。
5) 堀江なつ子「運動部の実践」（神谷拓編著『対話でつくる　教科外の体育　学校の体育・スポーツ活動を学び直す』学事出版、2017年、169頁）。
6) 山口満「これからの学校と特別活動の役割」（『日本特別教育学会紀要』6号、4頁）、神谷拓「運動部活動と教育制度」（前掲書5、140頁）。
7) 神谷拓「体育からクラブへ〜運動部活動の教材化」（『月刊　兵庫教育』848号、26-29頁）。

【参考文献】
神谷拓「授業、特別活動、課外活動の関連性」（学校体育研究同志会編『スポーツの主人公を育てる体育・保健の授業づくり　指導案の基本とプラン集』創文企画、2018年、80-83頁）。

# 第5章 授業から学校づくりへ

## 4 教師・生徒がつくる教育課程
─浦商定時制の教育実践に学ぶ─

平野和弘

### 1. 教育課程の自主編成

　教育課程の編成について、学習指導要領総則編では「学校教育全体や各教科等における指導を通して育成を目指す資質・能力を踏まえつつ、各学校の教育目標を明確にする」と示されており、教科の配列や時間の割り振りだけではなく、教育目標を自覚的に捉え、教育全体を見渡す計画であるとしています。そのうえで「各学校の特色を生かした教育課程の編成を図るものとする」とし、各学校が目の前の子どもたちの発達課題や生活課題に寄り添いつつ、学校の特色を配慮した自前の教育課程をつくることを求めています。

　しかし現在、教師が教育課程を自らの手で編成していくことは困難になっています。それは森崎が述べるように、「法的拘束力をもつと通達された学習指導要領によって学校の教育活動全般が『拘束』され、学校教育目標自体が天下り的なものになり、建前化され、機能不全になった」[1]ことや、教員の多忙化が拍車をかけ、授業や事務作業、教育的課題に追われる中で疲弊させられ、取り組む余裕がなくなっていることもあるでしょう。

　そのような現状をふまえつつも、ここではあえて、教育課程に目を向ける必要を強調したいと思います。それは梅原が述べるように、教育課程とは「学校において、望ましい人格形成を促すために行う、教育的働きかけの全体計画」であり、「子どもの人格形成を実現しようとする目的意識的な活動」だからです[2]。自前の教育課程づくりは、一人ひとりの子ども・青年た

ちに向けて発すべき教育の基本の取り組みであり、本来は「楽しくてやりがいのある教育活動」であるはずなのです。

### 2. 浦和商業定時制

　ここでは、埼玉県立浦和商業高等学校定時制課程（以下浦商定時制）の教育課程に注目したいと思います。同校の教育課程は、これまで多くの研究者に取り上げられてきました。例えば井上は、「浦商定時制の試みからは、学校や社会の接点、さらにはその基本的な経験といえる他者とのかかわりが決定的に不足している生徒に対し、自ら学ぶ喜びを得、居場所をつくりあげ、言葉や芸術によって学校の外である社会へ発信する成功体験の蓄積による『市民的自立』への学びの可能性が見える」[3]と述べ、教育課程自主編成の取り組みに注目しています。また宮島も、大学の「教職課程論」の授業において、浦商定時制の学校づくりを取り上げ、教育課程づくりと生徒の成長について論じています[4]。

　このように注目されてきた要因の1つに、浦商定時制が「生徒が主人公の学校づくり」を追求してきたことがあります。以下では、その経緯を解説しておきましょう。

　1990年代前半、浦商定時制は、生徒たちが校内で好き勝手に振る舞い、彼らの引き起こす事件に振り回されていました。学校を安定させる為に厳しいルールにより生徒を縛り、その寛容のなさに嫌気が差した生徒が退学していき、卒業前に残る生徒は5割ほど、2年進級において7割近い生徒が辞めていくこともありまし

た。

「体育祭におけるスローガンづくり」は、当時この学校の唯一ともいえる生徒主体の取り組みでした。「和太鼓を叩いてみないか」との誘いに４年生が乗ってきます。毎晩遅くまで学校に残り、太鼓を叩き続けていたのですが、体育祭当日、ゴンタ（荒れた）グループに属する青年と、生徒会執行部のまじめな青年が、競技判定でぶつかります。先に手を出したのはまじめな青年であり、体育祭は乱闘に発展し、途中で中止となり、太鼓も披露されませんでした。

太鼓を「叩きたい」との生徒の思いと、教師の「叩かせたい」との願いが重なり「卒業式における太鼓」につながります。ここで教師たちは「生徒が主人公」の卒業式をめざします。実行委員には高校中退、不登校など様々な事情を抱える生徒が集まりました。原案作成やレジュメの作り方、役割分担などを学び、「生徒の手で卒業生を送り出す」というコンセプトを大切にして、彼らは自分たちのプロジェクトにのめりこみます。当日の卒業式は、司会進行も生徒が取り仕切り、手づくりであたたかなものとなりました。在校生は卒業生に「ご苦労さま」のメッセージを伝え、卒業生から涙がこぼれ、すすり泣きが聞こえてきます。卒業生による和太鼓演奏と、仲間、教師、後輩たちへのメッセージに、教師たちは、彼らの成長を重ね合わせたのでした。式終了後、普段なら一目散に帰っていく生徒たちが立ち上がろうとしません。片付けも黙々と手伝っているのです。

この卒業式を起点として、学校を「生徒の手に」の思いと取り組みが拡大していきました。卒業式は年々バージョンアップされ、先輩から後輩へ「生徒が主人公」の作法を受け継ぐための場になっていきました。その後、生徒たちは「文化祭」や「卒業生を送る会」や「新入生歓迎会」を立ち上げ、「新入生説明会」も担っていくことになります。学校は仲間と「ともに取り組む」場所に変わっていきました。「生徒が

主人公」の学校が出現したのです。

### 3.　学びの主人公づくり

「生徒が主人公」の学校づくりは、「学びの主人公」づくりにつながっていきます。最初に取り組んだのは、「積極的に生徒を語る」ことでした。グチやマイナスの言葉で語りがちだった生徒の姿が、プラスの評価につながっていきます。この取り組みは、彼らが育つ場としての学校が「どうあるべきか」の議論に変化していきました。「心身が解放され、あたたかい関係がもてる居心地の良い場所にする」ことが合意され、浦商定時制の学校像ができあがりました。この合意は教師たちの覚悟であり、生徒たちの未来へ向けての出発点であり、加えて教師の夢の語り合いの起点でもありました。

田辺は教育課程の編成の意義について、次のように述べています。

「まず教員としての自分たちの夢を語り、目標を教育課程という形にしてみる。そして、同じ目標に異なったアプローチをしたり、別の教科から挑んでいる他の教員の実践に興味をもって、自分の授業とのかかわりを考えてみたり、時には議論したりもする。何らかの区切りがついたところで、どんな実践でどのような子ども・生徒の成長を生み出したのか、自分たちはどう成長したのかをみんなで検証する」[5]

浦商定時制は、まさしくそのような取り組みを進めていたと言えます。教科ごとの時間配分、時間割表の作成から脱皮し、生徒の実態を出発点に、授業の中身から検討を加え、教育の全体計画としての教育課程をつくろうと議論を重ねてきました。最初の手がかりは「総合的学習（探究）の時間（総合学習）」でした。教科ごとの枠に縛られている教師が、一気に授業の議論に飛び込むには「仕掛け」が必要だったのです。

### 4.　８つの力

「沖縄修学旅行」への取り組みは、その事前・

事後学習も含め「総合学習」として、浦商定時制の教育課程自主編成の核となっていきます。すべての教師が自分の担当科目で関わります。例えば体育では、沖縄の青年とつながるために沖縄の踊り「エイサー」に取り組みます。情報処理では、沖縄を総合的に調べ、分析する授業の中心となります。ホームルームでは、学習の発表、検討、そして日程づくりなど、生徒たちは沖縄に向き合い、自分たちの言葉で沖縄をまとめ、平和・文化を考えていくのでした。

この経験をもとに、各教科の検討に入っていきました。それぞれの教師がそれぞれの授業を、目標、内容、方法、評価も含め、自分の教科観を披露し、報告しあい、検討を加えていったのです。

各教師の教育観、学力観を交差させた先に「青年の未来像」が出現しました。目の前の生徒を語ることから出発し、学校像をつくりあげ、生徒の育ちを実感しつつ、授業の展望を語りながら、浦商定時制を卒業するまでにつけてもらいたい（培ってもらいたい）力として、以下の「8つの力」がまとめられたのです。「青年の未来像」は、すなわち学校教育目標でした。

```
埼玉県立浦和商業高校定時制の「8つの力」
1. 自分を表現する力
2. 他者認識と自己認識ができる力
3. 主権者として活動できる力
4. 労働をするための主体者像を確立できる力
5. 生活主体者としての力
6. 文化を享受できる力
7.『世界』を読みとる力
8. 真理を追究する力
```

この検討は、常に「生徒とともに」の立場を忘れず、「生徒を語る会」や「拡大担任会議」「成績会議」「職場研修会」そして「教育課程委員会」で、生徒を語り続けることで積み重ねられ

ていきます。生徒の変貌を通して、彼らは「変わることができる」「育つ」可能態であると確信を持つに至るのです。この共通認識があるからこそ、「8つの力」は現実味を帯び、授業、ホームルーム運営、部活指導、行事指導につながっていきました。

現状の青年たちの問題と、未来の青年像を重ね合わせ、この「8つの力」をつけるためにはどんな力が必要かの議論を続け、そこに授業を組み入れることになり、自分の授業ならここを引き受けられるとの意識で、授業の中身を更新し続けていきました。

この「8つの力」を授業、教科とつなげる実践を構想しはじめたところでの、廃校。このプロジェクトは未完となりました。

## 5. 生徒とともに

梅原は、教育課程の現代的な課題について、子どもの参画を「子どもは単なる指導の一方的な対象者（客体）なのではなく、教師に励まされながら学習活動へ誘い込まれ、その中で学習の共同的な担い手（主体）になりうる存在なのである。教育課程の実践によって、子どもを客体から学習の主体へ、さらに教育課程づくりにおける主体に移行・転換させることが目指されている」[6] と主張しています。これまで解説したように、浦商定時制における教育課程の自主編成は、「学びの主人公づくり」をめざしていました。では、どこにその主人公があらわれてきているのでしょうか。

教育課程の編成作業の最中、浦商定時制は統廃合の問題に直面します。生徒と卒業生、保護者、教職員を中心に4者協議会（以下協議会）が立ち上がります。ちなみにこの協議会の議長は、生徒会長がつとめていました。協議会は学校を残すという取り組みとともに、浦商定時制の教育内容の確認をしていくことになります。その一環が定時制としては全国的にもまれな公開授業研究会でした。ただ単に授業を公開

するのではなく、生徒と教師がととともに授業を
つくるという企画がありました。「みんなで考
えて答えを出す」とのテーマで、多くの人が集
まり、ともに授業をつくる楽しさを実感してい
きます。文化祭でも「授業」について考える企
画に取り組みます。全日制の生徒たちを巻き込
み、合同のシンポジウムを開催し、すべての生
徒から授業アンケートを集め、分析し発表し、
生徒にとって「良い授業とは」の提言をします。
その後、協議会は「浦商定時制シンポジウム」
を開催します。6つの分科会を設定し、授業や
HR はもちろん、様々な視点から浦商定時制の
学びを検証していったのです。このシンポの様
子は協議会がまとめた一冊の本[7]にも記録さ
れています。このように浦商定時制の教育課程
は、当初は教師が右往左往していたものが、そ
の後、生徒の手により、卒業生や保護者や地域
の人も巻き込み、検証が加えられ、更新されて
いったのです。

　先述した田辺は、教育課程づくりのプロセス
は、「実は教員の仕事の核心であり、今日的には、
教員が専門性を再発見し、取り戻すための道の
りとして重要な意味をもっている」[8]と主張し
ています。学びの対象である子どもたちに向き
合い、自分に向き合い、そして他者と向き合う
ことで、教育力を高め、教育のみならず社会課
題全体へ視野が広げ、子ども・青年がダイナミ
ックに変容する可能性がある教育計画に携わる
ことが、教育の希望でもあるのです。これからも
教師は、目の前の生徒たちを、仲間たちと語り
合い、教育課程と向き合っていく必要があるの
ではないでしょうか。

【引用文献】
1）森崎友朗「教育課程の構造と再編成過程」（『教職課
　程のルネサンス』民主教育研究所年報 2003【第 4
　号】、139 頁）。
2）梅原利夫「教育課程のルネサンスで学校がよみがえ
　る」（同上、5-6 頁）。
3）井上大樹「高校の教育課程—18 歳成人に耐えうる
　市民的自立を見通して—」（大津尚志・伊藤良高編
　著『新版教育課程論のフロンティア（新版 2 刷）』
　晃洋書房、2020 年、47、49 頁）。
4）宮島基「生徒の主体性を考える『教育課程論』—
　授業実践とその分析—」（『教育学研究』27 号、
　24-29 頁）。
5）田辺基子「教育課程に取り組むことで教員の仕事を
　どう変えるか」（前掲 1、161 頁）。
6）前掲 2（6、8 頁）。
7）浦和商業高等学校四者協議会編『この学校がオレを
　変えた—浦商定時制の学校づくり—』（ふきのとう
　書房、2004 年）。
8）前掲 5（161 頁）。

# 第2部

# 学習指導案の
# 実践プラン集

# 第1章 小学校の実践プラン①体つくり運動

## 小学校第３学年 体育科 学習指導案

2023年10月17日／男子15名・女子15名：合計30名

実施場所：体育館／授業者：沼倉　学

### 1.　単元名

体つくり運動（多様な動きをつくる運動）

―昔遊び「あんたがたどこさ」でいろいろな運動にチャレンジ―

### 2.　単元の目標

①手拍子や歌などの条件に合わせて、タイミングよく跳んだり移動したりすることができる。また、仲間とタイミングや息を合わせて運動することができる。（【できる】知識・技能）

②つまずくポイント（課題）に気づき、つまずきを乗り越える方法（コツ）を考えたり工夫したり、わからない時は仲間や教師に聞くことができる。（【わかる】思考・判断・表現）

③運動遊びに興味を持ち、上手くできない仲間の横で一緒に跳んであげたりすることで、仲間ができることに喜びを感じようとする。（【かかわる】学びに向かう力、人間性等）

### 3.　単元の評価

①動き方の規則性を理解し、その通りに運動することができる。ペアやグループで行う時は、相手のタイミングを見計らって、それに合わせて運動することができる。（【できる】知識・技能）

②上手くできるためのコツを考えたり工夫したりし、気づいたりわかったりしたことを自分の言葉で伝え合うことができる。（【わかる】思考・判断・表現）

③運動遊びに興味を持ち、夢中になって取り組んでいる。仲間のでき具合に興味をもち、上手くできない仲間に教えたり一緒に運動したりしている。（【かかわる】主体的に学習に取り組む態度）

### 4.　教材について

本教材は「歌ケン」と呼ばれる昔遊びを中心にしながら、それをスモールステップで学ぶためのいくつかの下位教材を組み合わせて単元を構成している。「歌ケン」は、歌を歌いながら一定の条件にしたがってラインやグリッド（マス・枠）を跳び越す遊びである。今回は「田の字歌ケン（四方とび）」をメインに行う。これは地面に「田」の時のグリッドを書き、「あんたがたどこさ」を歌いながらラインを跳び越す遊びである。普通は左右のマスに跳んで移動するが、歌詞が「さ」の時には前後のマスに移動する。一人でできるようになったら、二人でチャレンジする。

### 5.　子どもの実態について

子どもたちは普段はサッカーやドッジボールなどをして遊んでいて、昔遊びをしている子どもは少ない。それは同学年で遊ぶことが多く異年齢の子どもや大人と遊ぶことが少ないので、そういった遊びを教えてくれる人がいないからだと思われる。しかし、興味がないのではなく経験が少ない

だけなので、授業の中で遊び方を覚えれば、休み時間や放課後なども「歌ケン」で遊ぶ子どもたちが増えると考える。

## 6.　単元計画（全体6回）

| 時 | ねらい | 学習内容 |
|---|---|---|
| 1 | 1．学習の見通しを持つ<br>2．昔遊びに興味を持つ | 1．オリエンテーション<br>2．体ほぐしの運動<br>　・子取り鬼　・だるまさんが転んだ　など |
| 2 | 1．「あんたがたどこさ」が歌えるようにする<br>2．「さ」のところで動きを変える約束を理解する | 1．体ほぐしの運動<br>　・ドンジャンケン　・ネコとネズミ　など<br>2．「あんたがたどこさ」の歌の確認<br>3．「さ」のところで動きを変える運動<br>　・手を叩く　・その場ジャンプ　・向きを変える |
| 3 | 1．より難しい条件での運動に挑戦する<br>2．友だちの運動を見て、よいところを伝えあう | 1．体ほぐしの運動<br>　・なべなべそこぬけ　・手押し相撲　など<br>2．「さ」で移動する運動<br>　・ジャンプで横移動　・ジャンプで縦移動 |
| 4 | 1．「田の字歌ケン（前後とび）」に挑戦する<br>2．仲間と教えあいながら学習をする | 1．体ほぐしの運動<br>　・体でジャンケン　など<br>2．「田の字歌ケン」<br>　・普段は横に連続で跳ぶ、「さ」で縦に跳ぶ |
| 5 | 1．「田の字歌ケン」を1人で通してできるようにする<br>2．友だちと2人での「田の字歌ケン」に挑戦する | 1．体ほぐしの運動<br>　・体で後出しジャンケン　など<br>2．「田の字歌ケン」の確認と2人バージョン<br>　・「田」の右上と左下のマスからスタートする |
| 6 | 1．「あんたがたどこさ」を使った違う運動に挑戦する<br>2．どうやったら上手くできるか考え、仲間に伝える | 1．体ほぐしの運動<br>　・「田の字歌ケン」　など<br>2．ボールを使った「あんたがたどこさ」遊び<br>　・グループで円陣になり、歌いながらボールをついて、「さ」で隣の人にバウンズパスをする |

## 7.　指導にあたって

　単元全体を通して、導入部分に体ほぐしの運動として昔遊びなどを取り入れる。様々な運動を取り入れることによって、動きのバリエーションを経験させるとともに、集中して学習に取り組ませるようにする。そして、「田の字歌ケン」を含めた昔遊びに興味を持つようにする。

　「田の字歌ケン」は3年生にとっては難しい運動なので、単元を通して、または1時間の中にスモールステップを用意して、簡単な運動から徐々に難しい条件にチャレ

参考動画

119

ンジさせていく。まずは、「あんたがたどこさ」の歌を覚えることから始め、その後、「さ」で手を叩く、その場ジャンプ、横移動、というように条件を徐々に難しくしていく。第4時で「田の字歌ケン（四方とび）」に挑戦し、2人バージョン、ボールを使ってグループで行う運動などへと発展させていく。授業で完全にできなくても、休み時間に仲間と一緒に遊ぶ中でできるようになる余地を残しておくとよい。

## 8. 本時の目標（4回目／全体6回）

①「田の字歌ケン（四方とび）」の行い方を理解し、できるようにする。（【できる】知識・技能）
②仲間の運動を見て「よい動きのコツ」や「よくするポイント」を考え、お互いに伝えることができるようにする。（【わかる】思考・判断・表現）
③自分ができたりわかったりしたことを仲間に分かち伝えようとする。（【かかわる】学びに向かう力、人間性等）

## 9. 本時の展開

| | 学習活動 | 指導上の留意点 |
|---|---|---|
| 導入 | 1．挨拶、健康観察、準備体操をする | ○体調不良者を確認する |
| | 2．体ほぐしの運動（体でじゃんけん）をする<br>○全身を使って、グー（しゃがんで丸くなる）、チョキ（手は上に挙げて手のひらを合わせ、足は前後に開脚）、パー（大の字で立つ）をする。最初は教師対みんなで行う。慣れてきたら自由に移動し、出会った人と体ジャンケンをする。制限時間内に何回勝てるか勝負する | ○動きを確認し、リズムよく運動するように伝える |
| | 3．本時の課題（「田の字歌ケン（四方とび）」の行い方）を確認する<br>○まずは、前時の条件（その場で連続ジャンプをして、「さ」で横移動や縦移動）でやってみる<br>○ある程度できていたら、本時の課題を確認する | ○グループ毎に2～3つの「田」の字の場をラインテープなどで作っておく |
| | 発問…今日は、前回やった「『さ』で横移動」と「『さ』で縦移動」を組み合わせた運動をやってみます。さて、どんな運動になるでしょう？ | |
| | ○思いついたことについて試技を交えて発表する。何人かの発表を聞いたら、正式な行い方を確認する | ○すぐに正解を言わず、子どもの考えを引き出す |
| 展開 | 4．「田の字歌ケン（四方とび）」の前半部分をやってみる<br>○グループ毎に仲間と交代しながらやってみる。見ている時は一緒に歌を歌う | ○前半部の歌<br><br>あんたがたどこ**さ**　肥後**さ**<br>肥後どこ**さ**　熊本**さ**<br>熊本どこ**さ**　船場**さ** |

| 展開 | ○「どこが面白いか」「どこが難しいか」「うまくできるコツは何か」「難しい所を乗り越えるコツは何か」「仲間の動きでよいところはどこか」などを考えながら、仲間と練習をする | ○子どもたちのできぐあいを確認する。難しそうな子どもには、手を取って一緒に動くなどの支援をする |
|---|---|---|
| | 5．前半部分の学習を振り返る<br>○一度集合する。各グループで2人ずつ、前半部分の発表をする | ○違うグループの仲間の発表を見るように伝える |
| | 発問…前半部分で面白いと思ったところはどこでしたか？（何人か発表させる）<br>反対に難しかったところはどこでしたか？（何人か発表させる）<br>その難しかったところをどうやったら乗り越えられるか、コツをつかんだ人いますか？（何人かにコツを発表させる）<br>では、これから後半部分を練習します。後半は仲間の動きを見て、よい動きはどこか探してみましょう。 | |
| | 6．後半部分をやってみる<br>○「どこが面白いか」「どこが難しいか」「うまくできるコツは何か」「難しい所を乗り越えるコツは何か」「友だちの動きでよいところはどこか」などを考えながら行う。また、できていない友だちにはコツを伝え、グループのみんなができるようにサポートし合う<br>○みんなだいたいできるようになったら、前半と後半を繋いでやってみる | ○後半部分の歌<br><br>船場山には狸がおって**さ**<br>それを猟師が鉄砲**で**<br>　　　　　　撃って**さ**<br>煮て**さ**　焼いて**さ**<br>　　　　　　食って**さ**<br>それを木の葉で<br>　　ちょいとかぶ**せ**（隠**せ**） |
| 総括 | 7．学習の振り返りをする<br>○各グループ2人ぐらいずつ、後半部分、全体を通しての発表をする | ○違うグループの友だちの発表を見るように伝える |
| | 発問…後半部分で面白かったところはどこでしたか？（何人か発表させる）<br>反対に難しかったところはどこでしたか？（何人か発表させる）<br>友だちの動きを見て、よかったと思ったところはどこでしたか？（何人か発表させる）<br>次回は、さらに難しいバージョンに挑戦します。次はどんな運動でしょう？楽しみにしていてください | |
| | 8．挨拶をする | |

## 10. 評価基準

・A基準…「田の字歌ケン（四方とび）」がスムーズに最後までできる。
・B基準…「田の字歌ケン（四方とび）」がつっかかりながらも最後までできる。
・C基準…「田の字歌ケン（四方とび）」がまだ十分にできない。

## 11. 参考文献

久保健「これでわかる体ほぐしの運動」（2015年）成美堂出版

## 第1章 小学校の実践プラン②器械運動：マット運動

# 小学校第５学年 体育科 学習指導案

2023 年 10 月 10 日／男子 16 名・女子 16 名：合計 32 名

実施場所：体育館／授業者：岨　賢二

## 1.　単元名

器械運動：マット運動　―技のスピードやタイミングを合わせながらグループマットを創ろう―

## 2.　単元の目標

①ロンダートや高度な前転・後転ができ、グループマットにおいて技のタイミングやスピードを合わせたりずらしたりすることができる。（【できる】知識・技能）

②技の技術ポイントがわかり、グループでよりよい演技に仕上げるための構成の仕方やグループ学習の方法がわかる。（【わかる】思考・判断・表現）

③グループ学習をもとに主体的に授業にかかわり、自他のグループの技と作品のできばえを評価することができる。発表会の企画・運営ができる。（【かかわる】学びに向かう力、人間性等）

## 3.　単元の評価

①回転系・接触技群の感覚を身につけ、身体をコントロールしてスピードやタイミングを合わせることができる。（【できる】知識・技能）

②回転系・接触技群の動き方を理解するとともに、自分やグループの課題に合った練習方法を考えている。（【わかる】思考・判断・表現）

③それぞれの技の動き方や作品の"できばえ"を観察し、友だちと教え合いや発表会の企画・運営を通して、みんなで高まろうとしている。（【かかわる】主体的に学習に取り組む態度）

## 4.　教材について

　マット運動のおもしろさの一つに側方倒立回転（以下、側転）や開脚前転等の技を組み合わせたり連続させたりしながら、マット上の時空間を構成、支配していくことがある。グループマットでは、グループ全体で時間・空間を構成して一つの集団表現を創り上げていく。グループマットは、自分の技と仲間の技を「合わす」「ずらす」ことが求められる。仲間と運動を合わせることから生じる身体運動の「時間（タイミング）、空間（支配）、力感（スピード、ダイナミックさ）」を協同させて、「全体の構成」と自分の表現・身体コントロールの関係を学んでいく。つまり、「技をしながら仲間と演技を合わせる」ことは、この教材の大きな魅力の一つである。

## 5.　子どもの実態について

　子どもたちは、前転や後転、側転などの基本的な単一技を習得している。ただし、一つの技ができることに満足している子も多い。そのため、発展技やグループマットを行うことで、新たな楽しさを感じ、広い見方を養っていきたい。

## 6.　単元計画（全体 10 回）

| 時 | ねらい | 学習内容 |
|---|---|---|
| 1 | 単元のめあてを理解し、グループマットのイメージをもつことができる | グループマットの映像等からその内容や単元のめあてを確認する |
| 2 | 試しのシンクロマットと獲得技や発展技調べの活動をもとに、グループで学習の計画を立てることができる | グループで試しのシンクロマットを行う<br>獲得技や発展技調べを行い、学習の計画を立てていく |
| 3 | 倒立前転やホップ側転、ロンダート等の発展技の技術ポイントがわかる | 発展技の技術ポイントを交流し、グループで練習する |
| 4 | 発展技の技術ポイントをもとに練習し、それぞれの技ができるようになる | 発展技の技術ポイントをグループで共有し、練習する |
| 5 | つなぎに着目して、側転 2 連続をリズミカルに行うことができる | つなぎに着目して、リズミカルな連続側転を行うための方法を交流し、グループで練習する |
| 6 | 床運動の映像や方形マットの基本的な動き「縦、横、斜め」をもとに、グループマットの構成を考えることができる | 床運動や新体操などの資料や映像をもとに、グループマットのイメージをもつ<br>グループで構成を考える |
| 7 | グループマットの構成をもとにグループで練習し、それらの観察を通して、動きの合わせ方がわかる | グループ間で観察したり、タブレットで撮影したりしながら、グループマットを練習し、動きの合わせ方を交流する |
| 8 | 課題をもとにグループマットの練習をして、動きを合わすことができる | 前時の交流で見つけた課題をもとに、グループマットを練習する |
| 9 | 発表会の企画と運営の計画を立て、自主的に練習することができる | 発表会の期日と時間、招待する人、内容を決める |
| 10 | 発表会を自主的に運営し、協力して成功させることができる | 前時に決めた発表会の流れにそって発表を行う。発表会及び、単元をふり返ってまとめの作文を書く |

## 7.　指導にあたって

　技を連続させるときに大切になってくるのが、技と技のつなぎ部分である。そのため、側転 2 連続の学習を行い、リズミカルな側転について考えていくことで「つなぎ部分」に着目できるようにする。グループマットでは、方形マットの上を「縦、横、斜め」といった多様な動き方によって、空間構成の自由度が広がっていく。このため、オリンピック競技の床運動などを参考にしながら、グループみんなで構成を考えていくようにする。また、本単元では子どもが身体運動のコントロールを低・中学年においてある程度体得しているものとして、「アイコンタクト」や「音」を頼りにグループでの表現を追究していく。

## 8. 本時の目標（5回目／全体10回）

①つなぎ部分を意識して、リズミカルな側転2連続を行うことができる。（【できる】知識・技能）

②リズミカルな側転2連続を行うためには、つなぎ部分での手や足の動きが大切であることを理解する。（【わかる】思考・判断・表現）

③つなぎ部分の観察を通して、よりなめらかにつなぐ方法について意識することや伝え合うことができる。（【かかわる】学びに向かう力、人間性等）

## 9. 本時の展開

| | 学習活動 | 指導上の留意点 |
|---|---|---|
| 導入 | 1. マットの準備をする<br><br>2. グループでストレッチや準備運動「かえるの足うち、ブリッジ、肩倒立、支持倒立、横回り」をする<br><br>3. 本時のめあてをつかむ | ○体育館に放射線状に各グループのマットを敷くことで、全体を把握できるようにする<br>○各グループに準備運動のワークシートを用意しておくことで、スムーズに行うことができるようにする<br>○器械運動における基礎感覚（逆さ、腕支持、回転）を養う |
| | 発問…側転2連続をリズミカルに行うためには、どんな秘密があるかな？ | |
| 展開 | 4. めあての「リズミカルな側転」について交流し、イメージをもつ<br><br>5. 試しの側転2連続を行う<br>【予想される児童のつまずき】<br>・二回目の側転がうまくいかない<br>・真っすぐに行うことができず、直線からはみだしてしまう<br>・一回目と二回目の間が切れている<br>・二回目の側転に入るときの姿勢がわるい<br><br>6. グループでよりなめらかなつなぎ方について話し合う<br><br>7. つなぎ部分に着目した各グループで考えた側転2連続をリズミカルにするための「手や足の動き」ついて全体で交流する<br>・次の側転の準備をするために、手を前方にもっていく | ○交流の中で、「スムーズ」「無駄のない」「なめらか」といった言葉に類似する発言を取り上げる<br>○実際に連続側転を行うことで、単一でする場合と連続でする場合の違いを自分自身の身体を通して、つかむことができるようにする<br>○側転2連続において、側転と側転の「つなぎ部分」に着目させて、「スムーズ」「なめらか」「止まっている」などの声掛けを行い、運動を観察し合うようにする。そして、つなぎ部分がなめらかになるための「手や足の動き」に着目できるようにする<br>○話し合いで出された意見については、その都度運動を行うように声掛けをすることで、仮説⇒実行⇒評価ができるようにする<br>・子どもが立てた仮説について、説明だけでなく実技も行わせることで、他のグループに分かりやすく伝えるとともに、グループ間で評価できるようにする |

| | | |
|---|---|---|
| 展開 | ・最後におろしてくる足を次の側転の踏み出し足にする<br><br>8．全体で交流したつなぎ部分での技術ポイントをもとに、グループで相互観察し、個々の課題をワークシートに記入する | ・1回目と2回目に行う側転を比較させ、動きの違いを明確にすることで、つなぎ部分での手の動きや最後に降ろしてくる足の動きに着目できるようにする<br>・連続側転の絵が入ったワークシートを活用することで、運動のどの場面（部分）において課題があるのかを具体的に記入できるようにする |
| 総括 | 9．本時のめあてをもとに、活動のふり返りをする<br><br><br><br><br>10．後片付けを行う | ・本時ではつなぎ部分を確認することで、つなぎでの手や足の動きに着目してふり返りを行えるようにする<br>・グループマットを練習していくときは、技を合わせるだけでなく、つなぎも意識することで、その完成度や美しさがより高まっていくことを伝える<br>・グループで片づける順番や全体の動きの流れを提示することで、スムーズに片づけを行う |

## 10. 評価基準

・A 基準…手と足の動きを連動させたスムーズな無駄のないつなぎを行い、美しい側転2連続を行っている。
・B 基準…つなぎ部分での手の動きを意識して、2回目の側転を行っている。
・C 基準…側転を2回続けて行うことができる。

## 11. 参考文献

学校体育研究同志会編「新みんなが輝く体育3 小学校高学年体育の授業」（2008 年）創文企画
学校体育研究同志会編「新学校体育叢書器械運動の授業」（2015 年）創文企画
学校体育研究同志会編「たのしい器械運動ハンドブック」（2015 年）

## 第１章　小学校の実践プラン③器械運動：跳び箱運動

## 小学校第４学年 体育科 学習指導案

2023 年 9 月 27 日／男子 19 名・女子 16 名：合計 35 名
場所：体育館／指導者：入口　豊

### 1.　単元名

器械運動：跳び箱運動・切り返し系　－横跳び越し、閉脚跳びのひみつを見つけよう－

### 2.　単元の目標

①腰の高く上がった横跳び越しや閉脚跳びができる。（【できる】知識・技能）

②着手の位置や視線、あごの動き、つきはなしなどを意識することによって、跳び方が変わることがわかる。（【わかる】思考・判断・表現）

③自分や友達の動きから、技のポイントを共に追及することができる。（【かかわる】学びに向かう力・人間性等）

### 3.　単元の評価

①３～４段横置きの跳び箱で、横跳び越しや閉脚跳びができる。【できる】

②跳び方について、着手の位置や視線、あごの動き、つきはなしの仕組みがわかる。【わかる】

③お互いの技のポイントを観察し、教え合うことができる。【かかわる】

### 4.　教材について

跳び箱運動特有の楽しさは、跳び箱を用い空間表現（二次空間での楽しさ）だと考える。その二次空間の身体運動表現の楽しさを味わうためにも、腕支持からの重心移動の感覚をたっぷりと味わうことが大事になってくる。また、跳び箱運動は「わかる」と「できる」が近い教材である。なんとなく「できる」のではなく、コツが「わかる」ことで動きが変わり、「できる」ようになるという上達への道筋を視線や手のつき方などによって理解させたいと考えた。

### 5.　子どもの実態について

4月より教師から指示されて考えたり行動したりするのではなく、クラスや仲間のことを自分たちで考え、人間関係のトラブルなどについて自分たちで解決していけるクラスに育てたいと考えてきた。

このため、各教科や特別活動においてグループ学習に力を入れて取り組みを進めてきた。特別活動では、学級会の司会進行を子どもたちに任せ、様々なイベントを実施するとともに、クラスの問題についても話し合わせた。学級活動や係活動で、自分たちの力で生き生きと活動したり、問題を解決しようとしたりする姿には、一定の成長を感じている。一方、跳び箱運動実践のクラス課題としては、グループ活動の中で自分のことだけでなく、困っている仲間に積極的に関わり「みんなで上手になる」ことをめざしてほしいと願った。

## 6.　単元計画

| 時 | ねらい | 学習内容 |
|---|---|---|
| 1 | オリエンテーション①<br>「私にとっての跳び箱」作文を書き、子どもの思いや願いを確認する | 跳び箱が好きなのか（嫌いなのか）<br>今までの跳び箱授業でうれしかったこと、跳び箱の授業をどんな授業にしたいか |
| 2 | オリエンテーション② | 横跳び越し（下図②）<br>3段　横置き |
| 3 | 跳び乗りで足裏が跳び箱の真ん中に着地するためにはどうすればよいのかを考えよう | 台上跳び乗り<br>3段　縦置き |
| 4 | 腰と足の高さが同じようになるには、どうすればいいのかを考えよう | 反転横跳び越し（後ろ向き着地）<br>3段　横置き |
| 5 | 前を向くためには、どう着手すればよいかを考えよう | 切り返し系横跳び越し（前向き着地）<br>3段　横置き |
| 6 | ポイントを意識しながら横跳び越しの習熟を目指そう | 反転横跳び越し（後ろ向き着地）<br>切り返し系横跳び越し（前向き着地）<br>3・4段　横置き |
| 7 | 閉脚跳びにチャレンジしよう | 閉脚跳び<br>3段　横置き |
| 8 | 発表会に向けていろいろな跳び方を練習しよう | 横跳び越し（後ろ向き着地）<br>横跳び越し（前向き着地）<br>閉脚跳び |
| 9 | 跳び箱発表会を開こう | 自分で2種類の跳び方を決めて、発表する<br>＊1種類の子もいていい |
| 10 | 学習を振り返ろう | 学習の振り返り作文を書く |

## 7.　指導にあたって

①反転横跳び越し　　②切り返し縦跳び越し　　③反対の手を離す　　④閉脚跳び

　閉脚跳びに至る学習過程としては、横跳び越しから、発展させると無理なく閉脚跳びができるようになります。また、その後開脚跳びを行うことで腰の上がった、きれいな開脚跳びを行うことができます。

## 8. 本時の目標（3回目／全体10回）

①跳び箱の真ん中に足裏で着地することができる。【できる】

②台上跳び乗りで足裏が跳び箱の真ん中につくための腕のつき放し方がわかる。【わかる】

③仲間のでき具合（重心移動）を観察し、教えあうことができる。【かかわる】

## 9. 本時の展開

| | 学習活動 | 指導上の留意点 |
|---|---|---|
| 導入 | 1．準備運動を行い、既習の跳び方を習熟させる。<br>（開脚跳び・回転系横跳び越し）<br><br>2．台上跳び乗りを行う | ・動きの確認をする<br><br>・真ん中付近に着手できている子どもに演技させ、課題を焦点化する |
| | 発問…台上跳び乗りで足裏が跳び箱の真ん中につくためにはどうすればよいだろうか | |
| 展開 | 3．跳び箱の奥側に着手する見本の演技（モデル）を見せて、足を前に出すためのポイントを全体で交流する<br>・手を前につくこと<br>・力強い踏み切りのための予備動作（腰を高く）<br>・膝を胸の前に近づける（引きつけ）<br><br>4．発見したポイントをふまえ、できるだけ跳び箱の奥側に台上跳び乗りができるのかをグループで探求する<br> | ・今日のめあてに向けて感覚やイメージをつかむためにみんなで学び合うことを知らせる<br><br>・グループを巡回し、本時の課題が達成できているか確認し、と指導をする<br>・着手した場所より奥側に着地できている（肩先導）子どもを取り上げ、つき放し動作に着目させる |
| | 発問…○○さんは、手前に着手しているのにどうして遠くに着地できているのだろう | |
| | ・手で跳び箱を押している<br>・手で体を前に押し出している<br>・手を離している | ・肩先導（手が奥側）と腰先導（手より足が前）の動きを比較することで技術ポイントに迫らせる |
| 展開 | 5．つき放し動作を含めた台上跳び乗りの習熟に向けて練習する<br><br><br>6．最後にグループで台上跳び乗りを相互観察し、個々の課題と改善点を話し合う | ・つき放し動作が苦手な子どもには、マットの上でうさぎ跳びを練習させ、感覚を養う<br><br>・とび箱に3色のビニールテープをつけ、手と足の着く場所を可視化し、グループでの教え合いを活性化する |

| 総括 | 7．今日の練習について話し合う<br>・わかったこと、できたことについて感想文を記入する<br><br>・後片付けを行う | ・子どもが発見した「台上跳び乗り」のポイントを整理し、次時の観察や教え合いのポイントにする |
|---|---|---|

**【グループ学習を活性化させる工夫】**

　3・4名の少人数によるグループを設定する。必要感を持ち、グループ学習に取り組ませるためには、関わりたいという以下のような子どもの気持ちが大切である。

①できる・わかるを実感したとき。

②できる・わかるが積みあがったとき。

③仲間との技術の「ちがい」を感じたとき。

④教えあいをする必要感を感じたとき。

　この4項目を満たすため、子の探求心をくすぐる教師の問いから、グループで研究し「わかる」を見つけるように導いていくことをめざす。

**【グループづくりのポイント】**

①男女混合

②「リーダーシップのある子」と「後からついてくるタイプの子」が混じること。

③「うまい子」と「まだ下手な子」が混じること。

④「理解の早い子」と「理解の遅い子」が混じること。

## 10. 評価基準

・A基準…跳び箱の真ん中より奥側に着地できており、つき放し動作が見られる。

・B基準…跳び箱の真ん中より奥側に着地できているが、つき放し動作が見られない。

・C基準…跳び箱の真ん中に着地することができない。

## 11. 参考文献

　学校体育研究同志会編「たのしい器械運動ハンドブック」

　学校体育研究同志会編「新学校体育業書　器械運動の授業」（2015年）創文企画

　学校体育研究同志会編「新みんなが輝く体育1小学校低学年体育の授業」（2019年）創文企画

## 第1章 小学校の実践プラン④器械・器具を使っての運動あそび：鉄棒運動

# 小学校第2学年 体育科 学習指導案

2023年10月24日／男子14名・女子12名：合計26名

実施場所：運動場／授業者：大西朱夏

### 1. 単元名

器械・器具を使っての運動遊び：鉄棒運動―オリジナルお話鉄棒をつくろう―

### 2. 単元の目標

①お話に合わせて、鉄棒の技を組み合わせた連続技ができる。（【できる】知識・技能）

②技ができるコツ・体の動かし方を見つけ、技を連続させる時に気をつけること（コツ）がわかる。（【わかる】思考・判断・表現）

③仲間の動きを見て、お話鉄棒づくりの良さやつまずきに気づき、教え合ったり良さを伝えたりすることができる。（【かかわる】学びに向かう力、人間性等）

### 3. 単元の評価

①発明技やお話に合わせた連続技ができる。（【できる】知識・技能）

②技ができるコツや体の動かし方があることがわかる。また、お話に合わせて技を連続させるコツがわかり、仲間に伝えることができる。（【わかる】思考力・判断力・表現力）

③仲間の動きを見たり、比較したりして、技の仕組みやコツを見つけ合ったり、教え合ったりすることができる。（【かかわる】主体的に学習に取り組む態度）

### 4. 教材について

「鉄棒」は、地域の公園にも多く見られる体育器具である。ところが、「鉄棒運動」と聞くと、「痛い」「怖い」「冷たい」「できない」といった負のイメージが大きい教材になっている。しかし、鉄棒には「上がり技」「回り技」「下り技」等があり、それらを組み合わせることで、低学年でも「自由」に自分の表現運動をすることができる。また「回る」「ぶら下がる」という非日常体験ができるのも鉄棒の「おもしろさ」であり、体が軽く、調整系の運動能力が発達する小学生にぴったりの教材である。

### 5. 子どもの実態について

学校生活に慣れてきて、自分だけでなく周りの仲間のことにも興味関心を持てるようになってきた子どもたちである。新しいことに「やってみたい！」と前向きに取り組むことができる。しかし、習い事などによって運動経験もバラバラで、運動能力差が大きい。アンケートでは「鉄棒が好き」が多数だが、「嫌い」も数名いた。その理由は「落ちたから怖い」「逆上がりができない」等だった。1学期のマット運動で、グループ学習による教え合いを通して、技が「できる」経験をしてきた。鉄棒でもグループ学習を通して、「みんなでわかってできる」喜びを実感させたいと願っている。

## 6.　単元計画（全体 10 回）

| 時 | ねらい | 学習内容 |
|---|---|---|
| 1 | ・学習の見通しを持ち、興味を持つ<br>・鉄棒には、さまざまな技があること、自分で作り出すことができることを知る | ・技調べをして、「上がり技」「回り技」「ぶら下がり技」「下り技」に分類する<br>・発明技を考え、真似する（毎時間発表） |
| 2 | ・後ろ振りとび・すわりとびで遠くにとぶコツがわかる | ・グループ学習でコツを見つける |
| 3 | ・仲間のお話のリズムに合わせて連続技（とびあがり3回・つばめ・前回り下り）ができる | ・お話鉄棒「うさぎがピョン、かえるがピョン、とんぼがピョンでピーン、ぐるっと回って、はいポーズ」 |
| 4 | ・後ろ振りとび・すわりとびのコツを使って、記録を伸ばすことができる | ・グループ学習で教え合う<br>・とびとび大会をする |
| 5 | ・足抜き回り・尻抜き回りのコツがわかる<br>・技のつなぎ方のコツがわかる | ・お話鉄棒「元気なおさるが、くるりん　くるりん、くるりん、パッ」 |
| 6<br>本時 | ・お話鉄棒のグループでの表現を工夫し、発表することができる | ・「元気なおさる」の「くるりん」を順にペアでするなど表現を工夫する |
| 7 | ・お話鉄棒のグループでの表現を工夫し、発表することができる | ・「元気なおさる」の「くるりん」の技を変えるなど表現の工夫を付け加える |
| 8<br>9 | ・グループでオリジナルお話鉄棒を考え、グループ同士で見せ合いをして、良さを伝えたり教え合ったりすることができる | ・「元気な○○が」から始め、後ろ振りとび・すわりとびや発明技を入れたり、表現の工夫をしたりする |
| 10 | ・鉄棒発表会をして、仲間の動きや表現の良さを見つけることができる | ・司会進行を子どもたちで行う<br>・まとめのふり返りをする |

## 7.　指導にあたって

　鉄棒の負のイメージ「痛い」「冷たい」に対して「鉄棒カバー」（靴下で自作してもよい）を取り付けたり、「怖い」に対しては、鉄棒の下にマット（不要な布団）を敷いたりすることで少しでも抵抗を少なくする。さらに、アンケートや運動能力・人間関係をもとにグループ（異質）をつくり、グループで見せ合い・教え合う中で「みんなでわかってできる」ようにする。

　単元の導入では、「できない」鉄棒から「おもしろさ」を実感できるような仕掛けを組む。最初に「技集め」をして「鉄棒＝逆上がり」からの解放を目指し、「発明技発表会」で「自由」な鉄棒運動を実感させる。毎時間発表会を実施し、後の「オリジナルお話鉄棒」につなげる。また「とびとび大会」では、鉄棒で必要な運動技術「振る・支持」を楽しみながら獲得させる。

　技を組み合わせる連続技の技術獲得は「お話鉄棒づくり」で展開する。お話のリズムに合わせて技をするためには、技と技のつなぎ目の動きを工夫したり、技の組み合わせ方を考えたりする必要

があることから、グループの中でお話を言い合うことで自然と仲間の動きに注目することになり、技術獲得のための教え合いにもつながる。グループでオリジナルお話鉄棒を考えることで、「ともに」学び合い、「自由」で「おもしろい」鉄棒運動を実感させる。

## 8. 本時の目標（6回目／全体10回）

①グループで工夫を考えたお話鉄棒をすることができる。（【できる】知識・技能）

②表現の工夫には「時間差」「人数」「技」「向き」などがあり、それらを組み合わせることで多様な表現ができることがわかる。（【わかる】思考・判断・表現）

③仲間の考えを聞いたり、動きを見せ合ったりしながら、良さを伝えたり、表現の工夫を考えたりすることができる。（【かかわる】学びに向かう力、人間性等）

## 9. 本時の展開

| | 学習活動 | 指導上の留意点 |
|---|---|---|
| 導入 | 1. 各グループで準備・準備運動をする<br>　足抜き回り・尻抜き回りなど技の復習をする<br>　お話鉄棒「元気なおさる」を練習する<br><br>元気なおさるが　くるりん　くるりん　くるりん　パッ<br>（技の順番は、足抜き回り→尻抜き回り→足抜き回り→尻抜き回り→好きなポーズ）<br><br>2. 授業のあいさつをし、発明技を発表する<br>　「上がり技」「回り技」「ぶら下がり技」「下り技」のどれになるのか、クラス全体で確認後、全員でチャレンジする | ・朝学習の時間などを使って、子どものふり返りシートの読み合い・めあて・授業の流れを確認しておく<br>・各グループの準備係が体育倉庫からキャスター付きのカゴに入ったマットを持っていき、鉄棒下に敷く<br>・休み時間などに考えた発明技を「発明技カード」に記入させ、グループノートに貼らせておく<br>・模造紙に発明技を書き入れ、教室に掲示する |
| 展開 | 3. めあて「見ている人が『おもしろい！』と思えるお話鉄棒の工夫を考え、発表会をしよう！」を確認する<br><br>見ている人が「おもしろい！」と思える工夫とは、どんな動きだろう？<br><br>・「順番に」回る（時間差）<br>・「2人ずつ」回る（人数）<br>・2人は「足抜き」、もう2人は「尻抜き」をする（技）<br>・1人は前向き、1人は後ろ向きに回る（向き）<br><br>4. グループで話し合ったり、動いたりしながら、「元気なおさる」の「くるりん」の表現の工夫を考える。 | ・グループごとに整列する<br>・「元気なおさる」の技はそのままで、表現の工夫をすることについて伝える<br>・「おもしろい＝ちがいがある」ことを確認する<br>・グループで話し合い、キャプテンに意見を発表させる<br><br>・グループのノート係に、仲間の意見をグループノートに書かせる |

| 展開 | 5．プレ発表会をして、仲間の動きの良かった所を伝えたり、アドバイスをしたりした後、グループ練習する<br>・苦手な人の順番を後ろにして、ゆっくり取り組めるようにする<br>・端から順にではなく「真ん中から」の工夫などをほめる<br>・「息ぴったり」をキレイ！とほめる<br><br>6．「オリジナル元気なおさる」発表会をする<br>　表現の工夫の良さを伝える<br>・リズムに合わせて、順番にしているのがおもしろい<br>・向きを交代にしているのがおもしろい<br>・ペアでする時に息ぴったりなのがすごい | ・できている所までの発表で構わないことを伝える<br>・子どもたちから意見が出なければ教師が良さを伝える<br>・グループ練習中に助言・指導をする<br><br>・お話を全員で言わせる<br>・発表をビデオ撮影して、ふり返りの時や給食時間に再確認させる |
|---|---|---|
| 総括 | 7．本時のふり返りをする<br>・「おもしろい！」と感じる工夫は、どのような動きなのかについて発表会から想起する<br>・仲間の動きや意見で良かったところを発表する<br>・ふり返りシートに書く観点（表現の工夫について考えたこと・自分の動きなど）を確認する<br><br>8．次時の予告をし、片づけをする<br>・次回は「元気なおさる」の「くるりん」の技を変えて、「オリジナル元気なおさる2」を作ることを伝える<br>・日直のあいさつ後、片づけをする | ・模造紙などに工夫や良かったところを書き出し、教室に掲示する<br>・子どもたちの意見に共感しながら、教師も良かったところを伝える |

## 10. 評価基準

・A基準…仲間の動きに合わせて、自分の技のスピードをコントロールしながら、グループで考えたお話鉄棒をすることができる。
・B基準…お話のリズムに合わせて、グループで考えたお話鉄棒をすることができる。
・C基準…教師や仲間の補助付きで、グループで考えたお話鉄棒をすることができる。

## 11. 参考文献

学校体育研究同志会編「たのしい器械運動ハンドブック」（2015年）
学校体育研究同志会編「新学校体育叢書器械運動の授業」（2015年）創文企画
学校体育研究同志会編「新みんなが輝く体育1 小学校低学年体育の授業」（2019年）創文企画
山内基広「ねこちゃん体操の体幹コントロールでみんながうまくなる器械運動」（2007年）創文企画

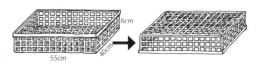

## 第1章 小学校の実践プラン⑤走・跳の運動：障害走

# 小学校第３学年 体育科 学習指導案

2023年2月6日／男子14名・女子14名：合計28名

実施場所：運動場／授業者：佐藤恵理

## 1. 単元名

走・跳の運動：40m障害走 ―4歩のリズムで気持ちよく走ろう―

## 2. 単元の目標

① 4台の障害（園芸用かご）を4歩のリズムで気持ちよく走ることができる。(【できる】知識・技能)

② 4歩のリズムで調子よく走るためには、踏み切り足が同じであることがわかる。(【わかる】思考・判断・表現)

③ グループの仲間と跳び方を観察しあい、みんなで考え、学び合う。(【かかわる】学びに向かう力、人間性等)

## 3. 単元の評価

① 4台の障害（園芸用かご）を4歩のリズムで走ることができる。(【できる】知識・技能)

② 4歩のリズムで調子よく走るための、自分のインターバル(4m～6m程度)がわかる。(【わかる】思考・判断・表現)

③ みんなで考え、教え合って学習することができる。(【かかわる】主体的に学習に取り組む態度)

## 4. 教材について

3年生になり、初めての障害走の学習である。障害物には、小型ハードル、ペットボトル（1Lまたは2Lを横置きにして使用）、フラフープ、段ボールなどが考えられるが、ここでは園芸用かご（裏返して、横置きにして使用）を用いる。手に入りやすく、こわれにくいうえ、風で動くこともなく便利である。さらに、当たっても痛くないため、恐怖心なくまたぎ越すことができる。

また、4歩のリズムとは、着地を1歩とし、「1（着地足）・2・3・4（踏切足）」と数えている。ハードルとハードルの間のインターバルを4歩のリズムで跳び越えることが目標となる。

## 5. 子どもの実態について

3年生の子どもは、休み時間になると外に飛び出して校庭で元気よく遊ぶことが大好きである。一方、休み時間のトラブルも多いのが3年生の特徴である。体育でペアやグループの活動を増やすことで、お互いを見合う力やアドバイスし合う関係を築いていきたい。そのためには、見合うポイントや記録の取り方など、具体的な方法を教師が用意しておく必要がある。

## 6.　単元計画（全体6回）

| 時 | ねらい | 学習内容 |
|---|---|---|
| 1 | ○学習の目標や進め方、グループ学習の方法がわかる<br>○40m走のタイムを計る | ○障害走の学習内容を知る<br>○グループを作り、学習計画を立てる<br>○タイムを計り、学習前の走力を知る |
| 2 | ○4台の障害（園芸用かご）の置き方を工夫して、リズムよく走るコースを見つけることができる | ○いろいろなコースを試させ、ゴール近くに固めた時、スタート近くに固めた時などを比べさせ、等間隔に置いた時がリズムよく走れることがわかる |
| 3<br>本時 | ○4台の障害（園芸用かご）と障害の間を、何歩で走ったらリズムよく走ることができるか見つけることができる | ○足が合っている時の走り方や合わないときの走り方について観察し、話し合うことができる<br>○友だちの歩数を観察し、リズムのよい走りは歩数が同じであることに気付く<br>○かごとかごの間を4歩で走るとリズムがよいことがわかる |
| 4<br>5 | ○リズムよく走るコースを見つけ、4歩で走る練習をする | ○グループでタブレットを用いて撮影したり、見合ったりしながら練習する<br><br>○高く跳ばない、またぐ感じで跳ぶ、顔を上げて跳ぶ、などの声かけがお互いにできるように助言する |
| 6 | ○40m障害走のタイムを計り、最初の40m走のタイムと比べ、学習のまとめをする | ○グループで協力し、役割を決めて記録を取る<br>○まとめの感想（学んだこと）を書く<br>○感想を交流する |

## 7.　指導にあたって

　第2時では、グループで考えをまとめさせた後、グループごとにコースを1コース作る。すべてのコースを試させた後、「スタートして少し（10m程度）加速区間をおいてから、等間隔に障害（園芸かご）を置くとリズムよく走れる」ことをまとめる。そのことに気付かせるためには、子どもが考えたコースが①スタート近くに固めた時②ゴール近くに固めた時③等間隔に置いた時、などのように、走りづらいコースと走りやすいコースが用意される必要がある。

　第4時・5時で、かごとかごの間を4歩のリズムで調子よく走ることができる障害と障害の距離（インターバル）を調べさせる。タブレットを使用し、走る姿を横から撮影させると、自分の走りを可視化することができる。ゴール側から撮影させると、障害物を跳び越す際のフォームやまっすぐ走ることができているかなどに気付くことができる。グループで仲間の走りを分析し合い、学び合える力をつけていく。

## 8. 本時の目標（3 回目 / 全体 6 回）

① 4 台の障害と障害の間を、何歩で走ったらリズムよく走ることができるか見つける。（【できる】知識・技能）

②障害と障害の間を「4 歩」で走ると、リズムがよい走りになることがわかる。（【わかる】思考・判断・表現）

③足が合っている時や合わないときの走り方について観察し合い、話し合うことができる。（【かかわる】学びに向かう力、人間性等）

## 9. 本時の展開

| | 学習活動 | 指導上の留意点 |
|---|---|---|
| 導入 | 1　本時の学習内容を確認する<br>(1) 集合・整列する<br>(2) 準備運動をする<br>(3) 本時のめあてをつかむ | ○使う部位を中心に準備運動をさせる<br>○本時の流れも一緒に伝え、学習の見通しを持たせる |
| | 発問…かごとかごの間を、何歩で走ったらリズムよく走ることができるか見つけよう | |
| 展開 | 2　自分に合ったコースを選び、教え合い練習する<br>(1) 歩数の数え方を確認する<br>(2) 仲間と教え合いながら、リズムよく走ることのできる歩数を見つける<br><br><br><br>○仲間の走りを観察して、つまずきや良い点に気付かせる<br>○グループで、何歩が良かったのか話し合わせる | ○着地足を 1 と数えることを確認する<br>　　○ 1 台目のかごの中心までの距離は 10m とし、コースは 4m、5m、5.5m、6m の 4 コースを用意する<br>○必要に応じて、タブレットを使い、お互いの動きを動画で撮って確認し合う<br>○観察者は、仲間が走り終わった直後に、気づいたことを伝えさせる |
| まとめ | 3　グループでの発表を行う<br>(1) リズムよく走ることができた歩数を発表する<br>(2) 出た意見の歩数（4 歩〜6 歩）で、代表の子に走ってもらい、どの歩数が良いのかを考える | ○各グループの代表に発表させる<br>○それぞれの班の代表に、4 歩・5 歩・6 歩のリズムで走るよう指示する |

| | |
|---|---|
| ま と め | 4　リズムよく走ることのできる歩数を見つける<br>（1）わかったことを学級全体で共有する<br>○5歩のリズムだと、右足・左足と踏み切り足が交互になる<br>○6歩のリズムだと、歩幅が狭く、忙しい<br>○4歩のリズムだと、リズミカルに走り抜ける<br><br>5　本時のまとめをする<br>（1）整理運動をする<br>（2）器具や用具の後片付けをする<br>（3）次時の予告をする | ○障害と障害の間を4歩で走るとリズムが良いことに気付かせる<br><br>○次回は、自分に合った4歩のリズムのインターバルを見つけることを伝える |

## 10. 評価基準

| A基準 | B基準 | C基準 |
|---|---|---|
| 何歩で走ったらリズムよく走ることができるか、自分で見つけることができた。 | 何歩で走ったらリズムよく走ることができるか、仲間に言われて見つけることができた。 | 何歩で走ったらリズムよく走ることができるか見つけることができなかった。 |
| 障害と障害の間を4歩で走るとリズムがよいことがわかり、仲間に伝えることができた。 | 障害と障害の間を4歩で走るとリズムがよいことがわかった。 | 障害と障害の間を何歩で走るとリズムがよいかわからなかった。 |
| グループの仲間と、足が合っている時の走り方や合わないときの走り方の様子について観察し合い、話し合うことができた。 | グループの仲間と、足が合っている時の走り方や合わないときの走り方の様子にについて観察し合うことができた。 | グループの仲間と、観察し合い、話し合うことができなかった。 |

## 11. 参考文献

学校体育研究同志会編『たのしい陸上運動・陸上競技ハンドブック』（2019年）

学校体育研究同志会編『新みんなが輝く体育2 小学校中学年体育の授業』（2019年）創文企画

## 第1章 小学校の実践プラン⑥陸上運動：障害走

# 小学校第6学年 体育科 学習指導案

2023年10月10日／男子18名・女子16名：合計34名

授業者：丹野洋次郎・久保　州

## 1. 単元名

陸上運動：障害走　―4歩の仕組みを探ろう！―

## 2. 単元の目標

①スピードに乗ったハードリングの仕方がわかり、行うことができる。（【できる】知識・技能）

②「4歩のリズム」の1歩1歩の役割について考え、言語化することができる。（【わかる】思考・判断・表現）

③仲間と自分の運動に積極的にかかわり「4歩のリズム」を探る。また、ハードル走の競争を、みんなで楽しむことについて考える。（【かかわる】学びに向かう力、人間性等）

## 3. 教材について

ハードル走においてもっとも重要な学習内容は、ハードル間のインターバルを「4歩」でリズミカルに走り、リズムを維持することである。この「4歩のリズム」における1歩1歩の役割は違う。つまり、「4歩のリズム」という仕組みついて分析的に学ぶところにハードル走の価値がある。

また、陸上運動の走競技は、「速さ（タイム）」を目標として技術が発展してきた。このため「4歩のリズム」の技術学習は、「速さをめざす技術の仕組み」を学ぶことでもある。

さらに単元後半では、「速さの競い方」を学ぶ。みんなが同じ距離を走って競い合う「オフィシャルルールレース」と、だれもが1位になれる可能性のある走距離が異なる「ハンディキャップレース」の2つについて学習する。

オフィシャルルールレースでは、走る距離をそろえて個人のベストタイムが近い人同士で走る競い方をする。一方ハンディキャップレースでは、個人のベストタイムを基に1秒あたり何m走っているかを「40m÷もちタイム＝①1秒あたりに走る距離」で計算し、「タイム差×①1秒あたりに走る距離＝②遅い人と速い人の40mハードル走の差」を算出する（距離の差は四捨五入して整数値にする）。

一番ベストタイムの遅い人が40m基準線をスタート地点とし、「②遅い人と速い人との40mハードル走の差」の分だけ、スタート地点を後方に下げることによって、理論的には全員同時にゴールできることになる。

オフィシャルルールレースとハンディキャップレースの競い方を学ぶことで、「競い方は多様にある」ことを子どもたちは学ぶことになる。そして、競争における「平等」や「運動能力の差」について考えることで、現代スポーツの課題や「みんなで楽しむスポーツ」の在り方を探究することができるのである。

## 4.　子どもの実態について

　意欲的に学び、協同的に有効な「4歩のリズム」について動きの分析を行えることをめざす。特に、4歩のリズムについてハードル間の「1歩ずつの距離」を測定し、学習カードに記入してグループで分析することによって「1歩1歩の役割のちがい」という学習内容を探究させる。この協同・探究の学びによって、身体運動の仕組みを自分や仲間の運動を通じて学ぶことができる。

　高学年の子どもたちは、分析的に学ぶことで運動を科学することができるようになってくる発達の時期にいる。科学的に運動について考えることは、ただ体を動かすことよりも、深く運動やスポーツを理解し、協同的にかかわることができるようになるのである。

## 5.　単元計画（全8回）

| 時 | ねらい | 学習内容 |
|---|---|---|
| 1 | フラット走とハードル走を行い、走り方の違いに気付き、学習課題を設定する | 40m走計測、40mH試走・計測<br>問「記録を速くするにはどうしたらよいだろうか」 |
| 2 | ハードルとハードルの間（インターバル）を4歩で走り越えることができる | ハードル間を4歩で走る技術習得学習<br>問「インターバルは何mだろう」 |
| 3 | ハードルの前後の1歩の位置を分析し、速く走り越えるためには、頭の位置を変えず「遠い踏み切り」「近い着地」で走ることが良いことが分かる | 低いハードリングの発見「遠い踏み切り」「近い着地」<br>問「スピードに乗ったハードリングの時、踏切と着地の位置はどのようになっているのだろう」 |
| 4 | インターバル間の4歩の位置を分析し、インターバル間で加速していることを発見する | インターバル間の加速の発見<br>問「インターバル間の4歩の位置はどのようになっているのだろう」 |
| 5 | 自分に合う4歩のリズムを発見するとともに、1歩ごとの役割の違いを考える | 4歩のリズムの発見、1歩ごとの役割分析<br>問「1歩ごとの役割の違いを考えよう」 |
| 6 | 4歩のリズム、1歩ごとの役割を共有し、1歩ごとの役割をまとめる | 座学　4歩のリズムの1歩ごとの役割分析<br>問「1歩ごとの役割について、みんなの捉え方に共通点を見付けよう」 |
| 7 | みんなが速くなったことを、平等に競い合う方法を考え、「オフィシャルルールレース」と「ハンディキャップレース」の競技会の準備をする | 競技会の行い方の検討<br>問「みんなが速くなったことを平等に競い合う競技会にするためには、どうすればよいだろうか」 |
| 8 | みんなで納得した競技会を行い、スポーツの競争について考える | 考えたいこと「みんなが楽しめる競争の行い方は1つではなく、いくつかある」 |

## 6. 指導にあたって

　はじめにフラット走と試しのハードル走を行う。フラット走とハードル走とのタイム比較によってハードリング技術の仕組みを学ばせるためである。ハードル走の技術学習によってハードル走タイムは短縮し、フラット走タイムに近づいていく。

（1）リズミカルな 4 歩の走り、（2）低いハードリング、（3）振り上げ足伸ばし

　ハードル走の学習内容は大まかに上記のように進む。このため、(1)～(3)の技術を習得しながら、インターバル間のリズミカルな走りに注目させ、分析的に「1 歩ごとの役割」について学習していく。

## 7. 本時の目標（5 回目／全体 8 回）

①スピードに乗ったハードリングの仕方がわかり、走ることができる。（【できる】知識・技能）

②「4 歩のリズム」の 1 歩 1 歩の歩幅を計測することで「加速」を発見する。（【わかる】思考力・判断力・表現力）

③自分や仲間の運動に積極的にかかわり「4 歩の仕組み」を探る。（【かかわる】学びに向かう力、人間性等）

## 8. 本時の展開

| | 学習内容 | 指導上の留意点 |
|---|---|---|
| 導入 | 1．前時の学びを振り返り、本時の課題を確認する<br><速く走るためのハードリング><br>・振り上げ足は、ハードルに対して、垂直方向に出す<br>・「遠い踏切」「近い着地」を行うことで、頭の位置が変わらない低いハードリングができる | ○ストレッチやウォーミングアップを十分に行わせ、ケガを予防する<br>○各レーンにインターバル(5.5m、6m、6.5m、7m)を色分けして杭を打っている。走者に合うインターバルに合わせてハードルを設置して走る |
| | 発問…インターバル間の 4 歩の位置はどのようになっているのだろう | |
| | 2．準備運動をする。ストレッチ<br>・40m フラット走（2 本）<br>3．場の準備をする<br>・40mH（ハードル 4 台）の場を 4 つ準備する | |
| 展開 | 4．1 人が走り、グループの残りの子どもは、3～4 台目のインターバル間の 4 歩の着地位置に赤玉を置く<br>☆走る人が走りやすいインターバルに合わせる<br><br><br>図　4 歩の可視化<br>5．赤玉によって可視化された 4 歩の位置について 1 歩 1 歩の歩幅を計測する | ○ある程度スピードに乗った 3～4 台目の間で計測する<br>○赤玉を置く子は、予め何歩目を見るかを決めておく<br>○グループの子は、走りのリズムが一定しているかどうかも観察する |

| | | |
|---|---|---|
| 展開 | ６．計測した歩幅をグループで分析する<br>☆１歩１歩の歩幅が段々広がっていることを発見する<br>☆歩幅の広がりの要因が、インターバル間での加速であることを発見する<br>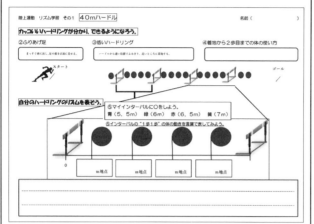<br>７．加速の発見を、40ｍハードル走を行うことで確かめる<br>☆一人が走り、グループの子は赤玉を置く。走った後に歩幅を計測する | ○グループ内で歩幅の結果を持ち寄り、誰でも広がりがあることを理解する<br>○歩幅の広がりの要因を、走りの感覚と関連させて、加速について考える<br>○歩幅の広がりが顕著に表れている子どもを事例として取り上げ、全体で「歩幅の広がり＝加速」について確認する<br>○１歩目―着地<br>　２歩目―加速（１）<br>　３歩目―加速（２）<br>　４歩目―踏み切り<br><br>☆３歩目―４歩目で距離に「ちがい」がある |
| 総括 | ８．本時のまとめをする<br>☆歩幅が段々と広がっていることを確認する<br>☆なぜ１歩１歩の歩幅に違いが生じるのか考える | ○１歩１歩の違いは、ここでは押さえず次時の課題とする |

## 9.　評価基準

・A基準…加速の発見から、１歩１歩の役割の違いについて考えている。
・B基準…「４歩のリズム」の１歩１歩の歩幅を計測することで「加速」を発見している。
・C基準…「４歩のリズム」の１歩１歩の位置を図り、歩幅を計測することができていない。

## 10. 参考文献

日外千景「『４歩のリズム』助走のリズムコントロールってどういうこと？」学校体育研究同志会編『運動文化研究36号』（2019年）

久保健、山崎健、江島隆二「走・跳・投の遊び／陸上運動の指導と学習カード」（1997年）小学館

学校体育研究同志会編『新みんなが輝く体育３小学校高学年体育の授業』（2021年）創文企画

## 第１章 小学校の実践プラン⑦水泳運動

# 小学校第３学年 体育科 学習指導案

2023年７月１日／男子８名・女子12名：合計20名
実施場所：プール／授業者：中島滋章

## 1. 単元名

水泳運動 ―呼吸をしながら、ゆったりと長く泳ごう―

## 2. 単元の目標

①ドル平泳法で呼吸をしながらリラックスして長く泳ぐことができる。（【できる】知識・技能）

②呼吸や浮くことについて、楽にできる方法がわかる。（【わかる】思考・判断・表現）

③仲間の動きを観察して、浮きやすい姿勢や呼吸の仕方を見つけ、伝えたり考えを聞いたりすることができる。（【かかわる】学びに向かう力、人間性等）

## 3. 単元の評価

①ドル平泳法で、リラックスして呼吸をすることで、長く泳ぐことができる。（【できる】知識・技能）

②あごを引けば浮くことや、「パッ」とまとめてはく・吸うことがわかる。（【わかる】思考力・判断力・表現力）

③仲間の動きを観察して教え合い、みんなで長く泳ぐことをめざしている。（【かかわる】主体的に学習に取り組む態度）

## 4. 教材について

基礎泳法のドル平泳法では、泳げない子どもの最大のつまずきは呼吸（息つぎ）であることに着目して、初期段階から呼吸を中心に指導していく。水中で息を止め、水上に顔を上げた時に「パッ」とまとめてはくことで、まとめて「ハッ」と吸うことができる。この呼吸法と、水中でリラックスして浮くことを結び付けることで、長く泳ぐことができる。

低学年のうちに「浮くこと」の姿勢制御の力をつけていれば、３年生ではリラックスして浮くことと、顔をゆっくり前に上げて呼吸することを結び付けた「伏し浮き呼吸」ができ、沈み込む足を浮かせるための両足キックを行うことで、ドル平泳法によってゆっくり長く泳げるようになる。

## 5. 子どもの実態について

事前アンケートでは、「水泳が大好き」「好き」と答えた子どもは75％（20名中15名）である。泳力調査では、10m未満が10名、10m〜15m未満が５名、15m〜25m未満が３名、25m以上２名であった。25m泳げる子どもはスイミングスクールの経験者である。２年生までの水泳の授業では、水遊びの中で顔を水につけること、水中でもぐる・浮くことなどを中心として指導してきた。このため、「パッ」とまとめてはく・まとめて「ハッ」と吸うという呼吸法は３年生ではじめて学ぶことになる。「浮きながら楽に息つぎをする」ことで、全員が25m以上泳ぐことができるようにしたい。

## 6.　単元計画（全10回）

| 時 | ねらい | 学習内容 |
|---|---|---|
| 1 | オリエンテーション | 1．水泳授業のねらい。目標を立てる<br>2．グルーピング。授業の進め方 |
| 2 | 息こらえをして顔を水につけて、顔を上げて息つぎをする | 顔を水につけて「イチ、ニ、サ〜ン、パッ」のリズムで息つぎをする |
| 3 | 浮きやすい姿勢を確かめる<br><br>スーパーマン浮き　ガックリ浮き | 1．息こらえをした方が浮きやすいことを確かめる<br>2．あごを引いたガックリ浮きの方があごを出したスーパーマン浮きよりも浮きやすいことを実験して確かめる |
| 4 | 「あごの引く・出す」をかえたいろいろな浮き方を考え、浮きやすさを確かめる | グループ毎にいろいろな浮き技を考え発表する中で、あごを引くなど浮きやすい姿勢を確かめる |
| 5 | ふし浮き呼吸をする | ふし浮きの姿勢から、ゆっくり顔を前に上げ「パッ」と呼吸をし、顔をつけてあごを引き浮いてくるまで待つ |
| 6 | ふし浮き呼吸を連続でできる | ふし浮き呼吸を5〜10回連続で行う。背中が浮いてきたら、ペアに背中をタッチしてもらい呼吸をする |
| 7 | ドル平のキックのやり方が分かり、ゆっくりとしたリズムで泳ぐことができる | 足の甲で水をとらえるキックをし、「スー、パッ、ト〜ン、ト〜ン」のゆったりとしたリズムで泳ぐ |
| 8<br>9 | ドル平の習熟練習をし、より楽に泳げるようになる | 1．ペアでリズムを声かけしながら練習し、動きを観察し合う<br>2．ペアで課題を確認し合い、より楽に泳げるように習熟練習をする |
| 10 | ドル平泳法の発表会を行う | 発表することで一人一人の伸びを確認し、学習の振り返りとまとめを行う |

## 7.　指導にあたって

　水泳指導でもっとも大事な内容は、「呼吸」と「リラックス（姿勢制御）」である。息をこらえて「パッとまとめてはく・吸う」という呼吸をすること。また、水中でリラックスして浮けるようになることを指導する。リラックスした伏し浮きから顔を前に上げて呼吸をして、顔をつけて浮かんでくるまで待つことが、伏し浮き呼吸の一番のポイントである。授業ではペアやトリオで「イチ、ニ、サ〜ン、パッ」などの声かけをして、泳ぎの観察から「わかったこと」を伝え合う。泳ぎのコツを言語化し「わかる」ことによって、みんなでうまくなれることを実感させたい。

## 8. 本時の目標（6回目／全体10回）

①伏し浮きを連続で5〜10回できる。（【できる】知識・技能）

②あごを引くと体が浮き、呼吸がしやすいことがわかる。（【わかる】思考・判断・表現）

③ペアで動きを観察し合い、ポイントを教え合うことができる。（【かかわる】学びに向かう力、人間性等）

## 9. 本時の展開

| | 学習内容 | 指導上の留意点 |
|---|---|---|
| 導入 | 1．準備運動をする<br>2．シャワーを浴びる<br>3．本時の課題を確認する | |
| | ふし浮き呼吸を連続して5〜10回できるようになろう | |
| | 4．伏し浮き呼吸をする時に気をつけることを確かめる | ○「顔をゆっくり上げる」<br>「顔を上げすぎない」<br>「顔を水につけたらあごを引く」<br>「力を抜く」などのポイントを確認する |
| 展開 | 5．大の字浮き、クラゲ浮き、ふし浮きなど浮き技をやってみる<br><br>大の字うき　　　　クラゲうき<br><br>6．伏し浮き呼吸1回を練習する<br>★パッの後、沈む、浮き上がる、立つ | ○「あごを引く」「力を抜く」などの浮きやすい姿勢について、ペアやグループで確認しながら、浮きやすい姿勢の仕組みを発見させる<br><br>○ペアで、背中が浮いてきた時にタッチしてもらったら、顔を前に上げて呼吸をすることを確認する<br><br>○浮いてこない子には、あごが引けているかをペアで確認させる |

| 展開 | 7．伏し浮き呼吸を連続でする<br>☆5回連続呼吸が目標<br><br>パッ　　　　　ボチャン<br><br><br>○「パッとまとめてはく・吸う」ことの「ゆっくり吸う」ことがポイント<br><br>○観察の視点<br>「はく・吸う」「ボチャンで浮く姿勢」 | ○ペアで観察し合いながら、背中が浮いてきたらタッチをしてもらい呼吸をする<br><br>パッ　　　　　ボチャン<br><br><br>○顔を上げすぎると沈み込みが大きくなるので、水面ぎりぎりで呼吸をした方が浮きやすいことを確かめさせる<br>○ペアで観察し合い、気づいたことをお互いに伝え合いながら学習するようにする |
| 総括 | 8．本時のまとめをする<br><br>ふし浮き呼吸のポイントをまとめよう<br><br>○まとめ<br>「パッと息をはく・吸う」<br>「ゆっくり顔を上げる」<br>「あごを引いて浮く姿勢」 | ○グループごとにふし浮き呼吸のポイントについてまとめて、発表させる<br><br>○発表された「まとめ」を確かめる |

## 10. 評価規準

・A規準…伏し浮き呼吸が連続10回できる。ポイントがわかり、仲間に伝えることができる。
・B規準…伏し浮き呼吸のポイントがわかり、連続で5〜6回できる。
・C規準…伏し浮き呼吸を連続で5回できない。

## 11. 参考文献

学校体育研究同志会編「新学校体育叢書　水泳の授業」（2012年）創文企画

| 第１章 | 小学校の実践プラン⑧ボール運動：フラッグフットボール |
|---|---|

# 小学校第６学年 体育科 学習指導案

2023 年 11 月 20 日／男子 14 名・女子 18 名：合計 32 名

実施場所：校庭／授業者：田中宏樹

## 1. 単元名

ボール運動：フラッグフットボール　―ハンドオフの動きを取り入れた作戦を考えよう―

## 2. 単元の目標

①ハンドオフを中心としたフェイク（147 ページ）の動きができる。（【できる】知識・技能）

②空間を活用した攻撃の作戦を考えることができる。（【わかる】思考・判断・表現）

③作戦づくりや練習の中で、仲間と協力することができる。（【かかわる】学びに向かう力、人間性等）

## 3. 単元の評価

①相手から見えないようにボールを隠して、同じ動きからランプレーとパスプレーができる。（【できる】知識・技能）

②空間を活用した作戦で、プレイヤー全員の動きを工夫することができる。（【わかる】思考力・判断力・表現力）

③チーム全員が力を発揮できるように役割分担ができる。（【かかわる】主体的に学習に取り組む態度）

## 4. 教材について

　フラッグフットボールは、他のゴール型ボールゲームと違って、１プレーごとに区切りがあり、毎回プレーが停止する。そして、それぞれのプレーの前には作戦会議（ハドル）の時間（約 30 秒）があり、そこで共有された作戦を意図的に実行しやすいゲームとなっている。つまり、フラッグフットボールは戦術学習に非常に適した教材である。このため、初期段階では作戦会議を経て「意図的なプレーの実行」が重要になる。

　また、フラッグフットボールは、ボールを持って走って前へ進むことができ、作戦会議の中で役割分担をして、自分が何をすればよいのかが明確になっている。このため、ボール運動が苦手な子どもにとっても、自分の役割を実行しやすいスポーツである。特に、速く走ることができる子がおとりになり、走ることが遅い子によるランプレーで得点することができる。

　学校体育では、これらの教材価値が認められて、「チームみんなの力が発揮される作戦づくり」が学習の中心に位置づき、子どもたちのベストプレーづくりが多くの実践で生み出されている。

## 5. 子どもの実態について

　子どもたちは仲良く学校生活を送っている。学習に対しても前向きに取り組み、グループでの活動も協力できている。一方で、「身体を動かすことがきらい」「体育はきらい」と公言する子どもも

いる。また、学級で自分の思いを伝えることができなかったり、クラスメイトとの関わりが希薄になったりしている子もいる。このため、フラッグフットボール実践を通して、「わかる・できる・仲間とともに」を実現させ、仲間とプレイする楽しさを味わってほしいと願っている。

## 6. 単元計画（全体10回）

| 時 | ねらい | 学習内容 |
|---|---|---|
| 1 | フラッグフットボールとはどのようなスポーツなのか知る | ・フラッグフットボールの映像を見る<br>・自分たちが行うゲームのルールを知る |
| 2 | 2人でのハンドオフのコツについて考え、技能を高める | ・2人でのハンドオフ練習<br>・2対1のハンドオフランゲーム |
| 3 | 3人でのハンドオフのコツについて考え、技能を高める | ・3人でのハンドオフ練習①<br>・3対2のハンドオフランゲーム① |
| 4 | 3人でのハンドオフのコツについて考え、技能を高める | ・3人でのハンドオフ練習②<br>・3対2のハンドオフランゲーム② |
| 5 | どの空間にパスを投げるのか事前に共有し、パスプレーに取り組む | ・サインパス練習①<br>・3対2のハンドオフランパスゲーム① |
| 6 | ランとパスを織り交ぜたハンドオフプレーが実行できる | ・サインパス練習②<br>・3対2のハンドオフランパスゲーム② |
| 7 | モデルプレーを基に、チーム独自の4人でのハンドオフプレーを考える | ・チームでの作戦会議と練習① |
| 8 | 考えた作戦をチームで共有し、役割分担して実行する | ・チームでの作戦会議と練習②<br>・リーグ戦①（4対3のゲーム） |
| 9 | 前回のゲームの自分たちのプレーの課題を明らかにし、解決策を考える | ・チームでの作戦会議と練習③ |
| 10 | チームごとの課題を解決することを目指し、修正した作戦プレーを実行する | ・チームでの作戦会議と練習④<br>・リーグ戦②（4対3のゲーム） |

## 7. 指導にあたって

「作戦を考える学習」を指導の中心に位置付け、「作戦の評価項目」として、以下の5項目を設定した。

　①「役割」が示されているか　②「順序性」が示されているか　③「空間」が考慮されている

　④「時間的条件」が示されているか　⑤「守備」が想定できているか」

【単元はじめ】3人でのハンドオフプレーを通して「**フェイク**（相手をずらして空間を創出する技術）」を指導することで、動き方だけでなく「役割分担による戦術（基本的な動き方）」を学習する。また、モデルプレーを通して「役割を明確にすること」「行動の順序性を決めること」を学び、以下の発問によって明確な目標を考えさせる。

「どこを攻めるか（空間）」「いつ攻めるのか（時間）」「守備をどのように突破するのか（方法）」

【単元中盤】モデルプレーを通して学習したことをもとに、チームオリジナルの4人でのハンドオフプレーを考える。その際、ポイントとなるのは攻撃の4人目をどこに配置し、どのような役割を担うことにするかの工夫である。

【単元終盤】自分たちの作戦プレーを「立案」し、「練習」し、「ゲームで実行」し、「修正」するサイクルを繰り返す。この際、自分たちのプレーについて「空間・時間・方法」の３つの観点から評価し、作戦プレーを高めていく。

## 8. 本時の目標（３回目／全体10回）

①守備を惑わせる３人でのハンドオフプレーができる。（【できる】知識・技能）

②３人でのハンドオフの仕組みがわかる。（【わかる】思考・判断・表現）

③ハンドオフが上手くできているか、チームでチェックし、助言できる。（【かかわる】学びに向かう力、人間性等）

## 9. 本時の展開

| | 学習内容 | 指導上の留意点 |
|---|---|---|
| 導入 | ・チームカラーのゼッケンを着用し、ベルトとフラッグを装着し、チームごとに並んで集合する<br>活動①：しっぽとりゲーム<br>・フラッグを取る動きと、フラッグを取られない走り方を身につける | ・授業が始まる前に、チームごとに並んで集合する場所を決める<br>・短い時間でたくさん動くことができるように声をかける |
| | 発問…ボールを上手くかくすためのハンドオフのコツは何でしょう | |
| 展開 | 活動②：３人でのハンドオフ練習<br>・以下のハンドオフの動きを練習する<br>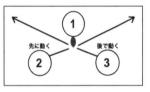<br>［ハンドオフのポイント］<br>・ボールの持ち方について、楕円形の先の方を両手で掴んで、ボールを寝かせるように、味方の手と手の間のお腹の辺りに差し出す<br>・ボールを受け渡す地点は、背中によって守備側に見えない位置<br>・低い姿勢で体の懐を曲げてボールを隠す。また、守備には体の正面ではなく、自分の背中を見せるイメージで、体を少し捻る<br> | ・ハンドオフの動きを分かりやすく伝えるために、見本となる動画を見せたり、実演したりして、子どもたちがイメージしやすいようにする<br>・ハンドオフの動きに慣れていない段階では、ゆっくりのスピードで練習するように声をかける<br>・観察役は、守備側の位置に立って、動画を撮影し、助言をおくるようにさせる<br>・各グループを巡視しながら、ハンドオフが上手くできているか評価する。その際、「姿勢」と「タイミング」の２つの観点から評価する<br>・子どもたちがハンドオフの動きに慣れてきたら、それぞれの役割をローテーションさせて、それぞれの動きと技能を身につけさせる<br>・いつ、どこに、どのタイミングで走るのか考えさせる |

| 展開 | 活動③：3対2のハンドオフランゲーム<br><br>3点ゾーン<br>2点ゾーン<br>1点ゾーン<br>スタートライン<br><br>［ルール］<br>・攻撃3人、守備2人<br>・攻撃チームの「レディ・ゴー」のかけ声で始まる<br>・ボールを持っている人が、フラッグを取られずに侵入できたゾーンの点を得る<br>・3回連続で攻撃を行い、その後攻守交代する<br>・ボールを持っていない人のフラッグは取れない<br>・守備はスタートラインを越えることができない<br>・守備は1点ゾーンの中からスタートする<br><br>・攻撃チームは、モデルプレーの3人でのハンドオフの動きから、誰がボールを持って走るのかを決めて、プレーを実行する | ・攻守共に、ローテーションして出場メンバーを交代するようにさせる<br>・ゲームに出ていない人は、審判役と動画撮影役を務めるようにする<br>・作戦会議や移動に時間がかかり過ぎないように、時間管理をする<br>・ゲーム中に衝突しないよう、ぶつかりそうになったら停止するように声をかける<br>・得点の判定が目視で難しい場合は、撮影された動画をチェックして、判断をくだすようにさせる<br>・ボールを持たずに、持っている演技をする役割の人は、守備を自分の方に引きつける意識を持たせるようにする<br>・作戦会議をして、チームで意図的なプレーを実行するようにさせる |
| 総括 | ・ハンドオフのコツについて、気づいたことをクラス全体で共有する<br>・ふりかえりシートに、各自が気づいたことと感想を書く | ・これまで出てこなかった考えをクラス全体で共有できるようにする |

## 10. 評価基準

・A基準…3人全員がボールを隠す動きができていて、役割を変えても実行できる。

・B基準…3人全員がボールを隠す動きができている。

・C基準…ボールを隠せていないが、落とさずに手渡しできている。

## 11. 参考文献

　制野俊弘「フラッグフットボール実践の課題を探る－もう一つのフラフト実践」学校体育研究同志会編『たのしい体育・スポーツ2014年3月号』（2014年）

　平田和孝『みんながタッチダウンするフラッグフットボールの指導』（2011年）創文企画

　殿垣哲也「ふたりって大きいネ！ふたりが変える授業とカリキュラム」学校体育研究同志会編『運動文化研究19号』（2001年）

## 第１章 小学校の実践プラン⑨ゲーム：バレーボール

# 小学校第４学年 体育科 学習指導案

2023年11月8日／男子16名・女子16名：計32名

実施場所：体育館／授業者：近藤ひづる

## 1. 単元名

ゲーム：ネット型ホールディングバレーボール　―バレーボールのコンビプレーを楽しもう―

## 2. 単元の目標

①トスとアタックのコンビネーションによる意図的な攻撃とその防御を含むラリーができる。（【できる】知識・技能）

②トスとアタックのコンビネーションプレーや３人の果たす役割がわかる。（【わかる】思考・判断・表現）

③発問やゲーム記録・分析及び感想文から学習課題をつかみ、みんなで考え、教え合って学習する。（【かかわる】学びに向かう力、人間性等）

## 3. 単元の評価

①意図的な攻撃とその防御を含むラリーができる。（【できる】知識・技能）

②コンビネーションプレーや３人の果たす役割がわかる。（【わかる】思考・判断・表現）

③みんなで考え、教え合って学習することができる。（【かかわる】主体的に学習に取り組む態度）

## 4. 教材について

　ネット型ゲームは、攻防が入り乱れないため、コンビネーションプレーや作戦・戦術を学習させることに焦点を絞ることができる。しかし、バレーボールのようなゲームをさせようとしても、「サーブが入らない」「サーブが入ってもレシーブがどこかへ飛んでいってしまう」「ラリーが続かず、コートの中で立っているだけ」といったようなゲームになってしまいやすい。

　ホールディングバレーボールは、ホールディングを許容することで、本来学ばせたい意図的なプレーを可能にし、バレーボール独自の戦術的な攻防を楽しめるようにした教材である。ラリーの中に意図的な攻撃や攻防のかけひきがあるバレーボールの楽しさを味わえることをめざす。

## 5. 子どもの実態について

　ネット型ゲームを経験している子はほとんどいない。また、目線より上のボールを操作したりボールの落下位置を素早く予測、判断して動いたりする能力が身についている子も少ない。

　しかし、素材となるバレーボールに興味をもっている子は予想以上に多く、はじめて経験することに意欲的に取り組めることが予想される。これまでの走運動や器械運動、水泳のペアやグループでの学習で感じ始めている「みんなが、みんなでうまくなる喜び」を土台にして、さらに「技術・戦術でつながり合う関係」を深めたい。

## 6.　単元計画（全 10 回）

| 時 | ねらい | 学習内容 |
|---|---|---|
| 1 | ・学習の目標や進め方を知る<br>・準備・後片づけ、ボール操作感覚づくりの仕方を知る | ・ホールディングバレーボールのイメージをつかむ<br>・学習の目標について考える<br>・学習の進め方や役割を決める<br>・準備・後片づけやボール操作感覚づくり（準備運動）の仕方を知る |
| 2 | ・ボール操作感覚づくりで、空中での身体操作や落下位置を素早く予測、判断する力を身につける<br>・ゲームの進め方を知る | ・ジャンプキャッチやゆさぶりキャッチなどの感覚づくりを行う<br>・3 対 3 のためしのゲームをする<br>・ルールやローテーションの方法を知る |
| 3<br>4<br>5 | ・トスからのジャンプ両手アタック（コンビネーションプレー）の習熟<br>・相手コートの空いているスペースをねらってジャンプ両手アタックができる<br>・相手コートのねらいどころがわかる | ・3 対 3 の攻めの学習<br>・相手コートの空いたスペースをねらうと得点しやすいことがわかる<br>・ネット際、人と人の間、サイドライン・エンドライン際をねらった意図的な攻撃をする |
| 6<br>7 | ・「アタッカーに正対する構え」や「守る場所・空間の分担」をするとよいことがわかる | ・3 対 3 の守りの学習<br>・ゲーム記録や感想文から、相手の攻めに対してどう守るかを考える<br>・守りのポイント（「構え」や「分担」）に気づく |
| 8<br>9 | ・グループの目標を決め、達成するための練習計画を立ててグループ練習をすることができる | ・「計画―実践―総括」の過程を学び、主体的に学習を進める<br>・確かめのゲームでゲーム記録を取り、目標の達成状況を確認する |
| 10 | ・リーグ戦をして、学習のまとめをする | ・グループ目標の達成状況をゲーム記録などで確かめながらゲームをする<br>・まとめの感想（学んだこと）を書き、感想を交流する |

## 7.　指導にあたって

　子どもたちの技術・戦術認識（わかり具合）から次の課題を引き出し、互いに教え合いながら習熟練習をする。その中でわかったことをみんなのものにして、また次の課題を引き出すという学習スタイル（グループ学習）をとる。また、課題を解決するために、事実がわかる教具（ゲーム記録）を用意する。中学年でも、「計画―実践―総括」の過程を学ばせ、初歩的な自治学習（民主的集団づくり）への仕掛けを意図的に行うことをめざす。

## 8. 本時の目標（4回目／全体10回）

①相手コートの空いているスペースをねらって、ジャンプ両手アタックができる。（【できる】知識・技能）

②相手コートのどこをねらえばよいかがわかる。（【わかる】思考・判断・表現）

③ゲーム調査からわかったことを伝え合い、仲間とともに課題を追究することができる。（【かかわる】学びに向かう力、人間性等）

## 9. 本時の展開

| | 学習内容・活動 | 指導上の留意点・支援（○） 評価（☆） |
|---|---|---|
| 導入 8分 | 1．準備、集合、挨拶、健康観察<br>2．ボール操作感覚づくり（準備運動）<br>3．本時のねらいを確認 | ○役割を分担し、安全に準備<br>○基礎感覚が身につくように声かけ<br>○前時の授業後の感想文を基に設定し、本時のねらいに主体的に取り組むことができるようにする |
| | 発問…相手のコートのどこに落とせば得点できるのだろうか？ | |
| 展開 20分 | 4．ゲーム調査をする | ○ゲーム調査の方法（下図のように、得点されたり得点したりした場所にシールを貼る）がわかるように、実物を見せながら説明する<br><br>○コートの外にいる人がシールを貼るように指示する |
| | 5．ゲーム調査からわかったことをグループで話し合う | ○記録係は、出てきた意見をゲーム調査用紙にまとめるように指示する<br>○シールの集まっているところに着目して、発問に対する答えを発見するように働きかける<br>☆ゲーム調査からわかったことを友だちに伝えている（観察）【わかる（思考・判断・表現）】 |
| | 6．グループで話し合ってわかったことを学級全体で共有する | ○各グループのキャプテンに発表させる<br>○発表の内容を板書して全体にわかるようにする<br>○子どもたちのゲーム分析から、相手コートの空いているスペース（ネット際、人と人の間、サイドライン・エンドライン際）にアタックすれば得点しやすいことを引き出す |

| 展開<br>10<br>分 | 7．ミニゲームをする<br><br>[ゲームの方法やルール]<br>○バドミントンコート・ネットで行う<br>○サービスは、対角線の人に下投げで入れる<br>○3人が1回ずつさわって返す<br>○ホールディングは「いーち」（持ちかえたり、方向をかえたりしない。1歩以上歩かない）<br>○得点（1点）<br>・3回で相手チームに返せないとき<br>・相手チームのコートの外にボールが出たとき<br>・相手チームから返ってきたボールをノーバウンドで取れなかったとき<br>○両チームのサーバーがお互いに2回ずつサーブした後、両チームがローテーションする | ○相手コートの空いているスペースをねらってジャンプ両手アタックができるかどうかを確かめるためのゲームであることを押さえる<br>☆相手コートの空いているスペースをねらってジャンプ両手アタックすることができている（観察）【できる（知識・技能）】<br><br>○グループや兄弟班（ミニゲームの対戦相手）で教え合いができるように働きかける<br>☆アタックのねらいどころを伝え合い、友だちといっしょに課題追究しようとしている（観察・感想文）【かかわる（主体的に学習に取り組む態度）】 |
| まとめ<br>7<br>分 | 8．振り返り<br><br>9．整理運動、健康観察、挨拶、片づけ | ○わかったことやできたこと、困ったことなどを感想文にまとめるよう助言する<br>○安全に気をつけながら素早く行えるように促す |

## 10. 評価基準

| A基準 | B基準 | C基準 |
|---|---|---|
| 空いているスペースをねらってジャンプ両手アタックを決めることができている | 空いているスペースをねらってジャンプ両手アタックすることができている | 空いているスペースをねらってジャンプ両手アタックすることができていない |
| ゲーム調査からわかったことを進んで友だちに伝えている | ゲーム調査からわかったことを友だちに伝えている | ゲーム調査からわかったことを友だちに伝えられない |
| アタックのねらいどころを進んで伝え、友だちといっしょに課題追究しようとしている | アタックのねらいどころを伝え、友だちといっしょに課題追究しようとしている | 友だちといっしょに課題追究しようとしていない |

## 11. 参考文献

　近藤ひづる「クラスで勉強して、よーく考えたら」学校体育研究同志会編『運動文化研究 38 号』（2021 年）

　学校体育研究同志会編「新学校体育叢書　ボールゲームの授業」（2022 年）創文企画

## 第１章 小学校の実践プラン⑩ボール運動：ベースボール

# 小学校第６学年 体育科 学習指導案

2023 年 2 月 3 日／男子 10 名・女子 14 名：合計 24 名

実施場所：体育館／授業者：向山　耕

## 1.　単元名

　　ボール運動：ベースボールのおもしろさを追究する　―３対３から６対６へ―

## 2.　単元の目標

①打つ、捕る、投げるなどゲームの状況に応じて適切に行うことができる。（【できる】知識・技能）

②ゲームの状況に応じて進塁・得点をする（防ぐ）ための攻防の仕方がわかり、ルールを理解し創りかえることでベースボールのおもしろさがわかる。（【わかる】思考・判断・表現）

③目標・作戦をチームのみんなと相談・共有し、声を掛け合い、励まし合い、うまくいったらみんなで喜び合うことができる。（【かかわる】学びに向かう力・人間性等）

## 3.　単元の評価

①ゲーム状況を判断して、適切に打つ、捕る、投げるなどができる。（【できる】知識・技能）

②ゲームの状況に応じた攻め方や守り方がわかり、ルールを理解し、創りかえることでベースボールのおもしろさに気付くことができる。（【わかる】思考・判断・表現）

③目標・作戦をチームのみんなと相談・共有し、声を掛け合い、励まし合い、うまくいったらみんなで喜び合うことができる。（【かかわる】主体的に学習に取り組む態度）

## 4.　教材について

　　ベースボール型ゲームのおもしろさは「状況判断を含む打って走ると、捕って投げるの攻防」である。一方、「打つ・投げる・捕る」といったボール操作基礎技術が多く、ルールが複雑であり、ボールやランナーの動きによって状況判断をしながらプレーすることに難しさがある。そのベースボール型（野球）という文化を教材化するためには、以下の３点が大切である。

①競技人数を少なくする。一般的な９人対９人ではなく、３人対３人からスタートする。

②競技空間を限定する。フェアゾーンを狭めたり、三角ベースにしたりする。

③教具を工夫する。バットやボールをやわらかく、軽いものにする。グラブは特に必要としない。

## 5.　子どもの実態について

　　昨今の野球離れの影響で「打つ・投げる・捕る」経験が浅く、ベースボールに関する知識が少ない子どもが多くいる。アンケートでは「ルールがよく分からない」「ボールを投げるのや、打つのが下手」「投げる側と打つ側も気を使わなければいけない」「投げる方向・打つタイミングが難しい」など、ルールや用具操作、状況判断に複雑さと困難さを抱えている。子どもたちが抱える複雑さや困難さを取り除き、ベースボール（野球）観を変えていく必要がある。

## 6.　単元計画

| 時 | ねらい | 学習内容 |
|---|---|---|
| 1 | ・オリエンテーション（事前アンケートの活用）を行い、授業のねらいを知ったり、見通しもったりする | ①野球の歴史や授業のねらいを理解する<br>②野球経験や興味・関心・希望を発表し合ったり、授業計画・約束事を確認したりする<br>③３人ずつの男女異質チームを作る |
| 2<br>3 | ・基礎練習によって打つ・投げる・捕るボール操作を身につける<br>・３人対３人（三角ベース）の試しのゲームを行い、攻撃・守備の仕方が分かったり、ルールや作戦を検討したりする | ①基礎練習<br>　キャッチボール、打撃練習<br>②チーム内ゲーム（１塁を回って本塁で得点）<br>　投手・打者・野手の３役を交換して行う<br>③３人対３人の試しのゲームをする |
| 4<br>5<br>6 | ・チームで考えた練習メニューを行い、基礎技術や作戦を身につける<br>・様々な試合場面でのゲームを行い、状況判断をして攻撃・守備ができたり、作戦を考えたりする | ①基礎練習・チーム練習<br>②戦術学習<br>　・１アウト、ランナー１・２塁（満塁）<br>　・１アウト、ランナー２塁<br>　・０アウト、ランナー１塁<br>③振り返り |
| 7 | ・４人対４人のゲームを行い、キャッチャーの役割（守備全体の指示、ホームベース付近の打球または送球の対応）を考える | ①チーム練習<br>②４人対４人のゲームをする<br>③振り返り |
| 8 | ・コートを広げて６人対６人（外野手を配置）のゲームを行い、状況判断を含んだ攻防や戦術（大きな打球への対応、カバーリング、送球場面の連携）を考える | ①チーム練習<br>②６人対６人のゲームをする<br>③振り返り |
| 9<br>10 | ・総当たりリーグ戦を行い、これまでの学習で創り上げたルールや作戦の成果を味わう | ①チーム練習<br>②総当たりリーグ戦<br>③振り返り |

## 7.　指導にあたって

　提起する最低限のルールは次のものです。「投手は下手投げで打ちやすい球を投げる」「三振・フォアボールなし」「３アウトのイニング制」「走者はリード・盗塁なし。打者が打ってからスタート。」「攻防の機会を奪うホームランまたは守備範囲を大きく超える打球は無効とし、打ち直す（又はファウルの扱いとする）。」これ以外でルールの必要が生まれればその都度話し合いをします。

　用具は、ティーボール用のゴム製バット（又はラケットなど幅のあるもの）とスポンジ製ボールなど、やわらかく軽いものを使用し、恐怖心をなくします。

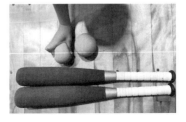

## 8. 本時の目標（３回目／全10回）

①ゲームの状況に応じて打つ・投げる・捕るなどのボール操作ができる。（【できる】知識・技能）

②３人対３人のルールを理解して行い、個人やチームの課題を見つけたり、みんなができて楽しめるためのルールを考えたりすることができる。（【わかる】思考・判断・表現）

③練習やゲームの際にチームのみんなと相談・共有し、声を掛け合い、励まし合い、うまくいったらみんなで喜び合うことができる。（【かかわる】学びに向かう力・人間性等）

## 9. 本時の展開

<table>
<tr><th colspan="2"></th><th>学習内容</th><th>指導上の留意点</th></tr>
<tr><td rowspan="2">導入</td><td rowspan="2">15分</td><td>
1. 基礎練習をする<br>
（1）３人一組でのキャッチボール<br>
・ゴロ、ワンバウンド、フライなど様々な投げ方を経験する<br>
（2）３人一組でのキャッチ＆送球<br>
・ゴロ、ワンバウンド、フライを投げ、捕球した人がもう一人へ送球する（２周ずつ左右両回り）<br>
（3）３人一組での打撃練習<br>
・バント打法→スモールスイング

| 声かけ | 打者 | 投手（下手投げ） |
|---|---|---|
| イチ | バットを体の前のミートポイントに構える | 構える（打者のミートポイントへ投げる意識をもつ） |
| ニー | テークバック | 腕を引いて前に振り出す |
| ノォッ | バット・体を止めてボールを視覚でとらえる（打つか判断） | リリースする |
| サン！ | スイング・ミート・フォロースルー | 打球に備える |

※３人一組での打撃練習が身についてきたら次時以降『５人一組での打撃練習』へ発展させる<br>
・①投手、②打者、③捕手、④⑤守備者を交代して行う。<br>
・③捕手は少し離れてワンバウンドでキャッチする<br>
・④⑤守備者は打球を捕って投手に返球する<br>
・②打者は④⑤守備者へゴロやライナーを打ち返す<br>
<br>
3. 本時のめあての確認をする

</td><td>
・チーム（３人）ごとに準備や練習をさせる<br>
・約10m離れた三角形をつくって行わせる<br>
<br>
・送球はゲームのときの守備につながる。慣れてきたら、捕球した後、素早く送球することを意識させる<br>
・投手と打者が同時に声をかけながら行い、打撃のタイミングをつかめさせる<br>
<br>
・①投手がコントロールよく投げる必要があるため、教師が代わりを務めてもよい<br>
・バッティング練習ではあるが、守備者が打球を捕って返球するので、小さな総合練習として意識させる
</td></tr>
</table>

発問①みんなができて楽しめるために，どのようなゲームのルールにしていけばよいか

発問②ゲームでの自分たちのチームの強み（良い点）と弱み（課題点）は何か

| 展開 25分 | 4．3人一組のチーム内でゲームをする <基本的なルール> ・①投手・②打者・③野手の3役を交換して行う ・1塁とホームベースのみで、塁間の距離は約7.8m（野手が捕って投げたらギリギリアウトになるように設定） ・打った打者が一塁を回ってホームに帰ってくると得点。先にホームへボールが送球される（フォースアウト）とアウト ・打者は野手に向かってゴロかライナーを打つようにする ・投手は、打者の正面ではなく左右の外れたところから、下手投げで軽く投げる 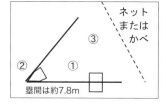 5．3人対3人の試しのゲームをする <基本的なルール> ・投手は「チーム内ゲーム」と同様、下手投げで打ちやすい球を投げる ・三振・フォアボールはなし ・3アウトの3イニング制 ・走者はリード・盗塁なし。打者が打ってからスタートする ・攻防の機会を奪うホームランまたは守備範囲を大きく超える打球は無効とし、打ち直す（又はファウルの扱いとする） 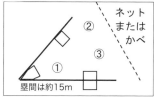 | ・投手は打者が打ちやすい投球（ピッチ）をすることでゲームが成立することや投球後、ホームベースに移動し、野手からの送球を受けたり、付近に飛んできたボールは捕球し、ホームベースを踏んだりする投手の動き方など、投手の役割を考えるきっかけにする ・1塁ベースはダブルベースとし、野手は内側と打者は外側を踏むようにさせる ・攻撃側のチームには得点などを記録させる ・基本的にはセルフジャッジをさせる ・可能な限り映像を記録しておき、成果や課題となるプレーを振り返られるようにする |
| 総括 5分 | 6．振り返りをする ・本時の2つの問いについて、自分やチームで考えたことを学習シートへ記入する 7．用具を片付ける | ・ルールの変更点や付け加え、ゲームでうまくいかなかった点などを中心に振り返らせる |

## 10. 評価基準

・A基準…ゲームの状況に応じて打つ・投げる・捕るなどのボール操作が正確にできる。
・B基準…ゲームの状況に応じて打つ・投げる・捕るなどのボール操作ができる。
・C基準…打つ・投げる・捕るなどの基本的なボール操作ができる。

## 11. 参考文献

学校体育研究同志会編「新学校体育叢書　ボールゲームの授業」（創文企画）

| 第 1 章 | 小学校の実践プラン⑪表現運動：民舞 |
| --- | --- |

# 小学校第 3 学年 体育科 学習指導案

2022 年 10 月 3 日／男子 19 名・女子 15 名：計 34 名
実施場所：体育館／授業者：後藤恭子

## 1.　単元名

　表現運動：民舞「はねこ」　―囃し囃され自分から踊り出す " はねこ "―

## 2.　単元の目標

①・" はねこ " のお囃子のリズムを感じて口拍子を唱えることができる。
　・口拍子を唱えながら、踊りの一連の踏みができる。（1 人で・チームで）
　・足の踏みと連動して、上肢（扇）の振りを決めることができる。　　【できる】知識・技能
②・中心軸がぶれずに、からだの重さを足裏（片足・両足）で支える「からだづかい」がわかる。
　・地面を踏みしめた時にはね返ってくる反力を感じて、次の振りにつながっていくことがわかる。
　・" はねこ " の文化的背景（踊りの意味・歴史的背景・人々の暮らし・願い）がわかる。

　　　　　　　　　　　　　　　　　　　　　　　　　　　　　【わかる】思考・判断・表現
③・チーム（トリオを基本にして）で声をかけ合って、自分たちで練習を始めることができる。
　・チームで仲間の踊りを見合って、違いに気づいたりアドバイスしたりすることができる。
　・" はねこ " の文化的な背景や踊りの特徴に興味を持ち、踊りを通して他者と交流したり、自己
　　を表現したりする。　　　　　　　　　　　　【かかわる】学びに向かう力、人間性等

## 3.　単元の評価

①口拍子を唱えながら、上肢・下肢連動した動きで踊ることができる。　　【できる】知識・技能
②民俗舞踊の「からだづかい」がわかり、仲間の動きの違いに気づいてアドバイスできる。

　　　　　　　　　　　　　　　　　　　　　　　　　　　　　【わかる】思考・判断・表現
③" はねこ " 踊りを通して他者と交流したり、自己を表現したりしようとしている。

　　　　　　　　　　　　　　　　　　　　　　　【かかわる】主体的に学習に取り組む態度

## 4.　教材について

　ここで取り上げる民舞教材 " はねこ " は、宮城県石巻市桃生町・寺崎地区に伝わる民俗舞踊がもとになっている。踊る人の動きにはねる動作が多いため、当地の方言、はねる（跳ぶ）・こ（人・踊り）から「はねこ」または「はねこ踊り」と名がついたそうである。太鼓や笛の音に囃されて、からだ全身で豊作の喜びを表現している。地元の寺崎八幡神社のお祭りで 1 日中練り歩いて踊られる「はねこ」は、3 種類のお囃子・踊り（打ち囃子・献囃子・馬鹿囃子）で構成されている。

　その中で、軽快なお囃子のリズムにのって大地を踏みしめながら、上肢・下肢連動した一連の動きが短いサイクルで繰り返される「打ち囃子」の部分を教材として取り上げる。民俗舞踊は、踊りとお囃子が一体となってつくり出される文化なので、太鼓のリズムを声に出して唱えながら踊るこ

とができる「口拍子」を工夫し、友だち同士で囃し囃されながら主体的に学び合うことを大切にする。また、踊りだけでなく笛や太鼓のお囃子も子どもたち自身で表現することで、体育の授業の枠を越え、年間通して合科的に学習を進め、発表の場を持つ等、発展的に取り組むこともできる。

## 5.　子どもの実態について

　子どもたちが自然の中で群れて遊んだり、日常生活で全身を動かして働いたりする時間や空間が奪われている。便利な道具や機械に囲まれた現代生活の中で、自分の「こころ・からだ」をコントロールする力や、他者と共鳴していく「こころ・からだ」が育ちそびれているのではないかと気になる状況が出現している。朝からあくびをして、「からだ」がグニャグニャ、できそうにないと思うとすぐあきらめる、人とうまく関れずすぐにキレて暴言暴力が出てしまう、自分の思い・要求を言葉で表現する力が弱い等、様々な生きづらさを抱えている子どもたちにとって、自分の「からだ」と向き合えるような学び、他者の「からだ」とも共鳴していくような体験が必要である。

　民俗舞踊に内包された自然で理にかなった「からだづかい」を学ぶ中で、子ども自身が自ら踊り出したくなるような「からだ」に出合い、人と人との関係性の回復を図ることを願って、民舞教材「はねこ」に取り組む。

## 6.　単元計画（全10回）

| | 時 | ねらい | 学習内容 |
|---|---|---|---|
| はねこのからだづかい | 1 | ○“はねこ”の全体像がわかる<br>○学習のねらい・取り組み方を知る | ○オリエンテーション（教師による劇と踊り）<br>○はねこチーム・リーダー・学習の進め方 |
| | 2 | ○足裏感覚をつかむ<br>○“はねこ”のからだづかいを知る | ○からだほぐし…“はねこ体操”（はだしで）<br>○方向感覚を含んだ足場をつかむ（へそを向ける） |
| | 3 | ○口拍子を唱えながら“はねこ”の踏みができる | ○口拍子を大きな声で唱える<br>○口拍子を唱えながら踏みの練習をする |
| 上肢・下肢連動した動き | 4 | ○中心軸がぶれずに踏み続けることができる | ○中心軸がぶれた時とぶれない時の動きを探る<br>○口拍子を唱えながら1人（チーム）で踊る<br>○はねこチームで見合い、学び合う |
| | 5 | ○足の踏みと連動して上肢を動かすことができる | ○右腰が出るとそれに連動して右肩が出るという連続性をつかむ |
| | 6 | ○扇の扱い方を知る<br>○お囃子と合わせる | ○扇の持ち方・扇のかなめから動かし、きめる<br>○太鼓のリズムにのって扇のきめどころをつかむ |
| | 7 | ○足の踏みと連動して上肢（扇）の振りをきめることができる | ○踏みと同時に上肢（扇）がきまる瞬間をつかむ<br>○はねこチームで見合い、学び合う |
| 発表に向けて | 8 | ○発表構成を知る<br>○表現の質を高める | ○リーダーが隊形移動の先頭に立つ<br>○歩きはねこ・向きかえはねこ・目線を上げて |
| | 9 | ○発表に向けて表現の質を高める<br>○囃し手・踊り手のいきを合わせる | ○はねこ学習カードを使ってチーム練習をする<br>○ミニ発表会をする |
| | 10 | ○囃し囃され自分から踊り出せる“はねこ”を求めて | ○お囃子を聞くと思わずからだが踊り出す、自から声を発し仲間と息が合う瞬間を体感する |

※運動会の発表に向けて、学年合同体育として授業を実施することも考えて計画を立てている。

※YouTube等で検索すると「はねこ」踊りの動画を見ることができる。

## 7. 指導にあたって

### (1) オリエンテーション

　就学前〜小学校低学年まで、民俗舞踊に触れる経験がほとんどない子どもたちを、いかに興味を持って意欲的に学習に向かわせていくか。民俗舞踊との出会いが子どもたちの心をゆさぶり、イメージを豊かにふくらませていくことができるような導入を工夫することが大切である。そのために、学年集団の合意形成を図り、教師たちみんなで" はねこ " の劇（ナレーター・音響・背景映像・お囃子・踊り・登場人物等）の役割を分担して準備し、オリエンテーションで子どもに提示するところから学習をスタートさせる。子どもたちは、（早く踊りたい）（難しそう）など様々な感想を持ちながら、学習への期待を高めていく。＊オリエンテーションの内容はその時の学年の状況により、映像、お話、資料等を使って可能な形で行う。

### (2) グループ学習を組織する…リーダーを育てる

　子どもたち一人ひとりの「からだ」は違い、踊りの掴み方も違う。思うように動かない自分の「からだ」に出合った時、そばで声をかけながら一緒に踊ってくれる仲間がいることで、自分の「からだ」と向き合い他者の「からだ」とも共鳴していけるような学びをつくりたい。このため、授業での全体指導と並行して、" はねこリーダー " を募り、リーダー会（休憩時間）を開いて自分たちで学習を進める。①足裏感覚をつかむための「はねこ体操」②はねこの口拍子の言い方③基本の踏み方等を全体の学習より先行させてリーダーに伝え、チームで学び合う時間を授業の中でとる。また、学習の進み具合をリーダー会で共有し、チーム練習でうまくいかないことを相談して解決の方法を探る。「どんな言葉かけをしたら伝わるか」「少しでもできるようになったことを見つける」等、子どもたち同士が見合い学び合う力を育てていく。

### (3) 民俗舞踊の「からだづかい」

　民俗舞踊の所作には、先人たちが日常生活や労働の中で培ってきた無理のない合理的な「からだづかい」が内包されている。しかし、現代生活の中でこの「からだづかい」は失われている。そこで、意図的に民俗舞踊の「からだづかい」を学習の中に配列していく必要がある。外から見える形を一律に教え込む学習ではなく、子どもたち一人ひとりが自分の「からだ」に目を向け、からだの重さを足裏で受け止めた時にはね返ってくる反力を感じる等「実感する」ことを大切にして学習を進めたい。

## 8. 本時の目標（4回目／全10回）

①中心軸がぶれずに踏み続けることができる。　　　　　　　　　　（【できる】知識・技能）

②地面を踏みしめた時に、はね返ってくる反力を感じる。　　　　（【わかる】思考・判断・表現）

③仲間の踊りを見合い、違いに気づいたりアドバイスしたりすりことができる。

　　　　　　　　　　　　　　　　（【かかわる】学びに向かう力、人間性等）

## 9. 本時の展開

| | 学習内容 | 指導上の留意点 |
|---|---|---|
| 導入 | 1. からだほぐし<br>2. 前時までの学習を確かめる<br>　※チーム練習 | ○集合したチームから" はねこ体操 "（はだし）をする<br>○口拍子を唱えながら踏みの練習をする（チームで）<br>　一人ずつ踊って、できないところは一緒に踊る（チームで） |

| | | |
|---|---|---|
| 導入 | 3. 本時のねらいを確認する（全体） | ○本時のねらいを理解させる |
| | 「からだ」がつかれずにふみ続けることができるための「からだづかい」をさぐろう | |

| | | |
|---|---|---|
| 展開 | 4. 踏み方の違いを見つける<br>○チームで一人ずつＡの踏みを踊る<br>○踏み方の違いがないか観察する<br>○踏みの違いに気づく<br>（二人ずつ踊って違いを比べる）<br>アからだの中心軸が前に傾く<br>イからだの中心軸が地面に垂直に立つ | ○一人ずつ踊る時<br>　チームのみんなで口拍子を言う<br>○ドンドコドンドンドンの右足一歩踏み出すドンに注目させる<br>○気づきが出にくい時には、中心軸に目が向くように教師が踊って見せる。 |
| | ○ア・イの踏み方で踏んでみる<br>　踏むときにからだの動きで違うところはないか観察する（チームで）<br><br>○気づいた違いを全体で交流する | ○一人ずつ踊って違いを言葉で表す（内の目・外の目）<br>からだの内側で感じる（内の目）<br>ア→グラグラする・頑張って踏んでいる感じ<br>イ→足の裏にストンとのった感じ・踏んだらふっと浮かび上がってくる感じ<br>外から見たからだの動き（外の目）<br>ア→ひざが伸びている・足を大きく踏み出している中心軸が傾いている |
| | ○どちらの踏み方がつかれずに長く踏み続けられるだろう？<br>・イの踏み方でリズムよく踏み続けている人の踊りを見る | イ→ひざが曲がっている・地面に真っすぐたっている踏み出す足の歩幅が小さい<br>○意識的にアの踏み方、イの踏み方で踊ってみる<br>○教師はチームを回ってア・イどちらの踏み方が長く楽に踏み続けられるか問いかけてみる。（この時間だけでつかめなくても大丈夫！ゆっくり時間をかけて） |
| 総括 | ○本時のまとめをする<br><br><br>○イの踏み方が難しい時にどうしたらいいか？→『お手玉作戦』を予告 | ○地元のお祭りでは、一日中練り歩いて踊るので、できるだけ疲れずに踊り続けられる「からだづかい」の技をつかんでいくことの大切さを理解させる<br>○中心軸がぶれないで踏み続ける方法を考えさせる<br>→お手玉をどのように使うか？ |

はねこ口拍子

カッカラカッカ　カッカラカッカ
カッカラカッカ
Ⓐ　ソレ　ドンドコドンドンドン
　　ソレ　ドンドコドンドンドン
Ⓑ　ハァ　ドドキテサッ　ふんで
　　　　サットンセ　ソレ
Ⓒ　ふんでトン　ふんでトン
　　ふんで

## 10. 評価規準

・Ａ規準…中心軸がぶれずに踏み続けることができる。

・Ｂ規準…口拍子を唱えながら、踊りの一連の踏みができる。（1人で・チームで）

・Ｃ規準…"はねこ"のお囃子のリズムを感じて口拍子を唱えることができる。

## 11. 参考文献

進藤貴美子「日本の子どもに日本の踊りを」『体育科教育 2012 年 2 月号』大修館書店

沼倉学「表現運動民舞教材『今別』荒馬」学校体育研究同志会編『小学校中学年体育の授業』（2019年）創文企画

後藤恭子『ぼく、"はねこ"おどりたいなぁ』学校体育研究同志会編「運動文化研究 37 号」（2020 年）

## 第1章 小学校の実践プラン⑫保健：心の健康

# 小学校第6学年 体育科 学習指導案

2023年1月31日／男子18名・女子17名：計35名

実施場所：教室／授業者：窪田浩尚

## 1. 単元名

保健：心の健康 ―賢く使おう スマホやゲーム機―

## 2. 単元の目標

①スマホやゲーム機が私たちの生活・身体に与える影響を理解することができる。(【できる】知識・技能)

②日々の生活の中でどのようにスマホやゲーム機を使えばよいか考えることができる。(【わかる】思考・判断・表現力)

③スマホやゲーム機の使い方や使うときのルールなどを交流し合い、どのような使い方がいいか自分の生活を振り返ることができる。(【かかわる】学びに向かう力・人間性等)

## 3. 単元の評価

①スマホやゲーム機が私たちの生活・身体に与える影響を理解することができる。(【できる】)

②日々の生活の中でどのようにスマホやゲーム機を使えばよいか考える。(【わかる】)

③スマホやゲーム機の使い方や使うときのルールなどを交流し合い、どのような使い方がいいか自分の生活を振り返ろうとしている。(【かかわる】主体的に学習に取り組む態度)

## 4. 教材について

デジタル機器の普及で生活が便利で豊かになり、子ども達もスマホやゲーム機の所有率が増えた。しかし、このような「道具」を正しく使うことができないと、私たちの生活や身体に大きな影響を与えることが様々な文献や資料で報告されている。

学校で行う「スマホ安心教室」などの情報モラル教育では、危険な事例を紹介して危機感を持つようにはなるが、それでもやめられないのが現状である。スマホやゲーム機を使うことで身体にどのような影響を与えるかを学習し、その上でどのように賢く・正しく使うかを考えることには大きな意味がある。

## 5. 子どもの実態について

仲間とのコミュニケーションツールや娯楽のため、ゲームに熱中して承認要求や自己肯定感を高めようとSNSに夢中になるなど、子どもたちの生活にスマホやゲーム機は深く入り込んでいる。保護者の管理のもと、家庭でルールづくりが行われるが、年齢やライフスタイルの変化でそのルールも適宜見直しが必要となる。「使ってはいけない」といった禁止ばかりを求めるのではなく、「どう使っていけばいいか」について共に考える機会を持つことが必要になっている。

## 6.　単元計画

| 時 | ねらい | 学習内容 |
|---|---|---|
| 1 | ・これからの学習について見通しを持つ<br>・子どもの利用状況を交流する | ・スマホやゲーム機に関するアンケートを取り、子どもの利用状況を交流する |
| 2 | ・アンケート結果を交流し、スマホやゲーム機の利点と問題点を考える | ・アンケート結果を交流する<br>・スマホやゲーム機の「良いところ」と「悪いところ」を考える |
| 3 | ・SNS やネットのトラブルの事例を通して、コミュニケーションの取り方を考えることができる | ・実際に起きた SNS やネットトラブルを紹介する<br>・グループでメッセージアプリを使用していた小学 6 年生の A くんの事例を通して、仲間とどのようにコミュニケーションをとればよいかを考える |
| 4 | ・脳の仕組みを理解し、依存症について考えることができる | ・「ママのスマホになりたい」の絵本を読み、感想を交流する（165 ページ）<br>・依存症の仕組みを知り、使い方を考える |
| 5 | ・スマホやゲーム機を利用し続けることで、身体にどのような影響があるかを理解する | ・スマホやゲーム機を使い続けると、目が悪くなるのは本当なのかを考える<br>・ブルーライトが身体に与える影響を知り、スマホやゲーム機の使い方を考える（165 ページ） |
| 6 | ・スマホやゲーム機を使い続けることで、学力にどのような影響があるかを考える | ・スマホやゲーム機を使い続けると、成績が下がるのかを資料を用いながら考える<br>・スマホやゲーム機の利用と脳の前頭前野の働きと関係について考える（165 ページ） |
| 7 | ・学習したことを振り返り、自身の生活を見直す | ・自分の生活を見直し、スマホやゲーム機の使い方の計画を立てる |
| 8 | ・実践したことを交流し、振り返りをする | ・スマホやゲーム機の利用で気を付けたことなどを交流し、これからの使い方について考える |

## 7.　指導にあたって

　導入ではスマホやゲーム機の実態把握を行う。便利なことや楽しいことがある反面、使い方を考えさせることを大切にしたい。ネットトラブルや依存症、視力や睡眠、そして学力との関係などの視点でスマホやゲーム機と自らの生活を振り返ることを大切にしたい。学習したことをもとに自身の生活を見直し、実際に実践する期間を確保し、うまくできたことや反省点などを交流し、これからの使い方を考えさせたい。

## 8. 本時の目標（5回目／全体8回）

①スマホやゲーム機が身体に与える影響を理解することができる。（【できる】知識・技能）

②スマホやゲーム機と視力・睡眠の関係をもとに自分の生活を振り返り、自らの課題と解決方法を考えることができる。（【わかる】思考・判断・表現）

③スマホやゲーム機との関わり方について考えを交流し合い、すすんで自分の生活を見直そうとする。（【かかわる】学びに向かう力・人間性等）

## 9. 本時の展開

| | 学習活動 | 指導上の留意点 |
|---|---|---|
| 導入 5分 | 1．前時の振り返りをする<br><br>2．本時の課題の確認をする | ○前時の振り返りを交流し、依存症の観点から自分たちの生活の仕方を振り返らせ、本時の学習の意欲付けをする |
| | 発問…スマホやゲーム機を使い続けると、体にどのようなえいきょうがあるのかを考えよう | |
| 展開 30分 | 3．スマホやゲーム機を使い続けると、身体にどのような影響があるのかを交流する<br>・グループで交流し、その後グループで出た意見を全体で交流する | ○自分たちの生活を振り返り、体に与える影響を考えさせる<br>〈予想される反応〉<br>・ずっと使うと目が悪くなる<br>・なかなかやめられない（依存症）<br>・体が不健康になる |
| | 4．スマホやゲーム機を使うことで、本当に目が悪くなるのかを考える | ○人間の目の仕組みを通して、近くの画面をずっと見ることで遠くのものを見る目の筋肉が弱くなってしまうことを理解させる |
| | 5．スマホやゲーム機の画面からでるブルーライトの影響<sup>(注)</sup>について考える（165ページ） | ○ブルーライトを長時間浴びることで、目の角膜や水晶体、網膜などにダメージを与えることを資料から気づかせる。また、ブルーライトを長時間浴びることで身体の覚醒効果が高まり、体内時計が乱れ、寝付きが悪くなり、睡眠が浅くなるきっかけになることに気づかせる |
| | 6．成長と睡眠の関係について考える | ○既習の学習内容を思い出し、十分な睡眠が体のよりよい成長に関係していることを押さえる。この時、メラトニン、成長ホルモンの働きなども復習する |

| 総括 10分 | 7．学習したことをグループで話し合い、スマホやゲーム機のよりよい使い方について考える<br>・グループで交流し、その後グループで出た意見を全体で交流する | ○学習してわかったことや、スマホやゲーム機とどのように関わっていくかを話し合わせ、自分の生活の振り返りにつなげる<br>〈予想される反応〉<br>・スマホやゲームをする時は、目から離して使って、時間を決めて使おう<br>・寝る1時間前にはブルーライトを浴びない方がいい |
|---|---|---|
| | 8．学習のまとめを行い、振り返りを書く | ○学習したことを振り返り、スマホやゲーム機を使うときに気を付けることや、これから実践したいことを書かせ、学習を振り返らせる |

## 10. 評価基準

・A基準…スマホやゲーム機が身体に与える影響を理解し、課題解決に向けて自身の生活と結び付けながら表現することができる。
・B基準…スマホやゲーム機が身体に与える影響を理解し、課題解決に向けて自分の考えを表現することができる。
・C基準…スマホやゲーム機が身体に与える影響を理解することができる。

## 11. 注：ブルーライト

　ゲーム機やスマホなどから発せられる光＝ブルーライト（太陽の光と同じ効果があり、体内時計を整える機能を持つ）を、昼夜問わず浴びることで体内リズムが乱れてしまう恐れがあります。体内リズムの乱れはやがて糖尿病などの生活習慣病の発症を高めると言われ、加えて寝る前の使用はメラトニンの分泌を抑え、睡眠障害や肥満のリスクが高まることも報告されています。

　また、スマホやゲーム機の長時間の使用は無理してピントを合わせようとするため目が疲れます。光によるダメージは量×時間に比例するため、目の病気のリスクが高まることが予想されます。

## 12. 参考文献

のぶみ『ママのスマホになりたい』（2016年）WAVE出版
川島隆太『スマホが学力を破壊する』（2018年）集英社新書
アンデシュ・ハンセン『スマホ脳』（2020年）新潮新書

| 第１章 | 小学校の実践プラン⑬ゲーム：ボッチャ |
|---|---|

# 小学校第４学年 体育科 学習指導案

2023 年 12 月 15 日／男子 15 名・女子 15 名：計 30 名

実施場所：体育館. 指導者：東畑　優（仮名）

## 1.　単元名

　ゲーム　―ボッチャでアダプテッド・スポーツについて考える―

## 2.　単元の目標

①作戦・戦術を考えてプレーすることができ、みんなが楽しめるゲームをつくることができる。（【できる】知識・技能）

②作戦・戦術に基づく投球の意図や、みんなが楽しめるゲームのつくり方がわかる。（【わかる】思考・判断・表現）

③異なる運動能力をもつ仲間と、ゲームづくりやプレーを通して、ともに楽しむ。【かかわる】学びに向かう力、人間性等）

## 3.　教材について

　ボッチャは、東京 2020 パラリンピック競技大会の開催で注目され、各地で競技会の開催、イベントの催し物として行われる等、広く親しまれるようになってきた。小さな子どもから高齢者まで楽しめるのは、ボールを投げて的玉（ジャックボール）に近づけるというとてもシンプルな技能とルールで構成されているためであり、それでいて、戦術性に富み、奥深いスポーツでもある。

　ボッチャは、そもそもヨーロッパで脳性まひ者がプレーできるスポーツとして考案されたが、障害の程度が重度な人でも参加できるようにルールが整理されてきた。障害の程度によって選手をBC1 ～ 4 の 4 つのクラスに分け、ボールを投げることが難しい場合には、蹴ったり、ランプという道具を使ったりして参加できるようにした。

　このように、スポーツ自体を、その人に合わせてつくり変える（アダプテッド）ことで、より幅広い人たちが参加できるようになった。運動、スポーツに苦手意識をもつ子が増えている中で、参加者に合わせてスポーツをつくり変えることのよさを、ボッチャを通して考えさせていきたい。

## 4.　子どもの実態について

　幼年期の運動経験に違いが大きく、運動・スポーツが大好きで、よく行っている子が半数ほどいるが、苦手であまり好きではない子も半数いて二極化している。

　得意としている子の中には、失敗や負けを受け入れることが難しい子も数名いる。また、苦手としている子には、技能差が顕著となる競争や勝敗をつけること自体に嫌悪感をもつ子も少なくない。

　運動・スポーツに対して異質な考えをもつ子が混在するからこそ、ボッチャを学ぶことで、「より多くの人が楽しめるように」という、つくり手の願いを伝え、子どもたちにスポーツのあり方を考えさせたい。

## 5.　単元計画（全体10回）

| 時 | ねらい | 学習内容 |
|---|---|---|
| 1<br>2 | ・ボッチャのルールを知り、ボールの仕組みを調べ、ボールを作ることができる<br>・ボールが違うと偶然性が変化し、ゲームのおもしろさが変わることがわかる | ・パラリンピック種目としてのボッチャ<br>・ボール作り<br>・公式球、自作ボール、紅白玉、新聞紙玉、ドッジボール等によるゲームの比較 |
| 3<br>4<br>5<br>6 | ・団体戦（3対3・公式球を活用）を行い、ルール・マナーがみんなで楽しめるように作られていることがわかる<br>・投球の技術、作戦・戦術を学び、戦術性が豊かなスポーツであることがわかる | ・投げ方（ボーリング投げ、バックハンド）<br>・投球の意図（寄せる、弾く、妨害する）<br>・ジャックボールの位置と作戦<br>・プレーヤーの位置と投球の順序<br>・みんなで楽しめるルール、マナー |
| 7<br>8 | ・障害の違いに応じて、投球の仕方を変えることで、参加できる人を増やしてきたことがわかる（アダプテッド）<br>・ランプを使ったゲームを行い、アシスタントの役割とゲームのおもしろさを考える | ・障害に応じたクラス分け（BC1〜BC4）<br>・BC3（重度の四肢まひ）の投球の仕方を予想する<br>・ランプ作り（自作ボール活用）<br>・アシスタント付きゲーム |
| 9<br>10 | ・お客さんを招待してボッチャ大会を開き、参加者に合わせてルールを工夫し、みんなで楽しめるゲームをつくる | ・誰を招待するか（下級生、家族など）<br>・参加者に応じたルール作りと大会運営<br>・学習のふりかえり |

## 6.　指導にあたって

　ボッチャは、ボールさえあればいつでもどこでも楽しめる簡易性がよさの1つである。1，2時はボールに着目させ、自分たちでもボール作りをしてみる。ボールはカラーボールに小さな穴を空け、中に砂を入れ、ビニールテープで穴を塞ぐと、やや小さめだが簡単に作ることができる。ただ、どんなボールでも楽しめるが、ボールが歪だとゲームの偶然性が高まる。公式球は大きさ、重さとも、意図的な作戦・戦術による競い合いに適したつくりになっていることを、ボール作りによって実感を伴って理解しやすくなる。

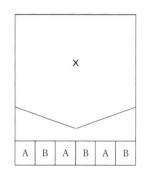

　3時から3対3の団体戦で、ボッチャが「誰もが作戦・戦術の競い合いのおもしろさを味わいやすいスポーツであること」を学ぶ。「ボールは1人2球、コートは投球位置を相手・味方6人が互い違いに並ぶようにし（上図）、投球順はジャックボールから遠いチームが投げる」設定にするとゲームの戦術性が高まる。投球の技術や作戦について学ぶ。

　7，8時はアダプテッド・スポーツとしてのボッチャについて学ぶ（本時168ページ参照）。

　単元のまとめは、学習したことを生かしたボッチャ大会の企画・運営とした。例えば、幼い子を招待した場合、あまり複雑なルールだと楽しめない。個人戦で行うこともできるし、団体戦でも、「ボールは1人1球、コートの投球位置はチームで2分割（169ページ参照）、投球順はボール位置に関わりなくチームで交互」などに設定することもできる。「参加者に合わせて、みんなが楽し

めるようにゲームをつくり変える（アダプテッド）」ことを、大会企画によって実体験させたい。

## 7. 本時の目標（7回目、8回目／全体10回）

①ランプを使って、プレーヤーとアシスタントが協力してプレーできたか。（【できる】）
②障害の違いに合わせた投げ方の工夫で、楽しめる人を増やせることがわかる。（【わかる】）
③仲間と協力してランプ作りやグループ練習、試しのゲームに取り組む。（【かかわる】）

## 8. 本時の展開

| | | 学習活動 | 指導上の留意点 |
|---|---|---|---|
| 導入 7時 | | 1. ボッチャはどんなスポーツか、学習をふりかえる<br>C：力の差があまりない。　C：苦手な人も楽しめる<br>C：みんなに勝てるチャンスがある<br>⇒ボッチャはだれもが参加しやすいスポーツ<br>2. ボッチャのクラス分け<br>　さまざまな障害をもつ人たちが、なるべく多く参加できるよう、障害の違いに合わせてさまざまな投げ方を取り入れていった<br>　BC2：ボールを手で投げる（下手投げが多い）<br>　BC1と4：ボールを手で投げたり（上手投げをする選手もいる）、足で蹴ったりすることができる | ・これまでの授業での感想文、発言などをまとめ、ふりかえるとよい<br><br>・競技会の投球中の写真などを用意しておくとよい<br><br>・クラス分けの詳細は参考文献（齊藤まゆみ著）や「日本ボッチャ協会競技規則」参照 |
| 展開 7時 | | 3. 障害の違いに合わせたゲームの工夫<br><br>発問…BC3（重度の四肢まひがあり、ボールを保持したり、投げたりすることができない）の選手たちは、どう参加しているでしょうか？<br><br>C：指示をして、誰かに投げてもらう<br>C：AIを活用してロボットが投げてくれる<br>C：ボーリングの幼い子用の球を転がす台を使う<br>⇒ランプという道具を使い、アシスタントという補助者と一緒に参加する<br><br>4. ランプを作ってみよう<br>【作り方の例】<br>スポンジ製コーナーガード（円柱状のもの）を縦に半分に切って半円柱状にする。その裏に太めの針金を縦にビニールテープなどで貼り付け、支えとなる骨組みをつくる。ボールがスムーズに転がるよう椅子などに固定する | <br><br><br><br><br>・地域の体育振興会等からランプを借りて見せてもよい<br><br><br><br><br>・団体戦の3人グループで、各グループに1つランプを作る<br>・ボールは1時で作った手作りボールを活用するとランプも作りやすい<br>・段ボール芯を活用してもランプを作ることができる |

| | | |
|---|---|---|
| 展開<br>8時 | 5．アシスタントに関するルールについて考えよう<br><br>発問…アシスタントは、「コートを振り返って見てはいけない」「プレーヤーの指示以外、動いてはいけない」というルールがあります。なぜこのようなルールがあるのでしょう<br><br>C：見てしまうと、アシスタントの判断になってしまう<br>C：プレーヤーが、転がすだけの役割になってしまう<br>C：考えるおもしろさを、プレーヤーが味わえない | |
| 展開<br>8時 | 6．ランプを使ってアシスタント付きゲームをしてみよう<br>【ルール】<br>アシスタントはコート方向を見てはいけない。プレーヤーの指示で、アシスタントはランプの向きを動かし、ボールをランプ上に設置する（高さもプレーヤーが決める）<br>プレーヤーが設置された位置からボールを手放し、投球<br>（1）チーム練習の時間<br>ランプのどの位置から転がすと何m進むことができるかを調べ、ランプに印などを付ける。プレーヤーからアシスタントへの指示の仕方を考える（言葉、指さしなど）<br>（2）試しのゲーム<br>プレーヤーとアシスタント役に別れ、試しのゲーム | <br><br>・コートは投球位置を2分割（上図）。3人のうち、2人がプレーヤー、1人をアシスタントにする。プレーヤー1人2球ずつ（チームで4球）投球する |
| 総括<br>8時 | 7．学習をふりかえり、感想文を書く<br>【視点】<br>プレーヤー：アシスタントと協力できたか。どんなところが難しかったか<br>アシスタント：難しさやおもしろさ、やりがいは何か？<br>全体：障害をもった人が、ランプを使うと競争が楽しめることについて、どのように感じたか？ | ・意思疎通の難しさを書く子が多いだろう。「互いをよく知り、息を合わせる」ことで上達するおもしろさ（やりがい）があることへと繋げていくとよい |

## 9．評価基準

・A基準…プレーヤーとアシスタントが協力するよりよい方法を考え、プレーすることができた。
・B基準…プレーヤーとアシスタントが協力してプレーすることができた。
・C基準…プレーヤーとアシスタントが協力してプレーすることができなかった。

## 10．参考文献

齊藤まゆみ『教養としてのアダプテッド体育・スポーツ学』（2018年）大修館書店
　東畑優（仮名）「ボッチャだけは、勝ちたいもん！」学校体育研究同志会編『たのしい体育・スポーツ2020年春号』
　＊コートについては「日本ボッチャ協会競技規則」を参照するとよい。

## 第1章 小学校の実践プラン⑭器械運動：マット運動

## 小学校第6学年 体育科（保健学習を含む）学習指導案

2023年10月23日／児童数30名
実施場所：体育館・教室／授業者：髙田佳孝

### 1. 単元名

器械運動：マット運動 ―自分たちで見つける連続技のコツと感染症対策―

### 2. 単元の目標

①感染症対策を意識しながら、回転系や組み合わせた技を安定しておこなうことができる（【できる】知識・技能）

②各技に共通するからだの使い方を理解し、連続技に活かす方法がわかる（【わかる】思考・判断・表現）

③感染症対策を意識しながら、グループ内で協力し、連続技のコツを見つける学習を進める（【かかわる】学びに向かう力、人間性等）

### 3. 単元の評価

①感染症対策を意識しながら、回転系や組み合わせた技を安定しておこなうことができているか（【できる】知識・技能）

②各技に共通するからだの使い方を理解し、連続技に活かす方法を理解しているか（【わかる】思考・判断・表現）

③ 感染症対策を意識しながら、グループ内で協力し、連続技のコツを見つける学習を進めることができているか（【かかわる】主体的に学習に取り組む態度）

### 4. 教材について

　マット運動は、体操競技の床運動を教材化した運動の総称であり、連続技を通した空間表現に運動の面白さがある。そのため、できるようになった技を繰り返したり組み合わせたりすることで、マット運動の楽しさや達成感を感じられるようにしたい。しかし、新型コロナウイルス感染症による感染症対策によって、身体接触や交流場面を避ける傾向にあり、本来のマット運動がおこなわれにくい現状がある。そこで、マット運動の単元の中に、感染症対策の学習を組み込み、子どもたちが合意形成した「学習の仕方（学習規律）」を基盤にしながら、グループ学習を通して空間表現の質を高めていけるようにした。

### 5. 子どもの実態について

　新型コロナウイルス感染症による運動不足や体力低下が問題となっている。体育実技も感染症対策が優先され、運動のねらいが十分達成できているとは言えない状況であり、運動量も確保できていない。また、子どもたちは、感染症対策について、教師から提示されたものを守っていくという

受け身の状態にあり、自分事として健康を意識しながら取り組む様子は、ほとんど見られない。このため、感染症対策の学習を行いながら運動の仕組みがわかり・できるようにしていきたい。

## 6.　単元計画

| 時 | ねらい | 学習内容 |
|---|---|---|
| 1 | ・新型コロナウイルス感染症による感染症対策の必要性を理解する<br>・子どもたち自身が考えた、感染症対策を意識したマット運動の「学習の仕方」を考える | ・新型コロナウイルス感染症による実行している感染症対策を振り返る<br>・自分たちで考えた、マット運動をする時の感染症対策を意識した学習の仕方を考える |
| 2 | ・大また歩き前転を含む連続技ができる<br>・ロングマットの学習の仕方を考える | ・大また歩き前転を習得する<br>・目、腰、足の観点からの教え合いをする |
| 3 | ・大また歩き側転を含む連続技ができる<br>・ロングマットの学習の仕方を考える | ・大また歩き前転と大また歩き側転を比較する<br>・目、腰、足の観点からの教え合いをする |
| 4 | ・大また歩き側転と前転を含む連続技ができる<br>・ロングマットの学習の仕方を考える | ・次の技につなげるための姿勢制御を習得する<br>・技と技のつなぎの姿勢の教え合いができる |
| 5 | ・側方倒立回転やロンダートができる<br>・ロングマットの学習の仕方を考える | ・手や足を着く位置を意識し、側方倒立回転、ロンダートができるようにする<br>・発展技の技術ポイントを理解する |
| 6<br>・<br>7 | ・2人で協力して連続技を表現する<br>・連続技のバリエーションを増やす<br>・並列マットの学習の仕方を考える | ・技のタイミングを合わせる<br>・側転に前転や後転などを加える工夫<br>・技と技のつなぎの姿勢の教え合い<br>・リズムやタイミングに関わる教え合い |
| 8<br>・<br>9 | ・4人で協力して連続技を表現する<br>・方形マットの学習の仕方を考える | ・4人ならではのタイミングや連続技<br>・連続技、リズム、タイミングの学習 |
| 10 | ・発表会を通して表現の質を高める<br>・鑑賞の仕方を考える | ・連続技、リズム、タイミングの観点から、他者の表現を批評する |

## 7.　指導にあたって

　マット運動の学習の仕方に関わる保健の学習は、単元計画の中において、単元最初の1時間目に実施する。なぜなら、マット運動の実技をおこなう際に、単元を通して、保健の学習で子どもたち自らが構築した、感染症対策を自分事として、安心、安全に学習を進めることをめざしているからである。毎時間、感染症対策を意識した学習の仕方を考えて行動できたか振り返ることで感染症

対策を意識しながら、体育実技を主体的に学んでほしい。保健の学習に裏打ちされた感染症対策によって、安心して教え合い、学び合いができるようにして、体育の学習で求めている連続技の学習が深まるようにしたい。

## 8. 本時の目標（1回目／全10回）

①保健の学習内容をふまえて、新型コロナウイルス感染症対策を理解し、体育実技をおこなう際の感染症対策や学習の仕方について考えることができる。（【できる】知識・技能）

②安心・安全に体育実技をおこなうためには、感染症対策が必要であることがわかり、自己や仲間の考えたことを、他者に伝えることができる。（【わかる】思考・判断・表現）

③感染症対策について、健康や安全の大切さに気づき、みんなで決めた対策を守ることの大切さを意識している。（【かかわる】学びに向かう力、人間性等）

## 9. 本時の展開

| | 学習活動 | 指導上の留意点 |
|---|---|---|
| 導入 | ・新型コロナウイルス感染症対策について、知っていることや実践していることを出し合う<br>・体育授業の時間に、感染症対策で気をつけていることを共有する<br>・マット運動がどのような運動かを思い出す<br><br>発問…マット運動をする際に、どのような場面で感染症対策が必要になるだろうか | ○普段の生活の中と体育の授業時間と分けて考えるようにする<br>○マット運動の経験が少ない場合、イメージしやすいように動画などを見せる |
| 展開 | ・本時の流れを確認する<br>①マット運動では感染症に対して、何が危険かを考える<br>②マット運動をする際、感染症対策として、何が必要か考える<br>③感染症対策を意識した「学習の仕方」をまとめる<br><br>・分析方法<br>《感染する可能性が高い動きを見つける》<br>《感染を防ぐための対策》<br>《運動のめあてが達成できているか確認》<br><br>・全体で、分析方法を確認する<br><br>〈予想される子どもの反応と学習の仕方〉<br>教え合いをする時、声を出すことで飛沫が起こる<br>→フィードバック①マスクなしの時はどうするか<br>マットにみんなが集まると密集が生まれる<br>→フィードバック②間隔をとる時はどんな工夫をすればよいだろうか | ○身体接触が起こる場面をイメージすると見つけやすいことを伝える<br>○<u>マット運動の「ねらい」から外れないように意識する</u><br>○分析シート（学習カード）に記入する<br>○分析方法とシートの記入の仕方を説明する<br><br>○子どもの反応によって、フィードバックする |

| まとめ | マット運動　学習カード（学習カード画像） | ※左記の学習カードを参照 |
|---|---|---|

**マット運動　学習カード**

| / | 年 | 組 | 番 | 名前 |
|---|---|---|---|---|

**めあて　みんなで学習のルールをつくろう（マット運動）**

マット運動では、どんな時に感染する危険があるか考えよう

記入例：補助をする時に、友だちの体に触れる

マット運動をする時、どんな感染症対策が必要か考えよう

記入例：友だちの近くで大きな声を出さないようにする

各グループで考えた、マット運動をする時の学習のルール

| グループ名 | 学習のルール（よいところ、くふうしているところ） |
|---|---|
| 記入例：Aグループ | 何回も繰り返し挑戦する（抵抗力を高める） |

←各グループで交流し、感染症対策を意識した「学習の仕方」をまとめる

**【マット運動の学習のルール】**

ルール① 記入例：マット運動をする時、マットとマットの間隔をあける

ルール② 記入例：体力をつけるため、一回でも多く技に挑戦する回数を増やす

ルール③ 記入例：相手の体に触れる時は、必ずマスクを着用する

ルール④

ルール⑤

←クラス全体で話し合い、感染症対策を意識した「学習の仕方」を決定する

- グループごとで、マット運動をおこなう際の感染症対策を意識した「学習の仕方」をまとめ、発表する
- マット運動について感染症対策を意識した「学習の仕方」をクラス全体で決定する
- 次時からの実技に活かせるよう、みんなで確認する

○子どもたちと教師で合意形成していく
○学習カードに記入し、次時からの実技で守れるよう、意識づける

## 10. 評価基準

- A基準…発問のみで、新型コロナウイルス感染症対策を理解し、体育実技をおこなう際の感染症対策を意識した学習の仕方を自ら構築することができる
- B基準…新型コロナウイルス感染症対策を理解し、体育実技をおこなう際の感染症対策を意識した学習の仕方について、自分なりに考えることができる
- C基準…新型コロナウイルス感染症対策の理解が乏しく、体育実技をおこなう際の感染症対策を意識した学習の仕方について、他者のアドバイスにより考えることができる

## 11. 参考文献

西田佳「3密の中でどうする体育？」教育科学研究会「教室と授業を語る」分科会・中村（新井）清二・石垣雅也編著『コロナ時代の教師のしごと これからの授業と教育課程づくりのヒント』(2020年) 旬報社

**第１章** 小学校の実践プラン⑮器械・器具を使っての運動あそび：ねこちゃん体操

# 小学校第１学年 体育科 学習指導案

2023 年 6 月 5 日／男子 13 名・女子 16 名：計 29 名

実施場所：体育館／授業者：成島　仁

## 1.　単元名

　器械・器具を使っての運動遊び：マット運動　―ねこちゃん体操で「あふり、はね、しめ、ひねり」を身につけよう―

## 2.　単元の目標

①ねこちゃん体操の動き方で「あふり、はね、しめ、ひねり」の感覚を身につける。（【できる】知識・技能）

②ねこちゃん体操の動き方と「あふり、はね、しめ、ひねり」の体の使い方の関係に気づく。（【わかる】思考・判断・表現）

③ねこちゃん体操の動きをオノマトペで表現して、仲間と教えあうことができる。（【かかわる】学びに向かう力、人間性等）

## 3.　教材について

「ねこちゃん体躁」は、埼玉県の小学校教諭だった山内基広が子どもたちと創った教材である。この体操は、器械運動に共通する「体幹操作」＝「あふり・はね・ひねり・しめ」で構成される。

①しめ＝体を伸ばした姿勢や丸めた姿勢を保つ。

②あふり＝背中を反らして「ため」をつくり腹側に体をあおる。

③はね＝体を「く」の字形に曲げて「ため」をつくり体を反らすようにあおる。

④ひねり＝体のねじれを用いて体軸を回転させる。首（肩）先導と腰主導がある。

①しめ　　②あふり　　③はね　　④ひねり

## 4.　子どもの実態について

### （1）クラスについて

　入学して３カ月、学校・クラスに慣れ、仲間と楽しそうに過ごしている。一方、集団生活になじめない子どもも数名おり、学級みんなで楽しく取り組むことが大切だと感じている。

### （2）体育について

　１年生の子どもは、やる気にあふれていて、体育にも積極的に取り組んでいる。一方で入学前の経験から、挑戦する前に「できない」「むり」と諦めてしまう子どもも見られる。ねこちゃん体操を通して「できる」「わかる」「ともに学ぶ」体育の授業をめざしたい。

## 5.　単元計画（全5回）

| 時 | ねらい | 学習内容 |
|---|---|---|
| 1 | ・学習の約束を理解<br>・準備・片づけの方法の理解と準備<br>・準備運動・動物歩き鬼遊び<br>・ねこちゃん体操（通し）＊178，179ページ参照<br>・用具の片づけ・振り返り・整理運動 | ・体育館での並び方やマットの準備の仕方を知る<br>・体ほぐしと鬼遊びを行う<br>・ねこちゃん体操を行う<br>・マットの片づけの仕方を知る<br>・学習の振り返りと体ほぐしを行う |
| 2 | ・用具準備・準備運動：鬼遊び<br>（1）ねこちゃんがおこった<br><br>（2）ねこちゃんのあくび<br> | （1）首の上下や肩甲骨を開いたり閉じたりすることで体幹を反らせたり丸める<br>（2）床に正座し腕を伸ばした状態から、腕を曲げながら首から体幹へと順次反らしていく |
| 3 | （1）かめさんになって<br><br>（2）ブリッジ<br> | （1）背中を反らして、首を動かし揺らす<br>（2）ブリッジで背中を床から離す<br> |
| 4 | （1）アンテナさ<br>（2）おしまい<br> | （1）首（肩）で体を支え、脚を垂直に伸ばす<br>（2）脚をキュッと縮めた勢いで立つ |
| 5 | 班ごとの「ねこちゃん体操発表会」 | ・班ごとに発表する |

## 6.　指導にあたって

　1年生であることから、「ねこちゃん体操」の一つひとつの動きが上手になり、最後に発表会を行うことを目標とする。まず、動きのイメージを理解させるために、「ねこちゃん体操」全体を毎回の授業で行う。そして、少しずつ動きの細かい部分を指導し、子ども個人の課題に寄り添うことを大切にする。また、「ねこちゃん体操」では、動きとともに「フーッ！ハッ！」や「グーラン　グー

ラン」といったオノマトペ（擬声語・擬態語）を用いて学ぶことで動きがイメージしやすくなる。教師による指導や子どもたち同士の教えあいの場面でも、「フーッの背中からハッの背中にするよ」といったような活用ができる。なお、準備運動として行う「動物歩き鬼遊び」では、動物歩きを鬼遊びの形式で行うことにより、スピードや方向転換等を伴った動きの習得をねらいとする。

ねこちゃんくるり①ねこちゃんがおーこった②フッ③ハッ④フッハッ⑤でポン

体軸が振り切れる前に「ハッ」　体軸が振り切れる前に「フッ」

## 7. 本時の目標（2回目／全体5回）

①ねこちゃんがおこった「①フーッ②ハッ」ねこちゃんのあくび「①ギュー②ニャーオン③ピーン」ができる。（【できる】知識・技能）

②ねこちゃんがおこった「①フーッ②ハッ」ねこちゃんのあくび「①ギュー②ニャーオン③ピーン」の動き方を理解する。（【わかる】思考・判断・表現）

③ねこちゃん体操の動きをオノマトペで表現して、友だちと教えあおうとする。（【かかわる】学びに向かう力、人間性等）

## 8. 本時の展開

| | 学習内容 | 指導上の留意点 |
|---|---|---|
| 導入 15分 | 1. 日直の挨拶・マットの準備<br>2. 手首・足首・膝をほぐす<br>3. 動物鬼あそびを行う<br><br>トカゲオニ<br>トカゲがヒトをタッチする増えオニです。タッチされたヒトはトカゲになります。<br><br>クモオニ<br>クモ（仰向け）がオニになってトカゲをタッチする増えオニです。タッチされたトカゲはクモになります。 | ○マットを運ぶ順序や持ち方、運び方が出来ているか確認し助言・補助を行う<br>○マットの準備をしたら裸足になる。上靴の置き方の確認<br>○手首をほぐすよう留意する<br>○鬼（複数）を決める<br>○動物歩きができている子どもをほめる |
| | 発問…ねこちゃんたいそうの「ねこちゃんがおこった」「ねこちゃんのあくび」のうごきをけんきゅうしよう | |
| | 4.「ねこちゃん体操」全体（178、179ページ）を通しで行う | ○マットに班ごとに並んでねこちゃん体操を通して行う |
| 展開 20分 | 1. 学習の準備<br>○2人ペアをつくる | ○生活班を基本にして男女の組み合わせや子ども同士の関係に配慮する |

| 展開 20分 | 2.「ねこちゃんがおこった」<br>①モデル指導<br>○「ねこちゃんがおこった」でモデルの子の演技を通して、クラス全体に動きのイメージとポイントを伝える<br>②クラス全体で行う<br>○指導者が「ね〜こちゃんが　お〜こった　フーッ　ハッ　フーッ　ハッ　フーッ　ハッ」と言い、全体で行う<br>○良い動きの子を見つけたならば、そのつど賞賛するとともに、全体に紹介する<br><br><br>3.「ねこちゃんのあくび」<br>①モデル指導<br>○「ねこちゃんのあくび」でモデルの子の演技を通してクラス全体に動きのイメージとポイントを伝える<br>②クラス全体で行う<br>○指導者が「ね〜こちゃんのあくび　ニャ〜オン　ニャ〜オン　ニャ〜オンでピーン」と言い、全体で行う<br>○良い動きの子を見つけたならば、そのつど賞賛するとともに、全体に紹介する機会をもつ<br> | 〈指導のポイント〉<br>①モデルの子の背中が大きく上下に動いていることに注目させる<br>②モデルの子の背中に手を置き肩の骨（肩甲骨）の間が開いたり閉じたりしていることに気づかせる<br>③これらの動きを引き出しやすくする動きとして首の上下動に気づかせる<br>④肘の向きが変わることに気づく子がいたら賞賛し、後の前転や跳び箱遊びの際の腕支持の指導に生かす<br>〈指導のポイント〉<br>①まずモデルの子の体が腰を引いて丸くなった状態から、背を反らせた状態になることに気づかせる<br>②モデルの子の顔（あご）がマットをこするようにしながら前へいき、最後は体を反らせて顔（あご）が天井を向く状態になることに気づかせる |
| 総括 | 1.　首・肩（腕）・腰をほぐす<br>2.　本時のまとめ・次時の予告をする<br><br><br>3.　マットの片づけを行う<br>4.　日直の挨拶 | ○「わかったこと」「できたこと」「学びあえたこと」の3つのことを「よくできた」「できた」「もうすこし」という観点で自己評価を行う<br>○マットの片づけの前に上靴を履く |

## 9.　評価基準

・A基準…ねこちゃん体操のポイントがわかり、正しい動きができる。

・B基準…ねこちゃん体操のポイントを知り、おおむね正しい動きができる。

・C基準…ねこちゃん体操のポイントを知り、正しく動こうとしている。

## 10. ねこちゃん体操基本バージョン

ポ＝動作のポイント

| | |
|---|---|
| ①ね〜こちゃん<br>がおこった | ・ひざをつき、体操の準備をする。<br>ポ：ひざと手は肩幅に開き、マット面に垂直にする。<br>ポ：マットをつかませると動作がしやすい |
| ②フーッ！<br><br>③ハッ！ | ・おなかを見て、背中を丸く、高くする。<br>丸く高くしていくときにはリラックスし、腹筋に力を入れて体をしめる。<br>ポ：肩甲骨を開き、胸をすぼめる。<br>・上を見て背中を反らす。<br>ポ：丸く高くして体をしめた状態からリラックスし、腕を曲げずに腹を落とす。<br>ポ：肩甲骨を寄せ、腹を落とし、胸を開いて力を入れ、体をしめる。<br>※10回繰り返す |
| ④ね〜こちゃんのあくび、いち、<br>に、さん | ・腰を後ろに引いてとめる。<br>ポ：ひざを開き、腰を後ろにグッとひいて腕の間に頭を入れる。<br>ポ：おでこをマットにつけるようにして肩甲骨を寄せて肩を入れ、4秒間とめる。 |
| ⑤はい、にゃ〜おん、にゃ〜おん<br><br><br><br>⑥にゃ〜おん、<br>でピーン | ・あごの先導で胴体を波動（胸と腰の前後動を時間差によって身体操作する）させる。<br>ポ：ひじを横にはる。<br>ポ：あご、胸、腹の順にマット面をするようにして前にでる。<br>ポ：腹をマットにつけ、上を見るようにして頭を反らし、あごをだす。<br>※10回繰り返す<br>・おなかをマットについて、上を見て背中を反らす。<br>ポ：肩甲骨を寄せ、背中をできるだけ反らし、4秒間とめる。 |
| ⑦かめさんになって<br><br>⑧おなかでピーン | ・おなかをマットについて、足首をもつ。<br>ポ：肩甲骨を開き、肩と胴体全体をマットにつけてリラックスする。<br>・体を反らす。<br>ポ：あごをだして頭を反らす。<br>ポ：肩甲骨を寄せ、背中をできるだけ反らす。 |
| ⑨それ、グーラン、グーラン | ・前後にゆらす。<br>ポ：一気に下を見て、あごをしめ、肩甲骨をゆるめて足をひいて前にゆらす。<br>ポ：一気に上を見て、肩甲骨を寄せ、背中をできるだけ反らして後ろにゆらす。<br>※ゆれはじめたらリズムよく10回繰り返す。 |
| ⑩お〜しまい<br><br>⑪ねこちゃんまわりで、ぐるり | ・うつ伏せになり、リラックスする。<br>ポ：首は左耳を下にして、右向きになる。<br>※左利きの子はこの逆が得意。慣れてきたら両方できるようにする。<br>・うつ伏せから体を首先導で体をひねり、仰向けになる。<br>ポ：猫が反転して立つように首先導で体をひねる。<br>※当初は手をそえて体をひねらせる方が反転しやすい。<br>※慣れてきたら、腰反射による反転も練習する。 |

| | |
|---|---|
| ⑫ブーリッジ、それ、いち、に、いさん、はい  | ・ブリッジをつくる体勢をとる。<br>ポ：手は耳元に、足は少し開いて尻に引き寄せてブリッジの準備姿勢をとる。<br>・ブリッジ姿勢をとり、4秒間保つ。<br>ポ：腹を持ち上げて背中を反らし、ブリッジする。 |
| ⑬あ〜しあげ、それ、いち、にい、さん、し  | ポ：マットを見て、肩甲骨を寄せる。<br>・ブリッジ姿勢で片足をあげる。<br>ポ：あげない方の足の方の手を外側にずらす。<br>ポ：当初はあげる足のひざをあげない足に摺り寄せるようにしてひざからあげるようにする。 |
| ⑭お〜しまい  | ※右図上のように、初心者（体が硬いといわれている人）のブリッジは、ひじがまがり、ひざが足先より出ている状態が多い。このような姿勢では、ハンドスプリングなどを行う場合不利である。ブリッジの片足上げは、右図下のようにひざが足先よりうしろにいく、つまりひじがのび、腕が背中と直線に近づかないと足はあがらない。 |
| ⑮アンテナさんのようい  | ・足腰を持ち上げ、足先がマットにつくようにまげる。<br>ポ：手のひらに力を入れ、足先を見ながらゆっくり持ち上げる。<br>※これは、後転の姿勢制御と動作準備となる。 |
| ⑯アンテナさんが、ピーン、ポキ、ピーン  | ・アンテナ（肩倒立）をする。<br>ポ：ゆっくりと足を持ち上げる。<br>ポ：「く」の字の状態から肩甲骨を寄せ、尻をしめて腰を反らすようにする。<br>ポ：肩甲骨を開きリラックスして体を「く」の字にする。<br>※10回繰り返す。これは後転系の体操作につながる。 |
| ⑰お〜〜〜し　まいっ　ビシッ  | ・よういの姿勢にもどり、一気に体角を開き振り出して立つ。<br>ポ：足先をマットにつけ、手を頭上にのばす。<br>ポ：手と後頭部と肩をつけたまま、体角をすばやく開いていく。<br>ポ：開いた体角を一気にあふって腕を振り込んで立つ。<br>※前転の立つ練習となるとともに、「開脚前転」「伸膝前転」など高度な前転系の技の動きづくりとなる。 |

## 11. 参考文献

山内基広「ねこちゃん体操からはじめる器械運動のトータル学習プラン」（2007年）創文企画
学校体育研究同志会編「新学校体育叢書　器械運動の授業」（2015年）創文企画

（注）指導案のイラストは鬼遊び以外は『ねこちゃん体操からはじめる器械運動のトータル学習プラン』から引用・再構成したものです。

## 第 2 章　中学校の実践プラン①体つくり運動

# 中学校第 3 学年　保健体育科　学習指導案

2023 年 10 月 10 日／男子 15 名・女子 25 名：合計 40 名
実施場所：体育館／授業者：淺川俊彦・中村咲野

## 1.　単元名

体つくり運動　～さぐり、きづき、ととのえる～

## 2.　単元の目標

①からだの「つくり」「はたらき」の理にかなった動きをつかみ、無用な緊張から解放され、骨格や腹圧の調整・調息など、心身を適切に調えることができる。（【できる】知識・技能）

②からだの内外に起きていることに意識を向けて丁寧に感じ取り、自分の「いま、ここ」のありようとして受容しながら、ことばで伝えることができる。（【わかる】思考力・判断力・表現力）

③他者のからだに触れ、重みを委ね合い、互いのありようを尊重しながら、よりよいあり方を求めて、共に探究することができる。（【かかわる】学びに向かう力・人間性等）

## 3.　教材について

自分のからだが、いまどのような状態にあり、どう動こうとしているかを感じとること。そして人やもの、空間とどの様に関係を結び働きかけるか探ることは、あらゆる運動の基本であり健康的な生活の礎でもある。まずは深い呼吸でゆったりと「ここに在る」ことを取り戻し、孤立して閉じたからだではなく、しなやかに他者と触れ合い響きあえることを目指したい。理にかなった動きを丁寧に探ること、それを言葉によって対象化し他者と共有することを通して、鍛える「トレーニング」よりも往還的な「調律」「レッスン」というイメージの、より対話的で深い学びとしたい。

## 4.　子どもの実態について

スマホの小さな画面に囚われ、その奥にある半バーチャル世界を一つの拠り所として生きる中高生たち。からだは過緊張と浅い呼吸が基調となってしまい、他者との関係は過剰なまでの気遣いの中で営まれている。多くの生徒は理不尽な指示に従うことを強いられ、他者とは分断され競わされ、評価にさらされ続ける学校生活に、懸命に応えようとし深く傷ついてきている。そうして強張ったからだを解放し、本来の豊かさを取り戻させたい。

## 5.　指導にあたって

序盤はからだの構造・機能を知り、動きに活かすことで「鍛えなければ強さが発揮できない」という固定観念から脱却することをねらう。中盤では腹圧が心身に与える影響や、古くから心身の調律に用いられてきた呼吸法に触れる。終盤には自身のからだを他者に委ねる体験を通し、ぶつかり合ったり溶け合ったり境界がありながらも不確かな他者や外界との関係を共に探る。体感を通した気づき、それは自身が「いま・ここ」で生きている証そのものであり、そこには正誤も優劣もない。

「変化に気づきにくい」自分への気づきもまた大切であり、「できない」こと「うまく関われない」ことの受容される場つくりも含め、教師は多様な問いかけを行い、一人ひとりの気づき・実感を支援する、ありのままの体験の伴走者でありたい。毎時の振り返り記入とその共有を大切にする。

## 6.　単元計画

| 時 | ねらい | 学習内容 |
|---|---|---|
| 1 | ○「運動」「体育」「体つくり」に対するイメージ・固定概念をゆさぶる<br>○「知っているつもりで知らない自分のからだ」に気づく | オリエンテーションと知足：○「体つくり運動」と聞いて浮かべる言葉を出す→本単元のねらい・内容を伝える○「知足ワーク」（骨格模型を観ながら自身の足に触れる） |
| 2 | ○本来の構造に沿った合理的な体遣いをすれば、楽にしっかりと力が出せることに気づく<br>○体は、剛（つよさ）と柔（やわらかさ）を局面に応じ遣い分けていることを知る | 股関節内外旋と柔剛構造：「足首回内、膝伸展、股関節内旋」連動と「足首回外、膝屈伸、股関節外旋」の連動刺激を入れた直後の荷重耐性を比較 |
| 3 | ○全身（体幹を挟んでの上下肢）は繋がりあっていることを知る | 肩・股関節の連動：肩関節内旋および肩関節外旋の状態における荷重耐性を比較 |
| 4 | ○全身の連動について、脊椎動物の進化の歴史から深める<br>○生活環境の変化に応じて自ら身体構造を進化させてきた「からだの賢さ」に触れる | 脊椎動物の進化：進化過程を〔ずり這い→スパイダーウォーク→膝をついた四つ這い→膝をつかない高這い→ナックルウォーク→直立二足歩行〕で追体験 |
| 5 | ○内外旋の切り替えで、しなやかで強靭な体幹の"勁さ"が生まれることを知る<br>○その勁さは適正腹圧によってもたらされていることに気づく | 内外旋の切り替えと腹圧：掌と掌を向かい合わせた「夫婦手」から腕全体∞を描くように回し、安定感を比較→猫だまし・溜め息→「浮き身」や「腑抜け」に変わる瞬間を体感 |
| 6 | ○呼吸と心身のつながりに気づく<br>○昔は当たり前に捉えられていた「気」や、それを活かしたからだ遣いを知る | 呼吸と気：禅やヨガ、太極拳や古武術の呼吸法など、様々な体勢・リズムで呼吸し、からだの変化を感じ取る |
| 7 | ○他者の重みに触れ「生きているからだ」に気づき合う<br>○体の重みの実感を通し「いま、ここに在る（居る）からだ」に気づく | 重みを委ねる、重みに出逢う：○頭の重さ（500mLボトル10本）をリレー○『寝ニョロ』『腕ぶら』『頭ユラユラ』、『股関節ゆる』 |
| 8<br>本時 | ○力を入れて頑張るのではなく、重みを委ね合うことで気持ちよく楽に動けることを知る<br>○からだが揺れ合う心地よさや人のからだの温かさ（あるいは異質感）に触れる | 重みを合わせる：『寝ニョロ』『背中合わせ人間エレベーター』『向かい合わせ人間エレベーター』 |
| 9 | ○最後まで視覚や言葉に頼らず、外界の光・音・匂い・感触・空気などに感覚を開き、自他のからだと向き合う | 目を閉じて散策：二人組で、言葉を交わさず一定時間校内散策。目を閉じた相手が安心して時間（空間）を過ごせるよう案内 |

## 7. 本時の目標（8 回目／全 9 回）

①相手と背中合わせ・向かい合わせで、重みを委ね合い立つことができる。（【できる】知識・技能）

②「立つ」ことの本質を、自分の実感を伴って説明できる。（【わかる】思考力・判断力・表現力）

③他者とからだまるごとで触れ合い、助けあえる。（【かかわる】学びに向かう力・人間性等）

## 8. 本時の展開

| | 学習内容 | 指導上の留意点 |
|---|---|---|
| 導入 | ◇挨拶、出欠確認<br>◆前時の振り返り（振り返りカードから共有、補足説明）<br>◇本時の確認「ペアワークで弛み、そのからだで支え合う」<br>◆ペアをつくり前時におこなった『寝ニョロ』の復習<br>〈感覚をひらくミニ発問〉<br>「先週と比べて、からだはどんな違いを感じている？」（揺れの伝わり方、心と体のリラックス感など）<br>「揺らす側、揺らされる側ともに気持ちよくなる揺れを探ろう！」 | ◇楽な姿勢で座るよう伝える<br>◆本時のヒントとなる内容、つながりのある内容を抜粋<br>◇前時とのつながりを意識<br>◆先週と異なるペアでも OK であることを伝える |
| 展開 | ◇本時の内容の説明<br>◆『揺れるブックエンド』長座・背中合わせでユラユラ<br>〈感覚をひらくミニ発問〉<br>「自分と相手の背中、今はどれくらいの面積が接している？触れ合う面積が少しずつ広がっていくように揺れてみよう」「床と人の背中ではどんな違いがある？」「相手の肩甲骨や腰はどんな高さにあるかな？」「小刻みな揺れ、大きな揺れ、どちらが互いにとって気持ちいい？」<br>◇『背中合わせ人間エレベーター』<br>「背中を馴染ませたまま、踵をお尻に寄せて立ち上がってみよう。『せーの』って声かけずに背中の感触だけで息を合わせられる？」「できれば背中だけで支えあって。難しければ掌を合わせたり、腕を組んでみたりしてもいいよ」「どうしたら、互いが楽に気持ちよく立ち上がれる？」「まずは立つことより相手の背中の動きや様子を感じてみよう」「立ち上がれたら、今度は降りてみて。手を離してもできる？」<br>◆ペアを変えて再チャレンジ<br>〈感覚をひらくミニ発問〉<br>「前の相手と今の相手、背中を触れてみての違いはある？」<br>◇さらに 3 人組、4 人組…と人数を増やして、背中ではなく肩を寄せ合ってチャレンジ（大抵の場合、勝手にチャレンジが始まる）「3 人でもできるかな？何人組まで行けるかな？」 | ◇意図は明示せず動きだけ説明◆寝ニョロと同ペア<br>◆様々な観点から問いかける<br>◆全体の様子を観察しながら、適宜、問いかける<br><br>◇相手を信頼できなかったり、逆に負担をかけまいと気を遣って、相手の背中に重みをかけられなかったりすると立つことができない（委ねられないことに劣等感や焦りを感じないよう配慮）<br>◇無理に立とうと力任せにならず、落ち着いてからだの内側の感覚を探る<br>◆「背丈の大きく異なるペアになっても面白いかも」と呼び掛ける。『揺れるブックエンド』から始める<br>◇「立ち上がる」というゴールや「身を委ねる」というねらいから一旦距離をおき、思いきり遊ぶ |

| | | |
|---|---|---|
| 展開 | ◇『向かい合わせ人間エレベーター』<br>「向き合って立ち、つま先同士を合わせる。互いの手首を握り合って。ゆっくりと腕を伸ばして互いが背中側に倒れていく。三角バランスをとって立てる場所が見つかるかな？」「腕にブルブル力が入っていないかな？バランスがとれれば最低限の力で腕は楽に伸ばすことができる。バランスがとれる傾きをじっくり探してみて」<br><br>◆〈理解を促す発問〉<br>「立つってそもそもどういうことだろう？」<br>◇〈理解を促す発問〉<br>「では立ち上がる、腰を下ろすってどういうこと？」<br>「次はそのまま三角バランスを保って、ゆっくり腰をおろしてみよう。どうすれば声をかけずにタイミングを合わせられる？」「三角バランスを保ったまま、再び立ち上がることはできるかな？」 | ◇立つには地球の中心と接地点を結ぶ鉛直線の延長（重力のライン）上に重心をおく必要がある<br>◇相手と自分の共同の重心が重力のラインに沿わない限り立てない<br>◇体格差があっても小柄な方がより大きく傾けばバランスよく立てる<br>◆立っているとき、接地点と重心位置をずらせば倒れる事を示し、気づきを促す<br>◇重力のラインに沿い接地点から遠ざかるのが「立ち上がる」。近づくのが「腰を下ろす」<br>◇椅子に腰掛けたところから立ち上がるには頭を前方に移動して足の接地点上に重心を持っていくが、『向かい合わせエレベーター』では頭が後方にあるため、足首を曲げて膝を寄せ合う |
| 総括 | ◇今日感じたこと、考えたことをグループで共有「この1時間で感じたこと・考えたことを話し合おう」<br>◆まとめ「今日やった人間エレベーター、簡単に感じた人もいれば、すごく難しく感じた人もいる。でも実はみんなが毎日、自然とやっているのが立つという行為。地球の中心と接地点を結んだ鉛直線（重力のライン）上に重心を常に置くことで立っている。それを1歳前後に毎日何度も転びながら練習して立てるようになったんだね」「重心が少し前方にずれると、倒れそうになるから足が前に出る。この繰り返しで、安定を崩し不安定を使いこなすことで歩いているんだよ」「じっと立っている時でさえ、からだは常に重力のラインを探りながら無意識に重心位置をコントロールしているんだよ」<br>◇振り返りカードの記入 | ◇その時の様子を見てペアもしくは3〜4人のグループで<br>◆本時の内容と日常とのつながりを意識<br>◆重心のずれは実際に動いて解説<br>◆発問の「楽に、気持ちよく」というキーワードと、日常で「自然と、無意識のうちに」やっている行為を結び付け、「頑張って立とうとする自分」や「スーッと楽に立てた瞬間」の違いに視点が向くように話す<br>◇難しさや不快感も含め、自由に「今日感じたこと」を記す |

## 9.　評価基準

・A基準…立つことの本質を踏まえ、二人組の背中合わせ・向かい合わせで息を合わせ、楽に立ち上がったり降りたりでき、それを自分の言葉で他者と共有できる。

・B基準…立つことの本質を踏まえて、二人組の背中合わせ・向かい合わせで息を合わせ、楽に立ち上がったり降りたりできる。

・C基準…あまり動きの意味を考えずに、力任せに立ち上がったり降りたりしている。

## 10. 参考文献

野口三千三「野口体操 からだに貞く」（2016年 復刊）春秋社

高橋和子「からだ 〜気づき学びの人間学〜」（2004年）晃洋書房

久保健「これでわかる 体ほぐしの運動」（2016年）成美堂出版

## 第２章 中学校の実践プラン②器械運動：マット運動

## 中学校第１学年 保健体育科 学習指導案

2023年1月27日／男子9名・女子14名：合計23名
実施場所：体育館／授業者：藤居美里・清水理穂

### 1. 単元名
器械運動：マット運動
－みんなで見つけよう！「わかって・できる」楽しいマット運動－

### 2. 単元の目標
①安定した技によって滑らかで美しい（大きさ・正確さ・リズム・構成）連続技が表現できる。（【できる】知識・技能）
②技の構造・技術ポイントや、連続技の構成と表現方法がわかる。（【わかる】思考・判断・表現）
③アドバイスや技のポイントを見つけることで、わかって・できる喜びを味わい、対等平等な人間関係を築くことができる。（【かかわる】学びに向かう力・人間性等）

### 3. 単元の評価
①滑らかな連続技の構成を考え表現できる。（【できる】知識・技能）
②みんなで滑らかな連続技にするための構成のポイントや技術ポイントがわかる。（【わかる】思考・判断・表現）
③互いの技を観察し合い比較することで、教え合いや補助ができる。（【かかわる】主体的に学習に取り組む態度）

### 4. 教材について
　難度の高い技に挑戦するのではなく、学習し獲得した技を使って「マット上の空間を滑らかな動きで連続して美しく表現すること」をおもしろさ（特質）と位置づけた。

### 5. 子どもの実態について
　授業開始前に「マット運動に関する事前アンケート」を行った。マット運動が「好き」は全体の20％ほどであり、難易度の高い技に挑戦したいという意見が多かった。
「嫌い」については、多くの生徒が、マット運動＝「恐怖心・ケガ・痛い」というイメージを持っている。また、「技名は知っているが、技術のポイントは知らない」と答えた生徒が多かったのも特徴的である。

## 6.　単元計画（全 10 回）

| 時 | ねらい | 学習内容 |
|---|---|---|
| 1<br><br>1 | ・全体で学習目標、ルールを確認する<br><br>・授業で取り組む技を確認する<br>・美しいと感じる前転の技術ポイントがわかってできる<br>・わかることで、できるというおもしろさを感じさせる | ・オリエンテーション<br><br>●前転<br>・膝を曲げたままの前転と、脚を伸ばして回転する前転の違いを比較する<br>・回転前半で脚を伸ばし、後半は膝を曲げるタイミングを理解する |
| 2 | ・開脚前転のポイントがわかる<br>・体の柔らかさだけではなく、開脚前転に必要な力（技術）を見つける<br>・後転ができるポイントを見つける<br>・腰を上げる方法を理解し、回ってしまう後転ができる | ●開脚前転<br>・動画で成功例・失敗例の違いをみつける<br>・足を開くタイミング、手の付く位置、手の突きはなし方などをみつける<br>●後転<br>・動画で成功例・失敗例の違いをみつける<br>・腰の位置、腰を上げる方向などに注目する |
| 3<br>・<br>4 | ・側転の目線の位置がわかり、手型・足型が一直線になるリズムのよい大きな側転ができる<br>・手→逆手→足→逆足の順で着地することがわかってできる | ●側転<br>・ウサギの足打ち（目線と腰の高さに注目させる）<br>・手型、足型を使った側転練習<br>・ゴム紐を使った側転練習<br>・手・足が着地する順序を理解 |
| 5<br>・<br>6 | ・体幹をしめた美しい三点倒立ができる | ●三点倒立<br>・重心移動の仕方<br>●補助三点倒立 |
| 7 | ・スピードをコントロールして、滑らかに技をつなぐことができる | ・前転からくの字姿勢<br>●前転から三点倒立 |
| 8<br>・<br>9 | ・滑らかな連続技の構成を考え、マット上の空間を美しく表現できる | ●連続技<br>・リズム、技の構成を工夫する |
| 10 | ・技のポイントを理解した上で自分や友だちの演技を評価できる | ●発表会 |

## 7.　指導にあたって

・観察や教え合いを通して「みんなで上手くなるための仕組み」を見つけていく。

・最終的に、技術ポイントを理解した上で、自分や仲間の演技評価ができることを目標とする。

・グループ編成は、男女混合生活班、体育館で各班でロングマット 1 ～ 2 枚程度を使用する。

## 8. 本時の目標（5回目／全体10回）

① ・三点倒立の技の構造や技術ポイントがわかってできる。
　　・アドバイスや正しい補助ができる。（【できる】知識・技能）
② ・安定した手と頭の着く位置がわかる。
　　・バランスをとるための「頭の着く位置」「脇のしめ」「腰の位置」がわかる。（【わかる】思考・判断・表現）
③ ・技術ポイントを理解し、観察する点を共有してグループ内で教え合い補助をし合うことができる。（【かかわる】学びに向かう力・人間性等）

## 9. 本時の展開

| | 学習活動 | 指導上の留意点 |
|---|---|---|
| 導入 | 1. 本時の内容を確認<br><br>2. 本時の内容と課題の確認<br>　課題：第1ステップと第2ステップの三点倒立のポイントを見つけだそう！<br><br>3. 準備運動<br>・前転、後転、開脚前転、側転 | ・手首と首をよく使うことを伝え、入念にストレッチを行うように伝える<br>・これまでの学習でわかったこと・できたことを活かして各技に取り組む |
| | 発問…三点倒立にどんなイメージを持っていますか？ | |
| | 4. 三点倒立前に挑戦する<br>・頭と手の位置関係を、動画や写真で記録しておく<br>・三点倒立ができている生徒をモデルにして三点倒立を見る | ・頭と手が、どこに位置しているかグループのメンバーで見合うように伝える<br>・モデルの子に意識していることを発言してもらう<br>・疑問から意欲を引きだすようにする |
| 展開 | 5. 3つのステップに分けて、各ステップごとにポイントを探る<br>第1ステップ：頭と手を着いている姿勢から腰を高い位置にもってくる姿勢まで<br>第2ステップ：腰の位置を頭より奥にもっていき静止の姿勢まで<br>第3ステップ：お尻をしめた真っ直ぐな姿勢まで<br><br>6. 第1ステップの、ポイントを探る<br>・グループで撮影しながら、頭の着いている位置がどのように変化しているか見つける | ・どの局面までがそれぞれのステップの形になるのか動画や人形を使って理解させる<br>・腰を高い位置にするためのポイント<br>・腰の位置を静止するためのポイント<br>・お尻を「しめる」「ゆるめる」ことの感覚のちがいについて<br>①最初に頭と手を着いているとき<br>②腰を上に上げたとき<br>→頭のどこが着いているか確認させる<br>（お互いに伝えながら、着いている場所が変化していることに気づかせる） |

| | | |
|---|---|---|
| 展開 | 7.　全体で変化を共有し、練習をする（グループ）<br>・手・手・おでこから手・手・髪の毛の生え際<br>・腰を低い位置から高く<br>・背筋は真っ直ぐ<br>・首のやわらかさ | ・できない生徒は、できる生徒の首に注目させる<br>・意識していることを交流し、自分の感覚をつかむ |
| | 8.　第2ステップを実際に行う（動画を撮影）<br>→上手にできている子の第2ステップの見本(モデル）を見る<br>(1)　補助を付けて行う<br>→補助を付けた状態で行い、お尻の位置を頭より奥にもっていく感覚をつかむ<br>(2)　補助なしで行う | ・相手に合った補助の仕方を理解させる<br>→補助者が声をかけ、実施者とタイミングを合わせることを伝える<br>→観察する生徒は、横から見るように伝える |
| | 9.　第3ステップのポイントを探る<br>・お尻を「しめた」まっすぐな姿勢について見るポイントを指示する<br>・グループで動画を見ながらポイントを探る | ・足（蹴るタイミング）<br>・お尻の位置と「しめた」時の変化（足が上がったときに出っ尻になる）を意識する |
| | 10.　ポイントを共有し、練習を行う<br>・動画を撮影し、課題を発見して意識していることを練習する | ・観察する生徒には、見るポイントを理解させ、アドバイスができるように伝える |
| 総括 | 11.　まとめ<br>・全体で第1ステップと第2第3ステップのポイントを確認する<br>・次回の説明 | ・見てわかったことと、感覚とのちがいや一致について交流する |

## 10. 評価基準

・A基準…三点倒立の技術ポイントがわかってできる。
・B基準…三点倒立の技術ポイントがわかる。補助つき三点倒立ができる。
・C基準…三点倒立の技術ポイントがわかり、試している。

## 11. 参考文献

学校体育研究同志会編「器械運動の授業」（2015年）創文企画
学校体育研究同志会編「みんなが輝く　中学校体育の授業」（2008年）創文企画

## 第2章 中学校の実践プラン③器械運動：跳び箱運動

# 中学校第1学年 保健体育科 学習指導案

2023年10月28日／男子14名・女子13名：合計27名
実施場所：体育館／授業者：大川　翼・奥出大貴・北川　愛

## 1.　単元名

器械運動：跳び箱運動－"わかる"ことで変わっていく自分や仲間－

## 2.　単元の目標

①大きく美しい第2次空間(跳び箱～マットまでの空間)を展開することができる。(【できる】知識・技能)

②第2次空間を表現するための技の構造やポイントを理解することができる。(【わかる】思考・判断・表現)

③課題解決に向けて、仲間同士でアドバイスや補助をし合いながら学ぶことができる。(【かかわる】学びに向かう力・人間性等)

## 3.　単元の評価

①第2次空間を表現するための、助走、踏切、腕支持・重心移動による姿勢コントロールができる。(【できる】知識・技能)

②仲間の演技を観察し、技の構造やポイントを理解することができる。(【わかる】思考・判断・表現)

③安全に留意して、教え合いや補助ができる。(【かかわる】主体的に学習に取り組む態度)

## 4.　教材について

　子どもたちは、いかに高い段を跳び越すかに価値を見出す傾向にある。しかし、跳び箱運動は、支持跳躍運動を基本として、跳び箱を使用した身体による空間表現に特質がある。また、助走－踏み切り－着手の力を利用して跳び箱上の第2次空間をどのように表現するかが重要である。そして運動の仕組みや技術ポイントについて共有することで、互いのアドバイスや補助によって誰もが上達でき楽しさを味わえる教材である。

## 5.　子どもの実態について

　事前のアンケートから、跳び箱運動は「できないから嫌い」という生徒が多数を占めていた。また、人との関わりにも苦手意識をもつ生徒が多くいる。このような実態から本単元を通して、仲間の意味を問うような仲間観に迫り、技がうまくなる喜びだけでなく、教えあい、高め合う喜びを味わいながら対等平等な人間関係を築かせていきたい。

## 6. 単元計画（全10回）

| 時 | ねらい | 学習内容 |
|---|---|---|
| 1<br>オリテ | 学習目標・内容・授業の流れを確認し、安全に行うためのルールを作る | ・オリエンテーション |
| 2 | ロイター板の使い方を理解する | ・ロイター板を使った跳躍静止 |
| 3<br>台上<br>前転① | 台上前転のポイントがわかり挑戦することができる<br>・腕支持からの「ゆっくり（5秒）台上前転」ができる＊助走なし〈3段縦置き〉 | ・動画を見て、グループで技術ポイントを探す<br>・ポイントを意識した跳躍練習<br>・動画を撮影し、課題を指摘し合う |
| 4<br>首はね<br>跳び① | 首はね跳びのポイントがわかり挑戦することができる<br>・台上前転膝伸ばしができる<br>・台上前転腰伸ばしができる<br>・首はね跳びに挑戦する | ・1歩踏切から大きな台上前転に挑戦する<br>・大きな空間を支配する「はね動作」に着目する<br>・動画を撮影し、課題を指摘し合う |
| 5<br>首はね<br>跳び② | 首はね跳びの「ため・はね」の仕組みがわかりできる<br>・首はね跳びの「ため」で静止することができる<br>・「ため」から「いっきのはね動作」による首はね跳びができる<br>・ネックスプリング跳びに挑戦する | ・ステージを利用した「ため・はね」下り<br>・「ため」で静止するための腕支持がポイント<br>・「はね動作」をするための意識焦点（おなか、背中、腰、脚の振り出しなど）をさぐる<br>・「はね方向（前、斜め前、上）」を意識 |
| 6・7<br>頭はね<br>跳び① | 頭はね跳びの「腕支持・着頭」「腕ジャンプ」を探究する<br>・首はね跳びと頭はねとびの「着頭」のちがいを発見する | ・動画を見て、グループで技術ポイントを探す<br>・ため・はねのタイミングをつかむ練習<br>・頭頂部着頭からの頭はね跳び練習 |
| 8<br>頭はね<br>跳び② | 頭はね跳びの「助走・踏切」＋「腕ジャンプ」の技術ポイントを探究する | ・踏切による「高い腰上げ」からの「腕ジャンプ」で大きな空間支配ができる |
| 9<br>頭はね<br>跳び③ | マット運動の評価基準を参考に、跳び箱運動評価基準を作成することができる | ・跳び箱運動の評価基準をつくる<br>・発表会に向けた練習 |
| 10<br>発表会 | 技のポイントを意識した自分らしい表現に挑戦し、評価を交流する | ・発表会<br>・単元の振り返り |

## 7.　指導にあたって

・学習の場…跳び箱（3～5段）縦置き。ステージを活用。
・グループ編成の方法…男女混合生活班（役割分担：班長、撮影、書記、マット・安全）
・みんなで上手になるために技能差のある異質グループ学習で「技の仕組み」を学ぶ。
・練習は1人2回～3回続けて行う。1人の練習が終わったら跳びやすい高さに変える。

## 8. 本時の目標（7回目／全体10回）

①頭はね跳びの「着頭の位置」を意識して、頭はね跳びに挑戦することができる。（【できる】知識・技能）

②首はね跳びと頭はね跳びにおける「着頭の位置」についての技術ポイントがわかる。（【わかる】思考・判断・表現）

③補助やアドバイスをしながら意欲的に取り組むことができる。（【かかわる】学びに向かう力・人間性等）

## 9. 本時の展開

| | 学習活動 | 指導上の留意点 |
|---|---|---|
| 導入 | 1．本時の目標の確認<br>○首はね跳びと頭はねとびの「着頭」のちがいを発見する<br>○頭はね跳びの「腕支持・着頭」「腕ジャンプ」についての技術ポイントを探究する<br>・首はね跳びと頭はね跳びの動画を見る<br><br>・グループで動画からポイントを探し出す<br><br>発問1：首はね跳びと頭はね跳びは、「どこ」にちがいがあるだろうか？<br><br>生徒から引き出す見るポイントの例<br>①着頭位置<br><br>首はねとび　　頭はねとび<br><br>首はね跳び－「後頭部」着頭<br>頭はね跳び－「頭頂部」着頭<br>②首と腰の位置<br>　首はね跳び－「ななめ」<br>　頭はね跳び－「垂直」<br><br>発問2：頭はね跳びができるためには、「何を意識」するとよいだろうか？<br><br>意識するポイント<br>①「頭頂部」着頭のための「着手位置」<br>②「頭頂部」着頭のための踏切方向<br>　A．前　B．ななめ上　C．上 | ・首はね跳びと頭はね跳びの動画を生徒に提示する<br><br>・動画の「着頭」の瞬間も着目させる<br><br><br><br>・生徒たちから見る視点を発表してもらう<br>・発表から「着頭の位置」「姿勢」に注目させる<br><br>・「着頭のちがい」「首と腰の位置のちがい」を確かめる<br><br>・首はね跳びの拡大版イラストと頭はね跳びイラストを比較して、「姿勢のイメージ」をもたせる<br><br><br><br>・頭はね跳びを試す際の「意識するポイント」について発表してもらう<br>・発表をまとめて、意識するポイントを絞り込む<br>①「着手位置」－「頭頂部着頭」<br>②頭頂部着頭のための「踏切方向」<br>・生徒の意見を模造紙にまとめる |

| 展開 | 2．ウォーミングアップ<br>○ランニング、ストレッチ<br>○ロイター板踏切から足上げ・跳びのり<br>○「ため・はね」の感覚をつかむ練習<br>・マット上で背倒立～腰折り～背倒立<br>・背倒立（アンテナ）からのけり出し<br><br><br>3．ステージから頭はね跳び下り<br>○ステージからの頭はね跳び<br>①「着手位置」－「頭頂部着頭」でためる<br>②頭頂部着頭から「脚の振り出し」<br>③「脚の振り出し」＋「腕押し」<br><br>・横から動画を撮り、はねの「方向」を探る<br>・「はね方向」を観察・交流する<br>○試技者の「意識（振り出し方向）」と補助者の「観察（振り出し方向）」はズレる<br>○観察（言葉）と「意識（振り出し方向）」をすりあわせることで、「はね動作」の感覚と運動イメージをつかんでいく | ・補助の仕方を示し、全員が補助を経験できるようにする<br>　補助…肩が前に出ないように支える<br>　腰が高く上がるように腹側に手を入れる<br>・体をしめ、足を遠くに蹴り出す意識<br><br><br>・着手の位置を決めてから頭頂部着頭　着頭したら3点倒立腰曲がりで「ためる」<br>・「ため」から「脚の振り出し」<br>・補助をしての頭はね跳び<br><br>・3人グループで「試技者」「補助」にわかれて、「はね方向」を観察・交流する<br>・試技者：振り出し方向の意識<br>　A．前　B．ななめ上　C．上<br>・補助者：振り出し方向の観察<br>　A．前　B．ななめ上　C．上 |
| 総括 | ○まとめ、個人振り返り<br>・「頭頂部着頭」「はね方向」について確認<br>・「はね方向」について交流 | ・撮影動画「頭頂部着頭」「はね方向」で確認<br>・「はね方向」の意識とのズレを理解<br>・「観察（外）－言葉－感覚（内）」を考える |

## 10. 評価基準

・A基準…頭はね跳びの「ため・はね」の技術がわかり、ステージからの頭はね跳びができる。
・B基準…頭はね跳びの「ため・はね」の技術がわかり、挑戦することができる。
・C基準…頭はね跳びの「ため・はね」の技術がわかる。

## 11. 参考文献

　学校体育研究同志会編「器械運動の授業」（2008年）創文企画

第2章　中学校の実践プラン④陸上競技：短距離走

# 中学校第1学年 保健体育科 学習指導案

2023年10月11日／男子20名・女子20名：計40名
実施場所：グラウンド／授業者：制野俊弘

## 1.　単元名

陸上競技　―走りの「うまさ」を追究する「あてっこペース走」（短距離）―

## 2.　単元の目標

①ねらったタイムを目指して、自分にとって最適なピッチとストライドをコントロールし、一定の
　リズムを刻んで走ることができる。（【できる】知識、技能）

②ねらったタイムを出すための「ピッチとストライド」と「リズム」についてわかる。（【わかる】思考、
　判断、表現）

③どうすればピッチとストライドをコントロールできるか、その方法を考え、教え合うことができ
　る。（【かかわる】学びに向かう力・人間性等）

## 3.　教材について

「あてっこペース走」は、短距離走の学習を「記録重視」（絶対的な記録の重視）から、「技術重視」
（コートロールした走り方の獲得とその過程の重視）へと発想を転換させた教材である。「どれだけ
速く走れたか」を評価する授業から、「自分のベストな走り（＝理想的な走り）にどれだけ近づけ
たか」を評価する授業への転換といえる。

　具体的には、「ベストタイム×1.2＝8割走」と規定し、そのタイムにどれだけ近づいたかを得
点形式で競い合う（ぴったり…4点、±0.1秒…3点、±0.2秒…2点、±0.3秒…1点、±0.4
秒…0点）。また、係数を1.1にして「9割走」、係数を1.05にして「9割5分走」と少しずつ係
数を減らしていき、最終的に係数を1としてベストタイムを狙っていくことになる。

　大切なことは「自分にとってコントロールしやすいピッチ（一定時間における回転数）とストラ
イド（歩幅）を見つける」ということである。走るということは、とりもなおさずこのピッチとス
トライドの組み合わせで成り立っており、それにリズム変化が伴うということである。スタート直
後の「タタタ…」というリズムから、「タッタッタッ…」といリズムへの変化には、必ずこのピッ
チとストライドの変化が作用している。子どもたちが視覚的にも体感的にもわかりやすいのは、ス
トライドの調整である。ストライドを縮めてピッチを上げた方が走りやすいのか、ストライドを伸
ばしてピッチを下げた方が走りやすいのかは子どもによって様々である。また、そのための基礎知
識として、「ピッチを上げればストライドは狭くなり、ストライドを伸ばせばピッチが下がる（落
ちる）」ということを、学習させる必要がある。そのために意図的に極端に小またで走らせてみたり、
ロングストライドで走らせるなどの手立てが必要になる。この「ピッチ×ストライド」で走り方（一
人ひとりのベストな走法）が決まるという法則（原則）を、しっかりと理解させることが大切であ
る。「あてっこペース走」は「わかってできる」ことで、体育の学習観を変えることができる。

## 4.　単元計画（全10回）

| 次 | 時 | ねらい | 学習内容 |
|---|---|---|---|
| 1次 | 1 | オリエンテーション① | 1.学習の目的、順序の説明<br>2.ペア・グルーピング<br>3.学習カードの書き方 |
| | 2 | 試しの50m走<br>併せて「スピード曲線」をとる | 1.50mを何秒で走るかを計測<br>2.事前に何歩で走るかを予想させる<br>3.自分のスピード曲線がどうなっているかを予想させる |
| 2次 | 3 | 8割走に挑戦しよう① | 1.ベストタイム×1．2を算出<br>2.自分の目標タイムに近い人が勝利<br>3.団体戦で行ってもいい |
| | 4 | 9割走に挑戦しよう① | 1.ベストタイム×1．1を算出<br>2.自分の目標タイムに近い人が勝利<br>3.団体戦で行ってもいい |
| 3次 | 5 | オリエンテーション② | 1.得点の高低はなぜ生まれるか<br>2.ピッチとストライドの関係を説明し、走りの原理を理解させる |
| | 6 | 試しの大また・小また走 | 1.意図的に大また・小またで走り、前時の原則を体感させる<br>2.極端に走ることの大変さと「ピッチ×ストライド」の意味の理解 |
| 4次 | 7 | 8割走に挑戦しよう② | 1.バディをつくりお互い何歩で走ったかを確認する（歩数）<br>2.併せて何点を獲得したか<br>3.「歩数÷タイム」からピッチを割り出す<br>4.ねらったタイムに最も近い＝最多得点はどのようなストライドで実現できるかを探る<br>5.最適ピッチと最適ストライドが少しずつ変化していくことに注目させる |
| | 8 | 9割走に挑戦しよう② | |
| | 9 | 10割走に挑戦しよう<br>※ベストタイム×1 | |
| 5次 | 10 | オリエンテーション③<br>学習のまとめ | 1.これまでの学習の振り返り<br>2.最初と比較し、変化を記述させる |

※通常は「10割走」を目標として授業まとめを行うが、ベストタイムを明確に目指すために、「9割8分走」（ベストタイム×9.8）や「9割5分走」（ベストタイム×9.5)に挑戦してもよい。ただし、決して力まず、走りをコントロールすることの徹底が大切。

## 5.　指導にあたって

　1次から2次は全体のオリエンテーション的位置づけであり、まずは「あてっこ」の意味を理解させることに重点をおく。3次で走るということの原理的な整理を行い、4次でいよいよ本格的なピッチとストライドの学習を行い、最後にベストタイムに挑戦させる。

　ゲーム性をもたせるとすれば、個人での競い合いではなく団体での対抗戦も考えられる。慣れてきたら記録の計測も生徒に行わせ、チャレンジ回数が増えるにしたがって役割分担などの効率化を

図る。一人ひとりの走りの変化をつかむためのビデオ撮影やタブレットを使った教え合いも組織できる。

## 6. 本時の目標（7回目／全10回）

①ストライドの長さを自在に調整し、ピッチ数を意図的に変えて走ることができる。また、走りのリズムを一定に保つことができる。（【できる】知識、技能）

②ねらったタイムを出すための「最適ピッチ」と「最適ストライド」があり、一歩違うだけでもタイムが変わることがわかる。（【わかる】思考、判断、表現）

③ストライドの長さを調整し、ピッチ数を意図的に変えて走る方法を考え、教え合うことができる。（【かかわる】学びに向かう力・人間性等）

## 7. 本時の展開

| | 学習活動 | 指導上の留意点 |
|---|---|---|
| 導入 | 1 準備運動をする<br><br>2 本時の課題を確認する | ○ストレッチやウォーミングアップを十分に行わせ、ケガを予防する<br>○タイムと歩数を調べることでストライドの長さやピッチ数が割り出せることを理解させる |
| 展開 | 3 バディを決めて、互いにパートナーが50mを何歩で走ったかを交互に数え合う<br>☆1人あたり4〜5回走り、個人の合計やバディの総得点で対抗戦を行う<br>☆ピッチやストライドを意図的に変化させながら、自分にとっての最適なピッチとストライドを探らせる<br><br>※「あてっこペース走タイム換算表」を用意しておく（少数第二位以下、四捨五入）<br><br><table><tr><td>種類<br>記録</td><td>8割走<br>（×1.2）</td><td>9割走<br>（×1.1）</td><td>9.5割走<br>（×1.05）</td></tr><tr><td>10.0</td><td>12.0</td><td>11.0</td><td>10.5</td></tr><tr><td>9.9</td><td>11.9</td><td>10.9</td><td>10.4</td></tr><tr><td>9.8</td><td>11.8</td><td>10.8</td><td>10.3</td></tr><tr><td>9.7</td><td>11.6</td><td>10.7</td><td>10.2</td></tr><tr><td>9.6</td><td>11.5</td><td>10.6</td><td>10.1</td></tr></table> | ○パートナーはスタートから何歩で走ったかを正確に数え、パートナーに教える<br>○目標タイムとの差（得点）も把握させる<br>○同じ歩数でしか走れない子どもには、目印を置いて走らせるなど、意図的に走りを変えるきっかけを用意する<br>○パートナーは走りのリズムが一定しているかどうかも観察する<br>○得点が低い子どもの走りに注目しておく<br>○8割走の時点で、どれが自分にとって最も走りやすく、コントロールしやすいピッチとストライドなのかを理解する<br>○得点の高低よりも各自の走り方の変化に着目させる<br>○歩数と記録の変化がストライドとピッチの変化と連動していることを理解させる |

| 展開 | 4　ストライドの長さやピッチ数を計算し、どれが自分にとって最適かを考える<br>☆あらかじめカードに記入されている計算式に数字をあてはめる<br>例）ストライド＝ 50 m÷（　　　）歩<br>　　　ピッチ＝（　　　）歩÷（　　　）秒<br>☆各チームに電卓を用意する<br>☆「8割走」から「10割走」にかけて最適なピッチやストライドは少しずつ変化することが予想される。あくまでねらったタイムが出せる | ○自分がコントロールしやすいストライドやピッチがあることを理解させる<br>○意図的にストライドやピッチが変えられない子どもがいる時は、リズム変化をつけるために音（手拍子、鈴、ホイッスル、太鼓等）を手がかりにしたり、障害にならない程度の目印を置くなど視覚的な手がかりを利用してもよい |
|---|---|---|
| 総括 | 5　本時のまとめをする<br>☆得点の変化に着目<br>☆なぜ、このような違いが生まれるかを話し合う | ○うまくいっている子どもの事例を参考にさせる<br>○点数の低い子どもの声によく耳を傾け、原因は何かをみんなの課題として探らせる |

## 8.　評価基準…できる（知識および技能）に関して

・A基準…ストライドの長さを自在に調整し、ピッチ数を意図的に変えて走ることができ、ねらった記録を出すことができた。また、そのためには走りのリズムを一定に保つことができた。
・B基準…ストライドの長さを自在に調整し、ピッチ数を意図的に変えて走ることができた。また、そのためには走りのリズムを一定に保つことができた。
・C基準…ストライドの長さを自在に調整し、ピッチ数を意図的に変えて走ることができない。また、そのためには走りのリズムを一定に保つことができない。意図的にストライドやピッチを変えるための聴覚的・視覚的な手がかりを与える必要がある。

## 9.　参考文献

久保健、山崎健、江島隆二編「教育技術 MOOK 走・跳・投の遊び／陸上運動の指導と学習カード」（1997 年）小学館
学校体育研究同志会編「たのしい体育・スポーツ 2007 年 9 月号」
学校体育研究同志会編「たのしい体育・スポーツ 2016 年秋号」
学校体育研究同志会編「たのしい体育・スポーツ 2017 年秋号」

## 第２章 中学校の実践プラン⑤陸上競技：走り幅跳び

# 中学校第３学年 保健体育科 学習指導案

2023 年 5 月 16 日／男子 18 名・女子 17 名：合計 35 名
実施場所：グラウンド／授業者：寒田丈太郎

## 1. 単元名

陸上競技：走り幅跳び　―走り幅跳びの仕組みを探求しよう―

## 2. 単元の目標

①4 拍子の助走リズムから、跳躍リズムに変換し、リード足を高く上げたかがみ跳びでができる。（【できる】知識・技能）

②踏切り板で踏み切ることができるように、助走におけるピッチとストライドと 4 拍子の助走リズムにおける跳躍の仕組みが分かる。（【わかる】思考力・判断力・表現力）

③仲間相互の助走や跳躍の状況を観察・分析して、協同で課題達成することができる。（【かかわる】（学びに向かう力・人間性等）

## 3. 単元の評価

①4 の倍数の歩数プラス 3 歩で助走し、タンタタのリズムで踏切るかがみ跳びができる。（【できる】知識・技能）

②跳躍に適した助走距離を見つけることと、疾走リズムを跳躍リズムにかえるには、ピッチとストライドのコントロールが必要なことがわかる。（【わかる】思考・判断・表現）

③かがみ跳びの姿勢について観察ポイント（膝を挙げる。前屈する。伸膝する。）を確かめあって改善点を検討しあうことができる。（【かかわる】主体的に学習に取り組む態度）

## 4. 教材について

1 年生は、「ピッチとストライドに支配されたスピードとリズムのコントロール」を短距離走（50m走）で 4 拍子のリズムによって走る学習をした。

2 年生の、ハードル走で跳躍をともなう 4 拍子で走る学習をした。3 年生では、疾走リズムを踏み切るときに大きく変換し跳躍姿勢をつくる学習をする。速く走る力だけでは跳躍の距離にはつながらない。終末の競技会は、競争を意識して試技（3 回）の組み立てを考え、記録だけではなく、競技の駆け引きの面白さも体験させたい。

## 5. 子どもの実態について

ウォーミングアップで曲を流すなどにより、走りにリズムが関わっていることは理解している。幅跳びでは、ジャンプ力に意識が向いているため、跳躍リズムを踏切り板で跳躍リズムに変換する意識はあまりない。跳躍の膝を高く上げて滞空時間を長くして距離を伸ばすことや、競技の仕方や競争の面白さ、駆け引きについても学ばせたい。

## 6.　単元計画（全 10 時間）

| 時 | ねらい | 学習内容 |
|---|---|---|
| 1 | オリエンテーション<br>幅跳びの学習の見通しを持つ | 走運動のリズムをどのようにして跳躍リズムに変換するか見通しを持つ |
| 2 | 助走距離を見つけよう。最高速度の到達距離と歩数を見つける | 直走路を 3 秒間全力で走り、班員の目視で 4 の倍数の歩数を見つける |
| 3 | 試しのジャンプをしよう。前時に見つけた助走距離で跳躍し、課題を見つける | 見つけた距離と歩数で踏切り板でのジャンプをして、目標とする記録と課題を見つける |
| 4 | 踏切り手前 3 歩で疾走リズムの変換をしてジャンプしよう | リズム変換を最後の 1 歩と 2 歩の歩幅の比較や、タンタタという足音から確かめる |
| 5 | 助走速度を徐々に上げて踏切り板でジャンプする | 踏切り板でジャンプするために、ピッチとストライドを調節して練習する |
| 6 | 空中滞在時間を長くするためにリード足を腰より高く上げてジャンプする | 膝をあげる。万歳姿勢をつくる。舟をこぐ。足裏を見せる。 |
| 7 | 両腕を高く上げ、強く振り下ろし、前屈姿勢をつくってジャンプする | 徐々に両手を頭より上に上げた万歳姿勢から前屈姿勢をつくりジャンプする |
| 8 | 助走、踏切り、跳躍フォームの自己課題を達成できるように総合練習する | 幅跳び競技の方法を知り、3 回の跳躍の設計や競技の他者との駆け引きを考え練習する |
| 9 | 記録会 1　最高記録ねらい、3 ファールにならない跳躍を設計してジャンプする | 班員で協力し記録をとり、自己課題の達成を目指してジャンプする |
| 10 | 記録会 2　残りの 2 回ジャンプで最高記録を目指してジャンプする | 班員で協力し記録をとり、自己課題の達成を目指してジャンプし達成を認め合う |

## 7.　指導にあたって

　1 時間目は短距離走で学習した 4 拍子の疾走リズムの確認とハードル走の 4 拍子のリズムがもとになったハードルを跳び越す学習を振り返る。そして、走り幅跳びの助走における「4 拍子のリズムで走る」「踏切る時のリズム変換」について見通しが持てるようにする。

　記録の取り方は、川を跳び越える例を示し、「踏切り板を越えてはいけないこと」「最も踏切り板に近い着地点の計測」を説明する。これらを達成するためにはピッチとストライドの調節が必要になるが、この調節は速度を速くすると難しくなる。しかし、速い助走でなくては望む記録は出ないジレンマがあることを理解させ、達成の見通しと知的好奇心を高めたい。前半の 4 時間で自分に合った助走距離と歩数を見つけ、徐々に速度を高めて踏切り板でジャンプできるようにする。中盤の 4 時間目から 6 時間目にかけて、かがみ跳びで重心を高い位置に持ち上げ、記録を伸ばす「リード足の挙上」「腕の使い方」「前屈し伸膝する跳躍姿勢」をつくる。また、生徒の状況から、反り跳びやはさみ跳びも紹介する。そして、最後の 2 時間は記録会をする。3 回ファールしないように 1 回目に確実な試技で記録を残し、残り 2 回は勝負する方法や、3 回とも勝負するなど、対戦相手を

設定して競争の駆け引きを学び、自分の跳躍を工夫して仲間の心理なども考えアドバイスができるようにする。

## 8. 本時の目標（4回目／全10回）

①疾走リズムを跳躍リズムに変換して踏み切ることができる。（【できる】知識・技能）

②最後の1歩の歩幅が広くならないようにする理由が分かり、達成のためには、タンタタのリズムに変換して跳躍するとよいことを理解する。（【わかる】思考力・判断力・表現力）

③達成に向けて必要な情報（歩幅の変化や踏切り位置）や達成の度合いを、身振り手ぶり及び動画を示して伝える。（【かかわる】学びに向かう・人間性等）

## 9. 本時の展開

| | 学習活動 | 指導上の留意点 |
|---|---|---|
| 導入 | 1．準備<br>・用具（箒・巻尺・トンボ）を用意し、前時に見つけた助走距離の位置にマーカーを置く<br>・助走練習で、踏切り板に足が合うように練習する<br>2．本時の学習に関心をもたせる<br>　試しの跳躍の時、疾走リズムのままではうまく踏み切れないことを思い出し、達成の見通しを持たせる | ・はじめの3、8歩にマーカーを置いて確認しやすくする<br>・安全のため「行きます」の声と「はい」の声をかけさせる<br>・助走のまま走り抜けて走リズムの確認をする<br>・用具の場所の確認をする |
| | 発問：助走の疾走リズムとスピードを生かして踏み切るには、最後の3歩のリズムと歩幅をどのように変化させたらよいのだろうか | |
| 展開 | 3．課題を追究する<br>○前半練習<br>・8割ぐらいの速度で助走する<br>・リズムを変えたり、歩幅を変えたりして試し、踏切りやすい方法を見つける<br>・最後の3歩でピッチを変え、跳躍リズムに変換する理由を確かめる<br>・最終歩幅は疾走歩幅より広い時と、狭くなった時の違いを足や、腰など体に感じたことからペアに語り練習する<br>○中間研究会<br>・リズムと歩幅の変換状況と達成状況をペアの班員と交流する<br>・班員が達成できるように工夫したことや、うまくできたことを交流する<br>・後半の課題達成に向けた練習内容をペアと確認する。安定して踏切ができるように練習する | ・今までの達成状況から事前に考えた方法で本時の課題に関わる練習をするよう指示する<br>・足が合わない生徒には、初めの8歩の位置がずれないようにスタートから3歩目の足あわせを意識できるようにする<br>・後半練習で深めたい内容を発信できるように前半練習中に考えさせておく<br><br>・リズムを変えたことが踏み切りの変換につながっているか確認するよう促す<br>・踏切板から多少ずれても，リズム変換を優先させる<br>・助走するとき口伴奏をする |

| 展開 | ○後半練習<br>・見つけたリズム変換を徐々に速くして練習する<br>・最終 3 歩の歩幅を比べるなどしてリズム変換ができているかどうか確かめる<br>・班員の観察を踏切り坂から離れて観察し、スタートから踏切りまでの全体を見てペアにアドバイスをする<br>・自分なりの跳躍フォームで行い、リズム変換を確かめながら練習する | ・中間疾走リズムで肩に力が入らないように声を掛けて援助する<br>・適切な助走距離と速度を教師が見極め具体的に指示する<br>・速い速度で跳び出し角度が低い生徒には、次時のポイントである「膝の挙上」を教える |
|---|---|---|
| 総括 | 4．達成・発見したことを全体会で交流しまとめる<br>・班や全体会で達成状況を交流する<br>・音の変化や、歩幅の変化など具体的な事実によって変換の達成を確かめ、根拠を示して認め合う<br>・疾走リズムと跳躍リズムの違いを発表・交流 | ・課題について確かめた方法や練習方法が適切であることが確認できるように交流する<br>・助走速度をあげて踏み切る次時の達成課題について予告する |

## 10. 評価基準

・A基準…疾走リズムを安定させて跳躍リズムに変換し、速い速度で踏み切ることができる。【技能】
　　　　　適切な速度と助走距離で踏切り、達成に向けてアドバイスができる。【知識】

・B基準…疾走リズムを跳躍リズムに変換し、自分に合った速さで助走し踏切ることができる。
　　　　　適切な速度と助走距離で踏切り、達成に向けて取り組むことができる。【知識】

・C基準…ゆっくりペースの疾走リズムを跳躍リズムに変換して踏み切る。【技能】
　　　　　踏切には、疾走リズムを変換する必要があることについてわかる。【知識】

　C→B ・はじめの 3 歩を意識した 8 歩の加速練習をさせる。

　　　　・マーカーを積極的に使い、途中経過がわかるようにする。

　　　　・歩幅や、足音の変化から、変換の事実を理解させる。

　　　　・3 歩助走で最後の 1 歩を広くすると踏み切りにくく、記録が伸びないことを感じさせる

【評価方法】

・助走の距離、歩数と最後の 3 歩でピッチや歩幅をコントロールしてリズムを変換して踏み切っているか観察する。

　Cから B、Bから Aになったことを自分の言葉で書いた学習記録から判断する。

## 11. 参考文献

　久保健、山崎健、江島隆二編著「教育技術ＭＯＯＫ走・投の遊び陸上運動の指導と学習カード」（1997 年）小学館

第２章 中学校の実践プラン⑥水泳

# 中学校第１学年 保健体育科 学習指導案

2023 年 7 月 10 日／男子 15 名・女子 15 名：計 30 名

実施場所：プール／授業者：小山吉明

## 1. 単元名

水泳：クロール（ドル平泳法からクロールへ）―身体の浮力と水泳への活用―

## 2. 単元の目標

①ドル平泳法によって身体の自然な浮き沈みに合わせた息継ぎが繰り返しでき、ドル平泳法とクロールでそれぞれ 50 〜 100m 以上泳ぐことができる。（【できる】知識・技能）

②水面から出た身体の一部の重さは体を沈める力として働くが、いったん沈むと再び浮いてくることがわかり、自然な浮き沈みに合わせた息継ぎによって、楽に泳げることがわかる。（【わかる】思考・判断・表現）

③仲間の体の浮き沈みの様子を観察し、それに合わせた手足の協応動作や息継ぎのタイミングについて教え合うことができる。（【かかわる】学びに向かう力・人間性等）

## 3. 教材について

　水中で息を止め、肺に十分な空気が入っていれば誰でも浮くことができる。この時の水中体重は 0kg であり、息継ぎの際に頭部など身体の一部が水面上に出れば重力が加わって体は沈む。しかしいったん沈んだ体は再び浮いてくるので、それに合わせて息継ぎをすれば苦しくならずに泳ぎ続けることができる。「口からの酸素摂取量」を A、「息継ぎをするために浮き、進むために使う酸素消費量」を B とすると、A＜B の時に人は酸欠になり、苦しくなって立ってしまう。

　A≧B にするには、バタ足や手を使って浮き・進むエネルギーを極力少なくすればよく、そのために自然な浮き沈みを使うことが大切である。その典型的な泳法がドル平泳法で、自然な浮き沈みがわかってくるまでは、水中で息を止め、口が水面に出てから吐いて吸う呼吸法をおこなう。

　クロールでは息継ぎの際に頭部が半分ほど出て、腕も出るのでその直後に体が沈む。しかしその沈みを押さえようとして腕を回したり、バタ足を強くしたりすると、A＜B となって苦しくなってしまう。ドル平泳法の原理を生かし、クロールでも自然な浮き沈みに合わせた息継ぎができれば A≧B となり、長く泳ぐことができる。以上のような呼吸とリラクセーションを重視した泳法の習得を目指す。

## 4. 子どもの実態について

　小学校時代に水泳はほぼ毎年学習し、クロールや平泳ぎの形は習っているが、身体の「浮力との関係」については学習できていない。また、ドル平泳法もほとんど習ってきていないのが現状である。力任せで 25m 程度を泳ぐのがやっとで、水泳が苦手な子が多数いる。第 1 時にアンケートをとり、小学校時代に泳げた距離と呼吸法（水中で息を止めているか、吐いているか等）について調べる。

## 5.　単元計画（全 10 回）

| 時 | ねらい | 学習内容 |
|---|---|---|
| 1 | 教室でオリエンテーション | ○アンケートを実施<br>○浮力と水中体重との関係、呼吸法、ドル平泳法（以下ドル平）について理論を学び、水泳学習への見通しをもつ<br>○プール使用のきまりや授業の流れ、学習仲間の確認 |
| 2 | 水慣れ、浮力、呼吸法の確認 | ○準備運動<br>○水慣れ、自由泳で 2 往復程度、深さの確認<br>○伏し浮きで浮き、息を吐くと沈むか実験<br>○基礎練習「伏し浮きで息継ぎ 10 回」ができるようにする。全員でプール内に立ち、「1，2，3，パッ」の息継ぎ方法のポイント確認と練習 |
| 3 | 頭の重さ、水中体重の測定（写真）ドル平泳法① | ○水着になった生徒から個々に準備運動と頭の重さの測定を授業開始前に済ます<br>○水中体重の測定（いろいろな姿勢で）<br>○「伏し浮き息継ぎ 10 回」背中から浮く姿勢調節、練習とテスト<br>○ドル平をやってみる<br> |
| 4 | ドル平泳法② | ○「伏し浮き息継ぎ 10 回」<br>○ドル平の練習　手足の協応と自然な浮き沈みの確認 |
| 5 | ドル平泳法③ドル平のテスト | ○「伏し浮き息継ぎ 10 回」<br>○ドル平の練習<br>○ドル平のテスト 100m に挑戦（50m 以上で合格） |
| 6 | スローモーション・クロール①　（図） | ○「基礎練習」とドル平<br>○蹴伸びからクロールの息継ぎ後に沈み、そして再び浮くこと。1 ストロークまでの浮き沈み<br> |
| 7 | スローモーション・クロール② | ○「基礎練習」とドル平<br>○前時の復習<br>○自然な浮き沈みを意識したスローモーション・クロールへ |
| 8 | スローモーション・クロール③　テスト | ○「基礎練習」とドル平<br>○スローモーション・クロールの練習<br>○クロールのテスト 100m に挑戦（50m 以上で合格） |
| 9 | 平泳ぎ① | ○「基礎練習」とドル平<br>○平泳ぎの足の動き<br>○ひとかきひとけりのリズム |
| 10 | 平泳ぎ②　10 間泳テスト | ○平泳ぎの練習<br>○背浮きのポイント（頭部を耳まで水に入れる）<br>○ 10 分間泳テスト（10 分間立たずに自由泳、または浮いている） |

## 6. 指導にあたって

　中学１年生ではドル平で水泳の基礎を学び直して、それをクロール、平泳ぎにいかすことを行う。学習グループは泳力の違う３人組のトリオ学習（泳ぎが得意、普通、苦手）

　はじめに全員の「水中体重の測定」（＊203ページ、11. 参考文献の後に紹介）。そして、「基礎練習」として、伏し浮きの姿勢で背中が水面に浮いたら手を軽くかいて頭を持ち上げて息継ぎをし、自然に沈んでまた浮いてきたら息継ぎをする。これを「伏し浮き息継ぎ10回」（基礎練習）として毎時間最初に行う。この基礎練習の後にドル平100m程度（途中立ってもよい）も加えてアップとする（３年間継続）。体型や肺の中の空気量によってはなかなか浮いてこない生徒もいる。水中で息を吐いていないか、息継ぎ時の換気量、姿勢調節の様子などを細かく見てアドバイスする。

## 7. 本時の目標：スローモーション・クロール①　（6回目／全10回）

①クロールの蹴伸びから最初に息継ぎ側の手だけをかいてローリング（横回転）・横向きの息継ぎを行った後に両手を前方に合わせる。そこでいったん体が沈んだ後に再び浮いてくるのに合わせて反対側の腕をかいて進むことができる。これは１ストロークまででよい。（【できる】知識・技能）

②息継ぎの後、水面に出た頭と腕の重さでいったん体が沈み、再び浮いてくることがわかる。（【わかる】思考力・判断力・表現力）

③自然な浮き沈みの様子や呼吸法について観察し、教え合うことができる。（【かかわる】学びに向かう力・人間性等）

〈指導のポイント〉

　ドル平や平泳ぎでは、両手を使って水をかいて頭部全体を水面上に出す。クロールでは横向きの息継ぎなので、片手でかいて体全体をローリング（横回転）させることで口を含めた頭部を水上に出して呼吸ができる。

## 8. 本時の展開

| | 学習内容 | 指導上の留意点 |
|---|---|---|
| 導入 | ①水着の生徒から出席健康確認・準備運動<br>②本時の課題確認 | ・暑い日は準備運動が終わったらシャワー<br>・クロールでの息継ぎ側を確認しておく |
| | 発問：「クロールでは息継ぎの時に頭半分程度が水面上に出て、腕も水面上に出ます。その重さでドル平のように体はいったん沈んでいますか？」→実際にやってみましょう | |
| | ③シャワーを浴びて入水。毎時間の基礎練習「伏し浮き息継ぎ10回」と「ドル平100ｍ」 | ・基礎練習、ドル平の浮き沈みを確認。連続して息継ぎができているか確認する |
| 展開 | ①クロールをやってみて身体の一部が水面上に出た後に体が沈むかお互いに観察する | ・5m程度、数ストローク程度でいいので交互にやって観察し合う |
| | 発問：「体が沈んでいないのはなぜでしょうか？」→バタ足や手のかきで体が沈まないように力を使っていることに気づかせる | |

| 展開 | ②息継ぎの側を確認し、プールサイドから蹴伸びをしてバタ足をせずに息継ぎ側の手だけをかいてローリング（横回転）＋息継ぎをし、その手を前方の手に合わせるまでをやって体が沈み、その後に自然に浮いてくることを確認（201ページの図）。浮いてきたらやめて立つ（泳ぎを続けない）<br>・手のかき方と横向きのタイミングを見合う<br>③②で浮いてきたら息継ぎ側でない方の手をかいて（その時息継ぎはしない）再び両手を合わせて沈み、浮いてきたら立つ練習<br>両手を前方に合わせられずにすぐにかいたり、バタ足をしたりすると沈まないことをお互い観察して理解する。ローリングも左右の浮き沈みであり、使えると効果的 | ・息継ぎ側の手だけをかくこと。反対側の手も続けてかいてしまう生徒は沈まないのでその様子をお互いに見合う<br>・手のかきと息継ぎのタイミングがつかめない場合は、立って顔を伏せて練習する<br>・横向きの息継ぎができず、頭が全部出てしまう人は沈みも大きくなることにも注目させる<br>・一度沈んで浮き始めたタイミングに合わせて手をかき始めることで体がスーッと一層よく浮いてくることを観察させる<br>・②で両手を合わせられず、浮き沈みが分かっていない段階で③に移行させない。横向きの息継ぎは上手にできなくても沈みが大きくなるだけなので息継ぎができていれば問題ない |
| 総括 | ①できてきたら2ストロークまでやってみる<br>②プールから上がり、息継ぎの仕方、手をかいた後の浮き沈みの様子を振り返り、交流 | ・バタ足はしないが、バランスを取るためのゆらゆらとした2ビート程度ならよい<br>・クロールの浮き沈みの感覚が分かったか |

## 9.　評価基準

・A基準…蹴伸びから息継ぎ側だけの手のかきでローリング（横回転）＋横向きに口を水面に出して息継ぎをし、両手を前方にして「沈む→浮く」に合わせて反対側の手をかくことができる。

・B基準…蹴伸びから息継ぎ側だけの手のかきでローリング（横回転）＋口を水面に出して息継ぎをし、両手を前方にして「沈む→浮く」に合わせて反対側の手をかくことができる。

・C基準…蹴伸びから息継ぎ側の手をかいて息継ぎをしようとするが、それに続いてすぐに反対側の手もかいてしまい、両手を前方に合わせられずに浮き沈みの感じをつかむことができない。

## 10.　参考文献

学校体育研究同志会編「水泳の授業」（2012年）創文企画

学校体育研究同志会編「別冊たのしい体育スポーツ『水泳ハンドブック』」（2015年）

小山吉明『体育で学校を変えたい』（2016年）創文企画

## 【水中体重の測定】

10kgまで量れる上皿自動秤を1〜2個、吊るしバネばかりを10個程度用意し、写真のように頭の重さや水中体重が量れるように準備する（第2時）。吊るしバネばかりはテントの支柱等をプールに入れて吊しますが、それらがなければ秤を手に持って支えても測定できます。

## 第2章 中学校の実践プラン⑦球技：バスケットボール

### 中学校第1学年 保健体育科 学習指導案

2023年5月18日／男子18名・女子18名：合計36名

実施場所：屋内運動場／授業者：松尾　誠

## 1. 単元名

　球技　―コンビプレイを使って、誰もがゲームを楽しめるバスケットボール―

## 2. 単元の目標

①コンビネーションプレイによりシュートを決めることができる。（【できる】知識・技能）

②シュートポイントや重要空間・時間の仕組みがわかる。（【わかる】思考・判断・表現力）

③互いの技能を理解して、協同・探究の学習をつくり出す。（【かかわる】学びに向かう力・人間性等）

## 3. 単元の評価

①ゲームにおいて、自分たちが考えたコンビプレイを使うことができる。（【できる】知識・技能）

②重要空間におけるコンビプレイ（攻防）の仕組みがわかる。（【わかる】思考・判断・表現）

③仲間との技術認識を協同・探究によって高める。（【かかわる】主体的に学習に取り組む態度）

## 4. 教材について

　ゴール型の球技はコートの中で攻撃と守備が入り乱れ、上手い子の個人プレイでゲームが進んだり、何をすればいいのかわからずコートの中にいるだけの子どもがいたりする。またパスやドリブル、シュートなどのボール操作を習熟するだけでは、戦術を生かしたゲームにはならない。

　チームのみんなでバスケットボールを楽しむためには、空間と時間の仕組みがわかり、コンビネーションプレイとして身につけることが必要である。この戦術やコンビネーションプレイについて、技能差がある仲間同士が共通の学習課題にして「みんなで上手くなる」ことをめざす。

　バスケットボールは技術・戦術レベルが上がるとともに、使われる技術・戦術が攻撃面・守備面ともに増えていく。体育の授業では、バスケットボールの技術や戦術の仕組みを教材として、2人のコンビネーションプレイを基本的戦術と位置付けて発展的に、みんなでともに学ぶことを目標とする。

## 5. 子どもの実態について

　中学校の発達段階においては、身体は大きくなり筋力も向上する。また論理的な思考もできるようになる。一方、小学校での運動経験から「できる・できない」という固定観念が生まれ、苦手意識を持つ子も多くいる。その苦手な子も含めて、科学的で系統的な指導法によって「みんなで上手くなる」経験をさせてあげることが大切である。自分や仲間の運動能力の捉え方を見つめ直すことで、評価する・されるという価値観を変えていく。また仲間との協同によって上手くなる経験を通して、合意形成の大切さを学ぶとともに、自己肯定感を高めていく。

## 6. 単元計画（全10回）

| 時 | ねらい | 学習内容 |
|---|---|---|
| 1 | ・オリエンテーション<br>　　学習の見通しを持つ | ・単元目標・学習内容・授業の流れを確認する<br>・バスケットボール固有の技術を確認する |
| 2 | ・シュート技術の習得①<br>　　シュートポイントの理解 | ・10本打って8本成功する場所を探すシュート実験<br>・30秒間でゴール下シュートが何本入るかを調べる |
| 3 | ・シュート技術の習得②<br>　　シュートの確立を高める | ・グループで協力して30秒シュートの確率を高める<br>　いろいろな方向からパスをもらってシュート<br>・グループで連続してゴール下シュート |
| 4 | ・シュート技術の習得③<br>　　シュートポイントに攻め込む | ・30秒シュート<br>・連続シュート<br>・レイアップ（カットイン、ドライブイン） |
| 5 | ・コンビネーションプレイ①<br>　　2：0の基本を学ぶ | ・2：0　基本の動き、カットイン、パス＆ゴー<br>・2：1　ディフェンスは制限付き |
| 6 | ・コンビネーションプレイ②<br>　　2：0の発展を学ぶ | ・2：0　基本の動きを発展（たて・よこ・ななめ）<br>・2：1　パスする人を守る、パスをもらう人を守る |
| 7 | ・コンビネーションプレイ③<br>　　ディフェンスの方法を学ぶ | ・2：1　基本・発展の動きを確認<br>・2：2　マンツーマンディフェンス（内線の理解） |
| 8 | ・コンビネーションプレイ④<br>　　2：0の応用を学ぶ | ・2：2　マンツーマンディフェンスを攻略する攻め<br>方（スペーシング、スクリーンプレー） |
| 9 | ・チーム対抗戦①<br>　　コンビプレイの理解を深める | ・対抗戦の行い方とルールを確認する<br>・試合で場面に応じた役割を意識して実行する |
| 10 | ・チーム対抗戦②<br>　　コンビプレイの理解を深める | ・作戦図を使ってコンビプレイの作戦を確認する<br>・自分たちが考えたコンビプレイでみんなが活躍する |

## 7. 指導にあたって

　空中にあるリングにボールを入れることがバスケットボールの特徴である。シュートが入らないと苦手意識につながるので、どうすればシュートが入り、どこから打つと確率が高いのかを、ゴール下から1mの「シュートポイント」の重要性によって理解させる。

　バスケットボールでは、「2人のコンビネーションからのシュート」を基礎技術とする。基礎技術とは誰もが身に付けることができ、ゲームが発展しても系統的に中心的な課題となる技術のことである。リングからの距離が遠いほどシュートの成功率は低くなる。シュートが入る可能性が高いシュートポイントを重要空間として、攻め込むオフェンスと入れさせないディフェンスとの空間支配のせめぎ合いがバスケットボールの攻防となる。

　基本となる2：0から始めて、系統的に戦術を発展させていく。そのためには技能差のある者同士において、パスのスピードやタイミングを合わせるといった他者理解による人間関係を高めるこ

とも大切である。コンビプレイが上達することでバスケットボールの楽しさを実感させるため、1年生では2：0→2：1→2：2の攻防の中でコンビプレイの仕組みを発展的に学んでいく。

## 8. 本時の目標（5回目／全10回）

①コンビネーションプレイでカットインプレイができる。（【できる】知識・技能）

②ボールを保持しているときと、していないときの役割がわかる。（【わかる】思考・判断・表現）

③パス・走り込みの動きやタイミングを学び合う。（【かかわる】学びに向かう力・人間性等）

## 9. 本時の展開

| | 学習活動 | 指導上の留意点 |
|---|---|---|
| 導入 10分 | 1. 集合・挨拶<br>2. 準備運動<br>（ゴール下シュート、カットイン）<br>3. 本時の課題の確認 | ○すばやく集合して挨拶を行わせる<br>○前回学習したシュートを準備運動として行い、重要空間に攻め込む意識と動きを復習する<br>○本時の内容を確認させる |
| 展開 35分 | 4. 基本のコンビネーションプレイ | ○2：0の基本を学ぶ |
| | 発問…シュートポイントへパスで攻め込もう | |
| | ・ディフェンスなしの状態で「パスでシュートポイントへボールを運ぶ」戦術を学習する<br><br>◎ボール保持者　○攻撃者　▲防御者<br>人の動き　　　　ボールの動き<br>・2：0　基本型（たての関係）<br><br><br>・2：0　カットイン1<br>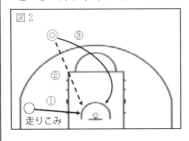 | ・最も大切な認識はシュートポイントの存在である<br><br>・パスを出す者も受け取る者も、それに徹底的にこだわらせる中で、2人のコンビプレイを習熟<br><br>①シュートポイントでジャンプしてパスを受け、片足を軸に回転し、ゴールに正対してシュートする<br>②パスした後は必ず逆サイドのシュートポイントにフォロー（リバウンド）に入る<br>※シュートが成功しても失敗しても、もう一度リバウンドシュートをする<br><br>①シュートポイントに走りこむ<br>②タイミングを合わせてパスをする<br>③パスした後は図1と同様にフォローに入る<br>※ボールをキャッチした（リバウンドを取った）場所がシュートポイントと多少ずれた場合は、ドリブルを用いて微調整する（コントロールドリブル） |

| 展開<br>35分 | ・2:0　カットイン2（パス＆ゴー）<br>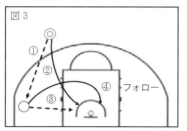 | ①シュートポイントから離れた位置にいる相手にパスする<br>②パスした瞬間にシュートポイントに走りこみ、リターンパスを受けシュートする<br>③④パスした後は図1,2と同様にフォローに入る |
|---|---|---|
| | 発問…ディフェンスをかわしてコンビプレイを成功させよう | |
| | 5. ディフェンスを意識したコンビプレイ<br>・2：1　ディフェンスをつけて行う<br>　ディフェンスは制限付き<br>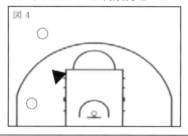 | 基礎的なディフェンスの仕方を学習する<br>・はじめから相手に腕や足を使ってディフェンスをされるとコンビプレイの学習が途切れるため、ディフェンスには段階的に制限をつける<br>「立っているだけ」「手だけ動かせる」「足だけ動かせる」「制限解除」<br>・相手がフォローの動きに入ってからは自由にディフェンスできる<br>・身につけさせたい技術は「ボールキープ」「ピボット」「パスフェイント」<br>・リバウンドを積極的に行い、予測判断を学ばせる |
| 総括<br>5分 | 6. 本時のまとめをする<br>・自分たちのコンビネーションプレイをペアで振り返る<br>・次回の説明をする | ・うまく行うためのポイントを話し合わせる（タイミング、声掛け、相手やディフェンスを見る等）<br>・話した内容を学習カードに記入しておく<br>・次回から2人のコンビプレイを発展させていく |

## 10. 評価基準

　コンビネーションプレイでカットインの仕組みがわかり・できる

・A基準…ディフェンスの位置に応じた、シュートポイントへの「走り込み」と「パス」のタイミングを合わせた攻撃ができる。

・B基準…シュートポイントへの「走り込み」と「パス」のタイミングを合わせた攻撃ができる。

・C基準…シュートポイントへの「走り込み」と「パス」のタイミングを意識できていない。

## 11. 参考文献

　学校体育研究同志会編「みんなが輝く体育⑤ 中学校の授業」（2008年）創文企画

　学校体育研究同志会編「スポーツの主人公を育てる体育・保健の授業づくり」（2018年）創文企画

　学校体育研究同志会編「新体育叢書 ボールゲームの授業」（2022年）創文企画

# 中学校第1学年 保健体育科 学習指導案

2023年6月20日／男子15名・女子10名：合計25名
実施場所：体育館／授業者：松世聖矢

## 1. 単元名

　球技：バレーボール　－チームでカバー、ボールを落とさずつなぐバレーボール3on3－

## 2. 単元の目標

①オーバーハンドパスによるコンビネーションプレイができる。（【できる】知識・技能）
②ラリーにつながるコンビネーションプレイの方法がわかる。（【わかる】思考・判断・表現）
③ペアやグループで協力し、教え合いができる。（【かかわる】学びに向かう力・人間性等）

## 3. 単元の評価

①オーバーハンドパスによるコンビネーションプレイができる。（【できる】知識・技能）
②ラリーにつながるコンビネーションプレイの方法がわかる。（【わかる】思考・判断・表現）
③ペアやグループで協力し、教え合いができる。（【かかわる】主体的に学習に取り組む態度）

## 4. 教材について

　バレーボールは、1895年にモーガンによって誰もが楽しめるボールゲームとして考案された、相手チームのコートにボールを落とすことで得点になるゲームである。この特徴的な得点方法から、バレーボールを楽しむためには、ボールを地面に落とさずつなぐために必要な技術を習得することが最も重要である。その技術とは、以下の内容である。本単元では、これらの技術学習を中心にして授業を展開する。
①ボールを受ける面積が広く、コントロールがしやすい「オーバーハンドパスの技術」
②チームでパスをつなぐための「コンビネーションプレイの技術」

## 5. 子どもの実態について

　本単元開始前にアンケート調査を実施した結果、これまでの体育授業でバレーボールを経験した生徒は全体の80％であった。次に、バレーボールの授業の感想を聞いたところ、「真上から打たれた速いスパイクが怖かった」や、「サーブを返せず、ラリーが続かなくて楽しくなかった」という回答が数多くあった。このことから、本単元を実施するクラスでは、バレーボールをプレイした経験はあるが、苦手意識を持った生徒が多くいることが予想される。

　さらに、これまで実施したソフトボールと陸上競技の授業から、生徒の運動能力は全体的に高くないことが明らかになっているため、本単元では、バレーボールの基礎技術から丁寧に学習するとともに、授業の終盤で本来の6対6のゲームを簡易化・教材化した3対3のゲームができるように計画した。

## 6.　単元計画

| 時 | ねらい | 学習内容 |
|---|---|---|
| 1 | ・これからの学習についての見通しを持ち、興味を持つ<br>・バレーボール固有の技術を確認する | ・各時間の学習目標と内容を確認する<br>・授業の準備と片付けに関わる学習の仕方について理解する |
| 2 | ・オーバーハンドパスの仕方を理解し、直上トスで連続 10 回、2 人組オーバーハンドパスで連続 15 回できる | ・直上トス（手の使い方を理解する）<br>・2 人組オーバーハンドパス（相手がボールをコントロールしやすい位置を理解する） |
| 3<br>4 | ・素早くボールの真下に入る動きができる<br>・審判や得点係の仕方がわかる | ・基礎練習（直上トスと 2 人組のパス）<br>・1 対 1 のゲーム（縦 3m ×横 3m） |
| 5<br>6 | ・2 人組になって、ボールの行く方向へ構えを向ける動きができる | ・基礎練習（直上トスと 2 人組のパス）<br>・2 対 2 のゲーム（縦 6m ×横 3m） |
| 7<br>8 | ・3 人組になって、ボールに関わらない人のカバーの動きができる<br>・最初にレシーブした人を起点とするパスのつなぎ方がわかる | ・基礎練習（直上トスと 2 人組のパス）<br>・3 対 3 のゲーム（縦 6m ×横 3m） |
| 9<br>10 | ・試合の中で、本単元で学習した技術やコンビネーションプレイができる<br>・リーグ戦を協力して行うことができる | ・基礎練習（直上トスと 2 人組のパス）<br>・リーグ戦（触球数を調べる） |

## 7.　指導にあたって

　本単元では、バレーボールのおもしろさである「ボールを地面に落とさずつなぐ」ことを体験しながら、学習の中心として位置づけた①「オーバーハンドパスの技術」と、②「コンビネーションプレイの技術」を生徒に習得させることをめざす。

　そのために、1 時間目にオリエンテーションを実施した後、2 時間目では、「オーバーハンドパスの基礎技術」を習得するために、直上トスと 2 人組オーバーハンドパスを行う。この 2 つの練習は、3 時間目以降も「基礎練習」として毎時間実施する。

　そして、2 時間目に学習したオーバーハンドパスの基礎技術を活かして、3・4 時間目では、1 対 1 のゲームを行う。ここでは、オーバーハンドパスを使うために必要となる「素早くボールの真下に入る動き」を習得する。その後、5・6 時間目では、これまで学習したオーバーハンドパスの基礎技術と、素早くボールの真下に入る動きを生徒に意識させ、2 対 2 のゲームを行う。ここでは、コンビネーションプレイをする際に重要となる「ボールの行く方向へ構えを向ける動き」について学習する。

　その後、7・8 時間目では、これまで学習したオーバーハンドパスの基礎技術、素早くボールの真下に入る動き、ボールの行く方向へ構えを向ける動きを生徒に意識させ、3 対 3 のゲームを行う。ここでは、「ボールに関わらない人のカバーの動き」と「最初にレシーブした人を起点とするパスのつなぎ方」について学習する。そして、9・10 時間目には、これまで学習した内容を確認するためのリーグ戦を行い、試合における成果と課題を明らかにし、単元のまとめをする。

## 8.　本時の目標（5回目／全10回）

①ボールの行く方向へ構えを向ける動きができる【できる】

②前衛と後衛の役割の違いと、協力してボールをつなぐための方法がわかる【わかる】

③ペアでの学習を通して、技術やコンビネーションプレイの課題について教え合いができる【かかわる】

## 9.　本時の展開

| | 学習内容 | 指導上の留意点 |
|---|---|---|
| 導入 10分 | ○集合・整列・あいさつ<br><br>○準備運動<br><br><br>○本時の内容と目標を伝える | ・体育係の指示に従うよう生徒に促す<br>・生徒の健康状態、用具の安全に留意する<br>・基本的なウォーミングアップと肩、腕、足、関節のストレッチを重点的に行う<br>・本時の内容と目標をわかりやすく生徒に説明する |
| 展開 30分 | ○基礎練習<br>①直上トス<br>②2人組オーバーハンドパス<br><br>○2対2のゲーム①（自由な位置）<br><br><br>図1.　2対2のゲーム①の配置<br><br><br><br>○「前衛と後衛のポジショニング」と「ボールの行く方向へ構えを向ける動き」について説明する | ・素早くボールの真下に入っているか<br>・オーバーハンドパスをする際、ホールディング気味になっている生徒に注意する<br><br>・2対2のゲーム①のルールを生徒に伝える<br>・ゲーム中、できるだけオーバーハンドパスを使うよう生徒に促す<br>・サービスは相手が取りやすいボールを送るよう生徒に促す<br><br>┌─────────────────┐<br>　2対2のゲーム①のルール<br>・時間制ゲーム（1ゲーム2分）<br>・サービスはオーバーハンドパスで行う<br>・サイドアウトの際に前衛と後衛を交代する<br>・3回以内で返す<br>・ダブルコンタクトルール<br>└─────────────────┘<br><br>・交代は素早く行うように指示する<br><br>・2対2のゲーム①の様子を思い出しながら話を聞くよう生徒に促す |
| | 発問…2人でコンビネーションプレイをするためには、それぞれどの位置にポジショニングをすると良いですか | |
| | （予想される生徒の反応）<br>・横に一列で並ぶ<br>・前後に並ぶ | ・前後に並ぶことで、前衛と後衛の役割が明確になり、ラリーの続くコンビネーションプレイに発展することを伝える |

| 展開 30分 | 発問…ボールが前衛の頭上を通過し、後衛にいった場合、前衛はどのような動きをしたら良いですか | |
|---|---|---|
| | （予想される生徒の反応）<br>・パスを受ける準備をする<br>・体を後衛の方向へ向ける | ・前衛は頭上をボールが通過した時、体を後衛の方向へ向けることを伝える |
| | ○2対2のゲーム② | ・2対2のゲーム②のルールを生徒に伝える |

図2. 2対2のゲーム②の配置

| | | |
|---|---|---|
| | 2対2のゲーム②のルール | |
| | ・時間制ゲーム（1ゲーム2分）<br>・サービスはオーバーハンドパスで行う<br>・サイドアウトの際に前衛と後衛を交代する<br>・3回以内で返す<br>・ダブルコンタクトルール<br>・前衛と後衛を1人ずつ配置する<br>・後衛が1回で返球することは禁止 | |
| | 生徒のつまずき<br>・ゲーム中にオーバーハンドパスが使えない | 「できるだけ早くボールの真下に行けるようにボールが来る前から準備しておこう」 |
| 総括 10分 | ○本時のまとめ | ・ゲームの中で「ボールの行く方向へ構えを向ける動き」ができたか |
| | ○整理運動 | ・肩、腕、足、関節を重点的に整理運動する<br>・次時の内容を確認する |
| | ○整列・次時の予告 | 【本時で学習したことを活かして2対2のゲームを行う】 |
| | ○あいさつ・片付け | ・グループで分担して片付ける |

## 10. 評価基準

ボールの行く方向へ構えを向ける動きがゲームでできたか
・A基準…前衛は頭上をボールが通過した時、体を後衛の方向へ向け、後衛からパスされたボールの真下に素早く移動することができる
・B基準…前衛は頭上をボールが通過した時、体を後衛の方向へ向けることができる
・C基準…前衛は頭上をボールが通過した時、体を後衛の方向へ向けることができない

## 11. 参考文献

学校体育研究同志会編「スポーツの主人公を育てる体育・保健の授業づくり」（2018年）創文企画

小山吉明「中学校3年間を見通したバレーボールの指導過程に関する研究」学校体育研究同志会編『運動文化研究第24号』（2007年）創文企画

学校体育研究同志会編「新学校体育叢書ボールゲームの授業」（2022年）創文企画

## 中学校第３学年 保健体育科 学習指導案

2023 年 6 月 22 日／男子 16 名・女子 16 名：合計 32 名
実施場所：グラウンド／授業者：近藤雄一郎・吉田　隆

### 1.　単元名

　球技：ベースボール型　－狙ったところに打って投げる「三角・菱形ソフトボール」－

### 2.　単元の目標

①打者はコンパクトなスイングでのミートによる打撃ができ、守備者は捕球後素早く正確に送球することと的確なカバーができる。（【できる】知識・技能）

②ゲーム状況に応じた打撃・送球方向についてわかる。（【わかる】思考・判断・表現）

③チームの作戦における課題を協同・探究する。（【かかわる】学びに向かう力・人間性等）

### 3.　単元の評価

①ベースボール型球技に必要な基礎的な打撃・走塁・捕球・送球技術を習得し、チームとしての戦略的な攻撃・守備をすることができる。（【できる】知識・技能）

②ゲーム状況に応じた的確なプレーについて理解し、ゲーム中に素早く判断することができる。（【わかる】思考・判断・表現力）

③互いに協力して主体的に学習に取り組むとともに、チームの作戦について考え、意見を表現することができる。（【かかわる】主体的に学習に取り組む態度）

### 4.　教材について

　ベースボール型球技の特質は「打って走る vs 捕って投げる」ことである。つまりバッティングで走る時間を稼ぎ進塁して得点する攻撃と、それを阻止するプレーの攻防である。ゲームではただ打って走る、捕って投げるのではなく、「どのような場面で、何をすべきなのか」を考えながらプレーする必要がある。そして、思考・判断しながらプレーすることで、ゲームの質が高まる。そのため、プレーヤー人数やベース（塁）の数を少なくして、コートサイズを狭く設定した三角・菱型ベースのゲームによって、チームや個人で考えた作戦をゲームで実行できるようにする。

### 5.　子どもの実態について

　活発な生徒たちが多く、運動に対しても積極的な姿勢で取り組む。一方、事前アンケートではソフトボールに苦手意識を持っている生徒がクラスの半数いて、特に女子生徒に苦手意識が強い傾向がある。ソフトボールに得意意識を持っているのは、野球部及びソフトボール部に所属している一部の生徒だけである。これまでのベースボール型の学習を通じて、基本的な打つ・捕る・投げる技術については身につけているが、ゲームでの攻撃では、投げられたボールを打つのに必死で、どの方向に打つかを考えて打撃することはできていない。また、守備についても、捕球した後にどの塁

に送球すればよいかを素早く判断できていない状況が見られる。そのため、これらの課題に協同・探究的に取り組むことを目指す。

## 6.　単元計画

| 時 | ねらい | 学習内容 |
|---|---|---|
| 1 | ・これからの学習についての見通しを持ち、興味を持つ | オリエンテーション<br>・学習目標・内容・授業の流れを確認する<br>・グループづくりと役割分担を確認する |
| 2 | ・ミートポイントでボールを捉える<br>・下手投げのボールを捕球・送球できる | バントによるバッティングと下手投げでの直球・ゴロ・フライの捕球・送球 |
| 3 | ・コンパクトなバッティング動作ができる<br>・上投げのボールを捕球・送球できる | バスター※によるバッティングと上投げでの直球・ゴロ・フライの捕球・送球 |
| 4 | ・バットコントロールができる<br>・ヒッティングのボールを捕球・送球できる | ミートしたゴロのバッティングとトスバッティングによるボールの捕球・送球 |
| 5 | 「打って走る」、「捕って投げる」を素早く行うことができる | 1塁限定打撃捕球送球ゲーム（4対4）<br>・打者が1塁ベースまでの距離を選択 |
| 6 | 状況に応じて、攻撃側はどの方向へ打てばよいか、守備側はどこへ送球すればよいか判断することができる | 三角ベース（4対4）<br>・6時間目はケースごとの打撃・捕球・送球ゲームとして、アウトカウント及び走者の条件設定ありでの三角ベース<br>・7-8時間目は、条件設定なしでの三角ベース |
| 7 | ・的確なミートによる打撃（内野ゴロ）と、打撃後の素早い走塁 | |
| 8 | ・守備ポジションに応じた捕球・送球<br>・投手によるベースカバー | |
| 9 | ・的確なミートで速い打球を打つ<br>・走者が進塁しやすい方向へ打つ | 菱形ベース（8対8）<br>・9時間目は塁間15m |
| 10 | ・守備者によるゾーン・ベースのカバー | ・10時間目は塁間18.29m |

※バスター：バントの構えから、ヒッティングに切り替える打法。

## 7.　指導にあたって

　ゲームにおいて立案した作戦を実行するためには、打撃・走塁・捕球・送球に関する基礎的な技術を習得しておく必要がある。そこで、単元前半では基礎的技術の指導を中心に行う。ドリル教材では、上手な生徒と苦手な生徒を混ぜた異質グループ編成で、教え合い・学び合いをする。この基礎的技術の指導は、単元後半でも継続して実施する。

　2-4時間目では、バッティング技術を用いた1塁限定打撃捕球送球ゲーム※を行い、「打って走るvs捕って投げる」の攻防を実践する。

　単元後半では、基礎的技術をゲームで活用していくため、三角ベース及び菱型ベースによるゲームを行う。ゲームの状況に応じてどの方向に打つか、捕球後どこに送球するか、どうカバーをする

かについて指導し、チーム作戦をゲームで実行する。ゲームではゲーム記録を取り、チームの攻守における作戦について振り返りを行う。また、学習ノートに感想を記述することで個人やチームの課題と生徒の認識や技能の変化・発展を見取っていく。

※一塁限定打撃捕球送球ゲーム：一塁と本塁だけのゲーム。攻守は4人対4人。攻防は一塁と本塁だけで「打って走る」「捕って投げる」ゲーム。

## 8. 本時の目標（9回目／全10回）

①打者は守備者の間を抜く強い打球を打つことができる。走者は打球状況に応じて、先の塁への進塁を試みる。守備者は打球カバー及びベースカバーができる。（【できる】知識・技能）

②打者は残塁状況や相手の守備位置による打撃方向についてわかる。守備者は、打球に応じてどのように打球カバー・ベースカバーをすればよいかわかる。（【わかる】思考・判断・表現）

③作戦やカバーリングの教え合いができる。（【かかわる】学びに向かう力・人間性等）

## 9. 本時の展開

| | 学習活動 | 指導上の留意点 |
|---|---|---|
| 導入 | ○集合・整列・あいさつ | ・出欠状況、怪我や体調を確認する |
| | ○準備運動<br>○ドリル練習<br>・キャッチ＆送球：キャッチボール→ゴロ球を投げ、捕球した者がもう一人に送球する→フライ球を投げ、捕球した者がもう一人に送球する<br>・打撃＆守備：投手役の一人が数メートルのトスを行い、2人目がもう一人の野手に向かってミート打撃をし、野手は一連の動作で捕球・送球する<br>○本時の目標と学習内容を把握する | ・ゴム製の柔らかいソフトボールを使用する<br>・キャッチする際のグローブの開き方や向きを指導する<br>・キャッチした後は素早いスローイングを指導する<br>・コンパクトなスイングでバットの芯でミートするバッティングを指導する<br>・前時までの4対4による三角ベースから、本時では塁が4個で守備者が8人の菱形ベースとなることを強調する |
| | 発問…塁数と守備者が増えたときに、攻撃側はどのようなバッティングをすれば点を取れるでしょうか？　また、守備側はどのように守れば点を取られないでしょうか？ | |
| 展開 | ○ゲームに向けたチームでの話し合い<br>・前回の感想文から課題を明らかにし共有する<br>・学習カードを使って、本時のねらいに対する作戦をチームメンバーで共有する<br><br>○菱形ベースボール（8対8、塁間15m）<br>・投手は打者が打てるような球を投げる<br>・三振、フォアボール、盗塁はなし | ・走者の残塁状況に応じた打撃方向について考える<br>・バッターの特徴や残塁状況に応じた守備位置について考える<br>・グループ巡視を行い、質問等に対応する<br>・攻撃側グループのバッターではない者が、相手の守備位置やバッティング結果についてゲーム記録を取る |

| 展開 | ・50m のホームランラインを超えるとアウト、ゴロで外野をぬけたら 2 塁打<br>・3 アウトか 2 得点で攻守交代<br>・守備 8 名のポジションは、投手と捕手以外はどこを守ってもよい<br><br>○ゲームのグループ評価 | <br>・ゲーム記録に基づいて、チームで立案した作戦を評価し、成果と課題を明らかにする |
|---|---|---|
| 総括 | ○振り返り<br>○感想文の記入<br><br><br>○整列、次時の予告<br>○あいさつ、片づけ | ・発問内容に対し、各グループでの考えやゲームでの成果と課題についてグループの代表者 1 名が発表する<br>・次時の内容を説明<br>・分担して片付けをする |

## 10. 評価基準

　ゲーム状況（残塁状況やバッターの特徴など）に応じた打撃方向、守備位置、カバーリングの方法と必要性がわかりできる。

・A 基準…状況に応じた打撃方向や守備位置、カバーリング方法について学習カードにまとめて、ゲーム内で実践することができている。

・B 基準…状況に応じた打撃方向やカバーリング方法について学習カードにまとめて、ゲーム内で実践しようとしている。

・C 基準…打球の強さと基本的な守備のポジションについて学習カードにまとめ、ゲーム内で実践しようとしている。

## 11. 参考文献

　則元志郎「ベースボール教材の系統的技術・戦術指導」学校体育研究同志会編『たのしい体育・スポーツ 2020 年秋号 317 号』

　吉田隆ほか「ソフトボールのタスクゲーム『三角・菱形ベースボール』実践の検討」『福井大学教育実践研究』第 44 号、2020 年

## 第2章 中学校の実践プラン⑩武道：柔道

# 中学校第1学年 保健体育科 学習指導案

2023年11月5日／男子12名・女子13名：合計25名

実施場所：武道場／授業者：植田真帆

## 1. 単元名

武道：柔道　―重心の不安定さをつくりだし、技を高め合う柔道―

## 2. 単元の目標

①重心の不安定さをつくりだすための攻防（かけひき）と、攻防の中で相手を安全に投げたり、投げられたりすることができる。（【できる】知識・技能）

②重心の不安定さをつくりだすための力の三要素（方向・大きさ・作用点）と、いつ、どの方向に技をしかけるのか（重心足と力の方向）がわかる。（【わかる】思考・判断・表現）

③ペアやグループで、重心の不安定さをつくりだすためのからだの仕組みや力の使い方、技の組み立て（連絡技）について、考えを交流する。（【かかわる】主体的に学習に取り組む態度）

## 3. 単元の評価

①重心の不安定さをつくりだすための連絡技で、安全に相手を投げたり投げられたりすることができる。（【できる】知識・技能）

②相手の重心線と、それを傾ける（＝崩す）ための力の方向がわかる。重心の不安定さをつくるための連絡技を工夫することができる。（【わかる】思考・判断・表現）

③攻防のかけひきとそのポイントを、仲間と教え合うことができる。（【かかわる】学びに向かう力・人間性等）

## 4. 教材について

柔道は明治時代に日本で生まれ、オリンピック競技に採用されたことが契機となって国際化し、世界中の人々に親しまれている運動文化である。しかしながら、戦前戦中には軍国主義教育と強く結びつき、戦後は学校教育において禁止された歴史を持っている。このような背景を十分に理解し、禁止された理由を明確にした上で、「技」に対しての力学的認識を高める授業づくりが必要である。形式的な礼儀や危険防止のための受け身の反復練習を重視するのではなく、重心の不安定さをつくり出すための「からだの仕組みや動き」を理解し、技の組み立てをみんなで創意工夫する授業をめざしたい。

## 5. 子どもの実態について

生徒たちにとって武道（柔道）は、中学校で初めてであり、「体育が苦手」と答えた生徒に着目する。この生徒たちが「からだの仕組みや技の原理」を理解し、道衣やルールの変遷に込められた意味を探りながら、投げたり、投げられたりする楽しさを実感させたい。

## 6.　単元計画

| 時 | ねらい | 学習内容 |
|---|---|---|
| 1 | ・オリエンテーション<br>・柔道衣の変遷から、技の発展とルールの変化について考える（柔道衣の着方） | ・学習目標・内容・授業の流れを確認<br>・単元を通じた問いとしての「柔道着を着る意味」について考える |
| 2 | ・人が転ぶ仕組みを理解し、安全に身を守るための技（受け身）を知る<br>・後ろ受け身、横受け身をペアで行う | ・前・横・後ろにつまづいた時の安全な転び方をグループで考え、発表する<br>・ペアで8方向の受け身の習得 |
| 3 | ・投げ技における「てこの原理（支点・力点・作用点）」と「力の三要素（力の大きさ・力の向き・作用点）」がわかる | ・静止している相手を、できるだけ小さな力で投げる方法を考える（膝立ち→立位→一歩移動→相手の反動を使う）<br>・受け身の習得 |
| 4 | ・体落としの技の仕組みを理解し、相手を安全に投げることができる | ・膝立ち→立位→一歩移動→自由移動<br>・体落としと、その受け身の習得 |
| 5 | ・体落としの応じ方（防ぎ方）を知る<br>・体落としの次の技（連絡技）を考える<br>・重心足と力の方向がわかる | ・約束練習（攻めと守りを決めた練習）の中で体落としをかける（動画→分析）<br>・連絡技（自分の技から技）の学習 |
| 6 | ・小内刈りと大内刈りの技の構造を理解し、相手を安全に投げることができる<br>・約束練習の中で連絡技をしかける | ・小内刈りとその受け身の習得<br>・大内刈りとその受け身の習得<br>・連絡技の習得 |
| 7 | ・グループで連絡技をつくる<br>・約束練習の中で連絡技をしかけることができる | ・重心の不安定さをつくりだすための連絡技を考える<br>・約束練習 |
| 8 | ・交流試合①<br>・グループでつくった連絡技を発表する | ・連絡技を使って、交流試合を行う<br>・新たな連絡技をグループで考える |
| 9 | ・交流試合②<br>・グループでつくった連絡技を発表する | ・連絡技を使って、交流試合を行う<br>・新たな連絡技をグループで考える |
| 10 | ・交流試合③<br>・最終発表会（振り返り） | ・グループで考えた連絡技とそのポイントの発表会を通じて、学習を振り返る |

## 7.　指導にあたって

　柔道では、力任せに相手を投げるのではなく、重心の不安定さをつくり出した上で、自分の手や足、腰を相手のからだに当てて支点をつくり、回転させるという技の原理を理解させる。その重心の不安定さをつくり出す方法として「連絡技」に着目させたい。連絡技では、最初にしかける技をフェイントとし、相手の反応（重心足や力の方向）を予測・判断して次の技で投げる。「体落とし」「小内刈り」「大内刈り」の三つの技を組み合わせることにより、7パターンの連絡技をつくることができる。相手と自分の安全を守るため、痛くない投げ方（道衣を握って落下スピードをコントロールする）と、受け身の仕方（手と足の両方で畳を叩く）についても、単元を通じて指導することが大切である。

## 8. 本時の目標（5回目／全体10回）

①相手の反応（重心足や力の方向）を予測・判断して技をしかけることができる。【できる】

②相手の重心足と力の方向がわかる。【わかる】

③グループ内で重心足と力の方向についての教え合いができる。【かかわる】

## 9. 本時の展開

| | 学習活動 | 指導上の留意点 |
|---|---|---|
| 導入 | ○集合、あいさつ、健康観察<br>○準備運動<br>○受け身ドミノ（ドミノ倒しのように、グループで円になり順番に倒れて畳をたたく。自分のからだをコントロールしながら倒れ、タイミングよく畳をたたくことで、頭を守る練習）<br>○受け身のドリル練習（二人組で）<br>○前時の復習（膝立ち→立位→一歩移動→相手の反動を使う）<br>○本時の学習内容と目標を把握する | ・生徒の健康状態、学習の場（畳）の安全を確認する<br>・肩、腕、足や関節を中心に十分なウォーミングアップをするよう促す<br>・受け身の技能が未熟な生徒には声をかけて助言する<br>・体落としのポイントについて、全体に声をかけて助言する<br>・前時の学習ノートに書かれた意見や質問を紹介し、本時の目標を説明する |
| | 発問…自由な動きの中で相手を投げるのは難しい。体落としをしかける時、相手はどんな反応（防御）をしているのか？ | |
| 展開 | ○約束練習（動画撮影）<br>・自由に動きながら体落としをかける（待機している生徒は、その様子をタブレットで撮影する）<br><br>○グループ活動<br>・防御の可視化<br><br>力の方向<br>重心足<br><br>○全体交流<br>・グループで話し合った内容（A、B）について、リーダーが解説する | ・体重や体格を考慮したグループの中で、約束練習（攻めと守りを決めた自由練習）をさせる<br>・相手の動きを予測・判断して、技をしかけるよう声をかける<br>・攻めは、左手で道衣を握って相手の落下をコントロールすること、守りは、左手と足で畳を叩くよう声をかける<br><br>・動画を分析し、受けのA）重心足と、B）力の方向がどうなっているか、話し合うよう促す（左図参照）<br>・防御の瞬間を静止画にし、A）に○印、B）に矢印を記入させる<br><br>【評価】（思考・判断・表現）<br>A）重心足は両足 or 左足<br>B）投げたい方向と反対方向への動き<br>A）B）がタブレットに記入されている（観察・学習ノート）<br><br>・防御の共通点であるA）B）を伝える |

| 展開 | ○グループ活動<br>（予想される生徒の反応）<br>・相手の右足に支点をつくり、相手の背中方向に力を加える技<br>・相手の左足に支点をつくり、相手の背中方向に力を加える技<br>○全体交流<br>・自分のグループが考えたオリジナル技とそのポイントを解説する<br>・重心足に支点をつくることと、相手の背中方向に力を加える技が有効であることを確認する<br>・大外刈り、小内刈り、大内刈り、小外刈りの技について知る<br>○約束練習<br>・自由に動きながら自分たちの技をしかける | ・各グループで、相手のからだのどこに支点をつくり（重心足の予測）、どの方向に力を加えるのか（力の方向の予測）を考えさせる<br><br>・全グループにオリジナル技を発表させ、相手の重心足に支点をつくり、背中側に倒す技について、まとめる<br>・右足支点の技が、大外刈り、小内刈り<br>・左足支点の技が、大内刈り、小外刈り<br>・背中方向の技の投げ方とその留意点を伝える<br><br>【評価】（知識・技能）<br>相手の反応を予測・判断して、技をしかけることができる（観察） |
| 総括 | ○整理運動<br><br>○集合、次時の予告<br><br>○あいさつ、片づけ | ・肩、腕、足や関節を中心にグループで整理運動<br>・次時の内容を説明<br>【本時で学習したことを活かした小内刈り、大内刈りの学習】<br>・ケガの有無、健康状態の確認をする |

## 10. 評価基準

・A基準…体落としを防御された時の相手の「重心足」と「力の方向」と、それに応じるための自分の動き（「支点のつくり方」と「力の方向」）がわかる。
・B基準…体落としを防御された時の相手の「重心足」と「力の方向」がわかる。
・C基準…体落としを防御された時の相手の「重心足」と「力の方向」がわからないため、力任せに相手を投げようとしている。

## 11. 参考文献

　大和繁「攻防の相互関係を技術論的に構造化する試みを」（1992年）学校体育研究同志会編『第104回学校体育研究同志会（知多）全国研究大会提案集』

　塩井輝男「連絡技で柔道がわかる─投げの喜びは連絡技の指導から─」（1983年）学校体育研究同志会編『第84回学校体育研究同志会（山形）全国研究大会提案集』

　鮫島元成「新・苦手な運動が好きになるスポーツのコツ③柔道」（2013年）ゆまに書房

| 第2章 | 中学校の実践プラン⑪武道：剣道 |

# 中学校第1学年 保健体育科 学習指導案

2023年10月3日／男子15名・女子15名：合計30名

実施場所：武道場／授業者：堀江なつ子

## 1. 単元名

武道：剣道 ―3つのスキをめぐる攻防から剣道競技を可視化する―

## 2. 単元の目標

①剣道の打突部位がわかり、そこを竹刀の的確なところで打突することと、竹刀で相手の打突をよけることができる。（【できる】知識・技能）

②打突部位に生じる3つのスキをねらった攻防と、スキに至るまでの道筋及び打突の攻防についての仕組みがわかる。（【わかる】思考・判断・表現）

③安全な一本（有効打突）の基準をつくり、剣道独自の所作やルールとの向き合い方を交流し、発展的な剣道競技について協同・探究する。（【かかわる】学びに向かう力・人間性等）

## 3. 単元の評価

①距離とタイミングをはかり、竹刀を操作しながら打突部位への打突ができることと、打突をよけるための竹刀操作ができる。（【できる】知識・技能）

②相手に生じる3つのタイプのスキをねらうことがわかり、そこから様々な戦術を思考できる。（【わかる】思考・判断・表現）

③安全に練習・競技するための有効打突の基準をみんなでつくり、剣道独自の所作やルールとの向き合い方及び剣道観について協同で探究する。（【かかわる】主体的に学習に取り組む態度）

## 4. 教材について

剣道は人を殺めた剣術から出発し、近年では武士道の精神性が加わり太平洋戦争で軍事に加担した歴史を持つ。このため、剣道学習では思考させない反復練習や剣術を連想させる「斬る」という言葉は厳に慎み、暴力と決別した授業にする必要がある。そして、からだの使い方やスキをめぐる技の構造を探求し、みんなで納得のいく有効打突（一本）を導き出す授業をめざす。

## 5. 子どもの実態について

理解や動きがゆっくりな生徒と、その子どもたちを巻き込んだ話し合いができる生徒たちもいるため、新しいことに抵抗感なく挑戦する雰囲気を集団として持っている。一方、動きや現象を言葉で説明することが苦手な生徒や、からだと道具の動きを予測することが苦手な生徒たちもいる。このような生徒たちが剣道学習を通じて、仲間とともにからだや動きの構造を探り、相手のスキを打突する楽しさと駆け引きの楽しさを知る授業としていきたい。

## 6. 単元計画

| 時 | ねらい | 学習内容 |
|---|---|---|
| 1 | オリエンテーション<br>剣道で用いる身体操作と礼法に出会う | 剣道の歴史から暴力との決別を考える<br>小さな動きで大きな力を出す術を試す |
| 2 | 竹刀操作と身体操作を学ぶ<br>防具の付け方、扱い方、片付け方 | 竹刀の「振る」「止める」の操作と打突時の体の動きがわかる。仲間の防具の紐を結びながら、防具の装着方法を学ぶ |
| 3 | ひとりで防具付けを試みる<br>防具を付けての打突練習（面・小手） | 仲間に確認してもらいながら自分で防具を装着する。基本打突を通じて「打点と心地よい痛み」の打突を探る |
| 4 | よけ方研究・発表 | 面と小手を打突する側と防御する側に分かれての攻防戦 |
| 5 | スキとは何か①ボケスキを探る<br>一足一刀ゲーム | 防御できない瞬間（スキ）をどのように作るか考える。申告した作戦技ができたかをグループで検証 |
| 6 | スキとは何か②よけスキを探る | 面フェイントから相手が面をよけたところからの必勝技をグループで考え検証する |
| 7 | スキとは何か③打ちスキを探る | 「打突動作」というレールに乗ったときに生じるスキをねらう。A相手に打ってきてほしい技を告げる→B打つ→A打ちスキを打突する |
| 8 | 有効打突の条件をみんなで考える<br>3つのスキを活用した作戦を考えて試す | 有効打突の条件を考え審判の目を養う<br>ボケスキ、よけスキ、打ちスキを織り交ぜてグループで必勝技を作り出す |
| 9 | 交流試合① | 考えた作戦を使い、交流試合を実施。試合結果から作戦を練る |
| 10 | 交流試合②<br>振り返り | 考えた作戦を使い、交流試合を実施。試合結果から作戦を練る |

## 7. 指導にあたって

　剣道での知恵比べ的な攻防戦のおもしろさを十分に味わえる授業づくりを心掛けるが、竹刀と防具の着装・床の安全管理は生徒任せにしないで、教師が見回り声掛けをする。慣れない防具の装着は、互いの姿が見えやすく助けやすい円陣で行なう。そして、武道特有の一方通行の学びにならない協同・探究のグループ学習で授業を進める。防具を付けると視野が狭くなるので、打突練習は5人1組で交代して行うことで、仲間の動きが観察できる。また、「心地よい痛みの打突」を目指すことで男女共修を成立させる。そのため、防具の下が体育着であることから、防具ではないところへの打突は気をつけさせる。「突」技は危険なため扱わない。初めての剣道なので「胴」は扱わず、竹刀軌跡が同じ「面・小手」で攻防の仕組みを考えさせる授業づくりとする。

## 8. 本時の目標（7回目／全体10回）

①攻撃中に生じるスキをねらい、反撃に転じて有効打突をとることができる。（【できる】知識・技能）

②攻撃中に生じるスキについてグループで探り、竹刀とからだをどのように対応させるか考え、有効打突につなげる道筋がわかる。（【わかる】思考・判断・表現）

③仲間の有効打突や防御の竹刀操作を観察しながら仲間と「打ちスキ」を見つけ、どのような竹刀操作で有効打突まで辿り着くことができるのか考え、「心地よい痛みの一本」の基準に照らし合わせて双方が判定する。（【かかわる】学びに向かう力・人間性等）

## 9. 本時の展開

| | 学習活動 | 指導上の留意点 |
|---|---|---|
| 導入 | 準備運動と空間打突練習（面、小手）<br>防具を身に着ける<br>打突と防御の練習（面、小手）<br><br><br>2つのスキの復習<br>・ボケスキ<br>・よけスキ<br>本時の学習活動の確認 | 整列の隊形で空間打突の練習をする<br>円の内側を向き相互に助けながら着装<br>前回の6グループに分かれる<br>・A空ける→B打突する<br>・A空ける→B打突する→A受ける<br>今までの作戦技を活用する<br>・近間に入って打突する<br>・フェイントを使って打突する<br>3つ目のスキをグループで探る |
| | 発問…襲い掛かるピンチ。剣道の攻撃にはカウンター攻撃はあるのか？ | |
| 展開 | 〈グループ探究〉<br>1．打ちスキ見つけ<br><br>2．グループで必勝技をつくる<br>　A相手に打ってきてほしい技を告げる<br>　→B打つ→A「打ちスキ」を打突する | ・ゆっくり面と小手を打突してもらう中で、身体と竹刀操作で相手の打突をよけて、その流れを利用して反撃の打突に向かう竹刀の道筋を考える。困っているグループには、相手の打突を受けるのではなく、「すり上げ」てからの反撃ストーリーを考えさせる<br>・ボケスキを活用する。Aが打ってきてほしい部位を告げた後、Aが近間に入る。近間の好機を逃さないように、Bは告げられた部位を素早く打突する。AはBの打突をねらって「打ちスキ」で有効打突をとる |

Aが近くに来たらBは打突する

小手打って　コテ！　メン！

A　B　A　B　A　B　A　B

打ち落とす

| | | |
|---|---|---|
| 展開 | 3．必勝技の試しゲーム<br>必勝技づくりグループから一人ずつ抽出した暫定的な 5 グループを構成して、必勝技の有効性を確かめる | ・グループで考えた打ちスキ必勝技を各グループの人に試す。実施方法は、ボケスキを活用した「グループ必勝技」練習の A → B → A と同じ要領で 3 回ずつ行なう。痛い打ち方と防具のないところへの打突にならないように声を掛ける |
| | 4．防具をはずして風通しのよい場所に並べる | ・防具が落下して足に当たると怪我をするので座ってはずす。防具の紐は運びやすさと次の生徒の使いやすさを考えて置く。ここで時間がかからないように素早く片付け |
| 総括 | 1．作戦技の評価 | ・よかったところ、改善点などをグループで話し合う |
| | 2．グループの打ちスキ作戦技を解説 | ・全グループに面・小手の「打ちスキ作戦」を竹刀を動かしながら解説してもらう |
| | 3．打突進行中にできる「スキ」を確認<br>生徒が発表してない技を紹介しながら打突というレールに乗ってしまうと防御できない瞬間があることを知る | 【予想される打ちスキ】<br>「すり上げ技」「抜き技」<br><br>【予想される発表していない打ちスキ】<br>「打ち落し技」「返し技」 |
| | 4．次回の予告 | ・ボケスキ、よけスキ、打ちスキを織り交ぜてグループで必勝技を作り出す |

## 10. 評価基準

・A 基準…攻撃中の相手における「防御が遅れること」を理解して、相手に攻撃の機会を与えることによって反撃する「打ちスキ」の仕掛けを使った有効打突ができる。
・B 基準…「打ちスキ」の仕組みとねらうべき打突部位はわかっているが、有効打突とはならない。
・C 基準…相手が打突したくなる機会を作り出しているが、相手の攻撃に対する防御でおわってしまう。

## 11. 参考文献

大塚忠義、宇都宮伸二、坂上康博「のびのび剣道学校」（1990 年）窓社
矢部英寿「剣道の三つのスキと技づくり」久保健編『からだ育てと運動文化』（2012 年）大修館書店
坂上康博「剣道日本」（2019 年）株式会社剣道日本

| 第2章 | 中学校の実践プラン⑫ダンス |
| --- | --- |

## 中学校第1学年 保健体育科 学習指導案

2023年1月23日／男子17名・女子19名：合計36名

実施場所：体育館／授業者：井上知之

### 1. 単元名

ダンス：創作ダンス ―心地よく動き出す自分のからだ―

### 2. 単元の目標

①からだの仕組みと動きの成り立ちを理解し、からだの内側から生まれる動きを探りながら即興的に動くことができる。(【できる】知識・技能)

②課題に応じた意識の向け方や動きのつくり出し方と、イメージを広げる工夫の仕方がわかる。(【わかる】思考・判断・表現)

③仲間のからだや動きを感じとりながら、動きの感覚やイメージに共感することができる。
(【かかわる】学びに向かう力・人間性等)

### 3. 単元の評価

①からだの内側から生まれる動きをとらえ、その動きの流れを次々と探りながら動くことができている。(【できる】知識・技能)

②課題に集中して取り組み、感じとったことやイメージしたことを言葉で表現したり書き出したりしている。(【わかる】思考・判断・表現)

③仲間と協力して課題に取り組み、相手の動きの感覚やイメージに共感して受け入れようとしている。(【かかわる】主体的に学習に取り組む態度)

### 4. 教材について

　私たちのからだはその存在だけで十分な表現性をもっており、「踊る」ということは演者の動きそのものである。しかし、これまでの舞踊学習の多くは、作品の「形を真似る」「形をつくる」ことに意識が向き、「表現するからだを育てる」という大切な視点が抜け落ちていた。進藤は、舞踊文化は「からだを使っての表現」であることから、最初に「からだの仕組みと動きの成り立ち」を「動きの基礎学習」として位置づけた。からだの内側を感じることで自然に動きが生まれることは心地よく、外から見ていても美しいということを学ばせていく。

### 5. 子どもの実態について

　ダンス経験は小学校運動会だけのため、生徒は人前で踊ることに抵抗感をもっている。また、幼少期からの遊びや運動不足のため、からだの使い方の不器用さ、ぎこちなさが目立つ。思春期の中学生のからだは比較されることに敏感で、萎縮化・硬直化しやすく、創作ダンス授業で「自由に踊る」ことは非常にむずかしいものになっている。

## 6.　単元計画（全10回）

| 時 | ねらい | 学習内容 |
|---|---|---|
| 1 | ○単元の見通しをもち、舞踊に興味をもつ<br>○自分のからだの感覚を研ぎ澄ます | ・単元の目標・内容、授業の流れの確認<br>・足うらの冒険（感覚遊び） |
| 2 | ○自分のからだと向き合い、さまざまな動きを意識化する | ・目を閉じて自分の足を触ってみよう<br>・人の足とのコミュニケーション |
| 3 | ○「立つ・歩く」ことを再学習する<br>○足うらと地面の様ざまなかかわりを知る | ・足うらを意識して立つ・歩く<br>・足うらと大地のコミュニケーション |
| 4 | ○全身が一つながりになって動いている感覚を味わう | ・腰とつながる足、腰とつながる手<br>・腰を崩さずに足うらダンス |
| 5 | ○背骨の骨格について理解する<br>○骨が一つ一つ離れていることを実感する | ・カラーボンボンで背骨の骨格をつくる<br>・一つ一つの背骨を目覚めさせる |
| 6 | ○背骨の動きを探る<br>○からだの内側から生まれる動きを捉える | ・気送りブリッジ、気送り後ろ回り<br>・反り腰と丸腰の極限を探る |
| 7 | ○からだの内側から生まれる動きを追いながら、即興的に動く | ・一人で動くエチュード<br>　「足場をとなりとなりへ」 |
| 8 | ○他者のからだを感じながら、一人では生まれない動きの心地よさを味わう | ・二人での動きを探る<br>・背中合わせから接点を移していく |
| 9 | ○ペアでお互いのからだや動きを感じ取りながら、即興的に動く | ・二人で動くエチュード①<br>　「接点が離れても相手を感じながら動く」 |
| 10 | ○他のペアの動きの鑑賞、映像での確認を通して、動きの表現性を味わう | ・二人で動くエチュード②<br>・相互に鑑賞、映像で確認 |

## 7.　指導にあたって

　からだが萎縮化・硬直化している中学生に対して、まずは自分のからだに向き合う入り口として、「足うらの感覚」「背骨の存在」に着目させる。足うらで立つ・歩くという動きはそれ自体が表現であり、日常的な動きであるため抵抗感なくできる。また、からだの中心に存在する背骨を意識することは、からだの内側から動きをつくり出していくうえで重要である。

　単元前半では、足うらや背骨によって、からだの仕組み・動きの成り立ちなどの「動きの基礎」を学び、単元後半では「エチュード学習」を位置づける。即興的に他者とともに動くことによって、一人で動いていては生まれない動きが自然に引き出される。また、鑑賞や映像での確認を通して、動きの感覚やイメージをさらに広げていく。

　ペアは固定せず毎時間組み換えることで、からだや動きの感覚についてのイメージをより広く感じとれるようにする。ただし、お互いのからだを観察したり触って確かめたりする活動が多いため、ペアは男女分けて組む。また、見えないからだの内側を感じとる学習は、かなりの集中力が必要になる。毎時間の導入で一人一人が自分のからだとじっくり向き合う時間をつくることで、呼吸と気持ちを整え、学級全体で落ち着いて学習する雰囲気をつくっていく。

## 8. 本時の目標（5回目／全体10回）

①背骨の骨格について理解し、一つ一つが離れていることをイメージしながら背骨を動かすことができる。（【できる】知識・技能）

②からだに意識を集中させて背骨の存在を感じとり、その感覚やイメージを言葉で表現したり書き表したりすることができる。（【わかる】思考・判断・表現）

③ペアの背骨を触ってその存在を確かめながら、感覚やイメージについて交流することができる。（【かかわる】学びに向かう力・人間性等）

## 9. 本時の展開

| | 学習活動 | 指導上の留意点 |
|---|---|---|
| 導入 | ○集合・整列・あいさつ | ・生徒の健康状態を確認<br>・本時の活動のグループ、ペアを確認 |
| | ○目をつむって足うらのマッサージ | ・呼吸を整えながら落ち着いて自分のからだと向き合わせ、学習に集中して取り組める雰囲気をつくる |
| | ○本時の目標と学習内容を把握 | ・本時の目標と学習内容を説明 |
| | 発問…私たちの背骨は、どのような形、仕組みになっているのだろう？ | |
| 展開 | ○背骨について知る | ・まずは、背骨が身長や体格に関係なくみんな同じ数であること、上から頸椎、胸椎、腰椎の3つに分けられることのみを伝える |
| | ○カラーボンボンで背骨の骨格を探る<br>・四人一組で、一人がモデルとして仰向けになり、残り三人で予想し、モデルの横に頸椎→胸椎→腰椎の順に3色のカラーボンボンを並べさせる  | ・1グループに3色のカラーボンボンを12個ずつ準備する<br>・「頸椎7個、胸椎12個、腰椎5個、計24個」と答え合わせする<br>・カラーボンボンを使うことで、背骨が一つ一つ離れて存在している感覚をつかませる<br>・骨格図を配り、からだを横から見た時のS字上の湾曲についても理解させる |
| | ○背骨の存在を一つずつ確かめる<br>・まっすぐ立った状態のペアの頸椎1番を指で探り、見つけたらグリグリ押してペアに気づかせる。受ける方は頸椎1番の存在を感じとったら、その場所からゆっくり前に頭を垂らしていく | ・一つ一つの背骨を目覚めさせるように「起きて〜」と言いながらほぐしていく<br>・最後までほぐしたら一気に上体を起き上がらせることで、一本の芯としての背骨を実感させる |

| 展開 | ・頸椎 1 番の次は頸椎 2 番、…腰椎 5 番まで、一つずつその存在を確かめ、頭をどんどん前に垂らしていく<br><br>○ランダムに指示された一つ一つの背骨を動かす<br>・ペアにランダムで一つの背骨を押してもらい、そこをピンポイントで反応させて動かしてみる | ・なかなか背骨を見つけられない場合は、今後のワークで目安となる重要な部分を中心に、場所を具体的に説明する（肩、肩甲骨、骨盤のラインとの関係で）<br>・はっきり動かせる部分と動かしにくい部分があることも伝え、探ることや感じとることを大切にさせる<br>・ペアは指示した背骨に触ったまま動いているかを感じとらせ、感じたことを相手に伝えてあげるよう促す<br>・背骨を動かそうとすることで、自然と肩や頭、腰などに動きが波及していくことを実感させる |
| 総括 | ○学習カードに振り返りを記入する<br><br><br><br><br><br>○整列・あいさつをする | 【振り返り記入例】<br>「背骨を探ってみて感じたこと」<br>「ペアの背骨から感じとったこと」<br>「自分と他者の背骨から感じたイメージ」<br>「背骨を目覚めさせた後のからだの感覚」等<br><br>・深呼吸をさせて、からだと気持ちを整えさせてあいさつをする |

## 10. 評価基準

・A 基準…動きが他の部位にも波及していることについてわかり、一つ一つの背骨を大きく動かすことができる。
・B 基準…指示された一つ一つの背骨を感じとり、動かすことができる。
・C 基準…指示された背骨の存在を感じとれず、動かすことができない。

## 11. 参考文献

　進藤貴美子「からだを耕す動きの基礎・基本」久保健、進藤貴美子、高橋和子、三上賀代編著『「からだ」を生きる』（2001 年）創文企画

　簗田陽子「おどることは楽しい『創作ダンス』の指導」学校体育研究同志会編『みんなが輝く体育⑥高校体育の授業』（2009 年）創文企画

　里見まり子「足の授業—表現するからだを育てる—」久保健編『からだ育てと運動文化』（1997 年）大修館書店

## 中学校第３学年 保健体育科 学習指導案

2023年12月14日／男子15名・女子15名：合計30名

実施場所：教室／授業者：伊藤嘉人

### 1. 単元名

体育理論 ―文化としてのスポーツの意義（スポーツが果たす文化的な役割）―

### 2. 単元の目標

①スポーツを多角的・総合的な視点で思考し、スポーツの文化的な意義や価値について理解できる。（【できる】知識・技能）

②現代スポーツが抱える諸課題を多角的・総合的な視点で思考し、課題解決に向けて考察するとともに、他者に伝えることができる。（【わかる】思考力・判断力・表現力）

③文化としてのスポーツの意義について、仲間と意見を交流することや自ら発表することなど、主体的に取り組むことができる。（【かかわる】学びに向かう力・人間性）

### 3. 教材について

現代のスポーツ文化は、自由・平等・公平、非暴力など近代的思想が文化的内容として技術やルールや様式などに刻み込まれており、一方で近代という時代の「人間疎外」や「競争主義」などの“未熟さ”も内包している。コロナ禍で開催された2021年のオリンピック・パラリンピック（以下、オリ・パラとする）東京大会は、オリ・パラだけでなくスポーツの理念や意義、問題や課題を目の当たりにさせた。「オリ・パラとは何か」、「スポーツとは何か」を根本的に問う「文化としてのスポーツの意義」を問う機会になったと言えよう。

義務教育の出口にある中学校期には、「市民としてスポーツを楽しむ力、スポーツにアクセス（する・見る・読む・支援するなど）し、分析・鑑賞・評価しながら多様な形態でスポーツ・コミュニケーションを創りだす能力」としての「スポーツのリテラシー」を形成することが求められている。このことから、本単元では現代のスポーツ文化を凝縮したオリ・パラをテーマとして「スポーツのリテラシー」を養うことを目的とする。

### 4. 生徒の実態について

運動・スポーツを得意としている生徒だけでなく、スポーツをする環境や経験がなく、運動・スポーツに興味や関心を持つことができない生徒がいる。本授業をするにあたり、アンケートをとったところ、オリ・パラについて興味や関心は高いが、オリ・パラの理念や歴史、スポーツと国際親善、世界平和、人権問題についての認識は低かった。

また、生徒の多くが自分の考えをまとめることを苦手としており、物事を複合的にとらえることに課題がある。スポーツに関する認識についても、「する」ことが中心であることから、スポーツを多様な角度から捉え、文化的な視点から深く学習する必要があると言える。

## 5.　単元計画

| 時 | ねらい | 学習内容 |
|---|---|---|
| 1 | ○オリ・パラ大会には他のスポーツ大会と異なり、理念や精神があることを理解する | ○オリ・パラ大会が他のスポーツ大会と異なり、なぜ理念や精神があるのかを考える |
| 2 | ○オリ・パラ選手の姿から選手の卓越性とオリ・パラの理念や精神について具体的に考える | ○世界記録からオリンピアン、パラリンピアンの卓越性を理解する<br>○オリ・パラの精神を示す選手の姿からオリパラの理念について考える |
| 3 | ○これまで日本で開催されたオリ・パラは、日本に何を残したのか（レガシー）を考える | ○日本で開催されたオリ・パラ大会について、有形・無形、ポジティブ・ネガティブなレガシーについて理解する<br>○なぜオリ・パラ大会に有形・無形、ポジティブ・ネガティブなレガシーが生まれるのか考察する |
| 4 | ○ 2021 年に開催されたオリ・パラ東京大会のポジティブ・ネガティブなレガシーについて考察する | ○様々なメディアやコンテンツなどから2021年オリ・パラ東京大会に関する情報を集め、ポジティブ・ネガティブな視点でオリパラ大会を考察する |
| 5 | ○オリ・パラ大会は、開催地に何をもたらすことができるのか考える<br>○これからのオリ・パラやスポーツのあり方を考える | ○ 2021 年オリ・パラ東京大会は日本に何をもたらしたのか発表する<br>○これからのオリ・パラへの願いや自分とスポーツとの関わり方について意見交流する |

## 6.　指導にあたって

　オリンピックは、他の国際的なスポーツイベントと異なり、「スポーツですぐれた人間を育てる」「平和な社会の実現をめざす」「オリンピック・ムーブメントを広げる」という理念をもつ教育運動である。2021 年に開催された東京大会では、オリ・パラの「光」である精神や理念だけでなく、「影」としての問題・課題を目の当たりにした。オリ・パラは「文化としてのスポーツ」を根本的に問う凝縮されたスポーツ文化であると言っても過言ではない。

　本単元の学習内容は、オリ・パラをテーマとして、オリ・パラの歴史・理念・精神だけでなく、実際の問題や課題について考察しながら展開していく。具体的には、オリ・パラの「光」（ポジティブな視点）、「影」（ネガティブな視点）について考察し、これからのスポーツのあり方、自分自身とスポーツとの関わり方について考える。

　また、運動スポーツの興味・関心に差のある生徒たちが共に学んでいく中で、スポーツの本質的な楽しさや、スポーツ文化の普遍的な価値についての考えを深め、さらに教科外の体育的な活動である、運動会（体育祭）や運動部活動の意味を問う学びにつなげていく。

## 7. 本時の目標（3回目／全体5回）

①オリ・パラ大会についての有形・無形、ポジティブ・ネガティブなレガシーについて理解することができる。（【できる】知識・技能）

②オリ・パラ大会に有形・無形、ポジティブ・ネガティブなレガシーがなぜ生まれるのか考察し、発表することができる。（【わかる】思考力・判断力・表現力）

③オリ・パラのレガシーについて考察し、これからのオリ・パラのあり方について仲間と意見を交流することや自ら発表することなど、主体的に取り組むことができる。（【かかわる】学びに向かう力・人間性）

## 8. 本時の展開

| | 学習活動 | 指導上の留意点 |
|---|---|---|
| 導入 | 1. 前時の振り返りを行い、本時のねらいを確認する | ○オリ・パラには理念や精神があることを確認する |
| | 発問…2021年オリ・パラ東京大会後、何か変化したと思うことはありますか | |
| | 2. 2021年東京大会のレガシービジョンを理解する<br>①都立スポーツ施設の戦略的利用<br>②国際スポーツ大会の誘致・開催<br>③スポーツの場を東京の至る所に拡大<br>④パラスポーツの振興<br>⑤東京アスリートの活躍<br>⑥ボランティア文化の定着<br>⑦未来へのメッセージ | ○「レガシー」には、競技場の建設やインフラ整備の目に見える「有形のレガシー」だけでなく、スポーツの振興やボランティア文化の定着など目に見えない「無形のレガシー」が存在することに気づかせる |
| 展開 | 3. 1998年オリ・パラ長野大会のレガシーを考察する | ○オリ・パラ長野大会の有形・無形のポジティブ、ネガティブなレガシーに気付かせるために、大会当時と現在の交通インフラや競技場、ホテルなどの民間施設の写真からわかることを問いかける |

有形

| | ポジティブ | ネガティブ |
|---|---|---|
| | ・交通インフラの整備（新幹線、有料道路）<br>・競技会場の新設・整備（スケート場、ジャンプ競技場 等）<br>・ホテルなどの民間施設の建築 | ・必然性の高くない交通インフラ、過剰投資<br>・使い道が限定される高額な競技場の維持費、未利用放置<br>・利用者が少ない民間施設 |

無形

| | ポジティブ | ネガティブ |
|---|---|---|
| | ・スポーツ文化の振興（カーリング文化などの発展に寄与）<br>・オリ・パラ教育、国際理解教育の推進 | ・スポーツ振興の減退、一過性のスポーツ振興<br>・オリパラ大会後の宿泊業の伸び悩み、倒産、廃業<br>・オリ・パラ大会後、スキー客の減少を止めることができない |

○オリ・パラ長野大会には、ポジティブなレガシーだけでなく、ネガティブなレガシーがあること。またそのレガシーは、誰にとってのレガシーなのかについて、時間の経過から変化していることに気づかせる

| | | | |
|---|---|---|---|
| 展開 | 2024年にオリ・パラ大会の各立候補都市は、なぜ撤退したのか考える | | ○オリ・パラ大会の立候補を撤退した以下の主な理由・背景について解説する<br>・招致にかかる莫大な費用<br>・借金という負の遺産<br>・財政難、納税者の負担になる<br>・経済成長につながらない<br>・利用されないスポーツ施設<br>・環境への影響 |

展開欄の表：

| | 立候補都市 | 撤退理由 |
|---|---|---|
| 立候補都市 | パリ | 2024年大会（IOCの投票で開催決定） |
| | ロスアンゼルス | 2028年大会（無投票で決定） |
| 立候補申請後に撤退した都市 | ブダペスト | 国民投票を求める署名が25万人を超え断念 |
| | ローマ | 財政難を理由に市長が撤退を表明 |
| | ハンブルグ | 住民投票で否決 |
| 国内の立候補都市選出後に撤退した都市 | ボストン | 経済成長につながらない、納税者の負担になる、機会費用が大きいことなどから住民の強い反発を受け撤退 |

| | | |
|---|---|---|
| まとめ | 本時の振り返りとして、以下の視点で自分の考えをレポートにまとめる<br><br>・なぜオリ・パラ大会にはポジティブ、ネガティブなレガシーが生まれるのか<br>・何のため、誰のためのオリ・パラレガシーなのか<br><br>○各自のレポートをグループ内で発表し、学級全体で共有する | ○ネガティブなレガシーを意識しすぎる際は、オリ・パラが開催されなかったらどうなっていたかと問いかけ、ポジティブ、ネガティブの両面から考察するように促す<br>○単元後半を見据え、本時で考えたことは、今後のスポーツ文化の発展の重要な視点であると意味づけておく |

## 9. 評価基準

・A基準…オリ・パラのポジティブ・ネガティブなレガシーがなぜ生まれるのか、その背景や理由を記述し、これからのオリ・パラやスポーツのあり方について記述している。

・B基準…オリ・パラのポジティブ・ネガティブなレガシーがなぜ生まれるのか、その理由や背景を記述している。

・C基準…オリ・パラのポジティブ・ネガティブなレガシーについて振り返り、オリ・パラ大会について自分の考えたことを記述している。

　→ワークシートを振り返り、オリ・パラのレガシーが生まれる理由や背景にについて考えさせる。

## 10. 参考文献

1) 海野勇三「部活動の教育的意味と教育力」『月刊クレスコ2』2（80）（2002年）大月書店

2) 石坂友司・松林秀樹「オリンピックの遺産の社会学」（2013年）青弓社、2013年

3) 小山吉明「体育で学校を変えたい」（2016年）創文企画

4) 坂上康博「12の問いから始めるオリンピック・パラリンピック研究」（2019年）かもがわ出版

| 第2章 | 中学校の実践プラン⑭保健 |

# 中学校第1学年 保健体育科 学習指導案

2023年1月31日／男子20名・女子20名：合計40名
実施場所：教室／授業者：岡崎太郎

## 1. 単元名

保健：性教育 ―いろんな性が生きている　自分の性と生きていく―

## 2. 単元の目標

①性的指向・性自認・性表現の定義と多様な性のあり方を考えることができる。(【できる】知識・技能)

②性のあり方についての自分の考えと、自分の性のあり方を見つめなおし理解する。(【わかる】思考・判断・表現)

③自他の性の多様さを肯定的に受け止め、身の回りに存在する性のあり方についての課題を協同的に探究することができる。(【かかわる】学びに向かう力・人間性等)

## 3. 単元の評価

①性的指向・性自認・性表現の定義と多様な性のあり方について考えて記述している。(【できる】知識・技能)

②性のあり方についての自分の考えと、自分の性のあり方を見つめなおし、深く理解する。(【わかる】思考・判断・表現)

③自他の性の多様さを肯定的に受け止め、身の回りに存在する性のあり方についての課題を協同的に探究している。(【かかわる】主体的に学習に取り組む態度)

## 4. 教材について

性の多様性の学習内容について、学習指導要領では必修として明記されていない。そのため、「生殖に関わる機能の成熟」と「自己形成」の2領域にまたがる学習内容とした。すでに「生殖に関わる機能の成熟」の単元で「異性の尊重」について学習したが、本単元では「異性の尊重」から「自他の性の尊重」への転換をねらう。また、「LGBTQ」等のセクシャルマイノリティについて理解するだけでなく、当事者として性のあり方を捉える「SOGIE（ソジー）」の概念を理解することで、誰もが自分の性を大切にしながら生きていけることを考えていく。

## 5. 子どもの実態について

事前アンケートから、多くの子どもが性のあり方についての情報を友人などとの会話やメディア等から得ていることがわかった。一方、子どもの会話では特定の性のあり方に対する差別的な言動が見られ、「SOGIE（性的指向・性自認・性表現）」概念の無理解、「男性か、女性か」や「マジョリティか、マイノリティか」といった二元論的な性の捉え方が原因であると考えられる。

## 6.　単元計画

| 時 | ねらい | 学習内容 |
|---|---|---|
| 1 | 思春期になると、誰でも異性のことを好きになるってホント？<br>・性的指向の定義と、性的指向の違いによる多様な性のあり方が理解できる<br>・性のあり方についての考え、自分の性のあり方を見つめなおし、深く考える | ・異性愛、同性愛、両性愛、無性愛<br>・性的指向は生まれつきのものであり、治るものでも、治さなければならないものでもないこと<br>・性ホルモンの分泌により、思春期になると性的指向が顕在化しやすいこと |
| 2 | 岡崎先生が「男性」と言い切れないのはなぜ？<br>・性自認・性表現の定義と、それらの違いによる多様な性のあり方が理解できる<br>・性のあり方についての考え、自分の性のあり方を見つめなおし、深く考える | ・シスジェンダー、トランスジェンダー、Xジェンダー、クエスチョニング<br>・性的指向・体の性・性自認・性表現の組み合わせにより多様な性のあり方が存在し、それらの間にも微妙に異なる性のあり方が無数に存在すること |
| 3 | 自分の性と自由に生きていくことって難しい？<br>・自他の性の多様さを肯定的に受け止めたり、身の回りに存在する性のあり方についての課題を自分事として捉える<br>・「LGBTQ 等」のセクシャルマイノリティを理解し、配慮しようとする考え方にとどまらず、一人一人の性のあり方をそれぞれ異なるものとして捉える「SOGIE の考え方」へと考え方を広げていく | ・「からだの性」は SOGIE の概念では要素として用いないこと<br>・約 9 割は中学卒業までにトランスジェンダーを自覚し始めること<br>・体の性と性自認の不一致について悩みを抱える人が多いこと<br>・性のあり方を受容していく過程について、アイデンティティ形成モデルを基に学ぶ<br>・性的指向・性自認・性表現は、知識を身に付けたり、生活体験を経たり、ロールモデルに会ったりする中で、揺れ動きながら、少しずつ定まっていくこと |

## 7.　指導にあたって

　性のあり方を決める要素と多様な性のあり方の定義を正しく学び、二元論的ではない性の多様性に関する認識を形成できるように、具体的な手立てを講じる。

　一般的に「LGBTQ」を学習させる際に、性的指向と性自認を並列的に扱うことで、学習者を混乱させてしまうことがある。そのため、本単元ではそれらを分けて学習させ、理解を促すために、性的指向・体の性・性自認・性表現を模したスライド資料を提示し、説明する。

　授業の終末場面では、性のあり方についての自分の考えと、自分の性のあり方を見つめなおさせ、より深く考えるために、気持ちの揺れ動きを含めて学んだことを丁寧に作文に書かせ、作文を次時の導入で読み合うことで深めていく。

## 8. 本時の目標（2 回目／全体 3 回）

①性自認・性表現の定義と、それらの違いによる多様な性のあり方が理解できる。（【できる】知識・技能）、【わかる】思考・判断・表現）

②性自認・性表現の違いによる性のあり方についての自分の考えと、自分の性のあり方を見つめなおし、深く考えることができる。（【かかわる】学びに向かう力・人間性等）

## 9. 本時の展開

| | 学習活動 | 指導上の留意点 |
|---|---|---|
| 導入 | 1．数名分の前時の振り返りの作文を読む<br><br>2．提示された授業者・岡崎の顔写真を見ながら「問 1：この人の性別は？」について考える<br><br>3．提示された学習課題について、個人の考えを文章にまとめる<br><br>【学習課題（問 2）】<br>岡崎先生が「男性」と言い切れないのは？ | 1．性的指向の違いによる性のあり方の違いが理解できている作文、学習を通して驚きや戸惑いを表現している作文をいくつか抜粋し、紹介する<br>2．外見で性のあり方を捉えがちな価値観を揺さぶるために、問 1 に対する子どもたちの意見に授業者が「なぜそう思う？なぜそう言い切れる？」と問い返し、対話してから本時の学習課題を提示する<br>3．数名に発表させる |
| 展開 | 4．性のあり方を決める要素の定義を学習<br>【性的指向】好きになる性、恋愛対象の性<br>【体の性】生まれながらの性、生物的な性、一次性徴（出生時の性器の違い）<br>【心の性（性自認）】「自分は男だ、女だ」等のように、自分の性をどう認識しているか<br>【性別表現（性表現）】言葉遣いやファッション等、自分の性をどのように表現したいか<br><br>5．性自認の違いによる多様な性の学習<br>【シスジェンダー】体の性と性自認が一致<br>【トランスジェンダー】体の性と性自認が一致しない<br>【X ジェンダー】「体の性と性自認が一致しない」という意味でトランスジェンダーに含まれる「中性、両性、無性、不定性」の 4 つのタイプがある性自認<br>【クエスチョニング】性自認や性的指向が明確ではなく揺れ動いている。決められない、または決めないという性のあり方 | 5．トランスジェンダーの説明で、後で学習する X ジェンダーとの差異を意識<br>・X ジェンダーの説明で、後で学習するクエスチョニングとの差異を説明する<br><br>・中性：男性と女性との中間地点に自身が存在すると認識している<br>・両性：男性でも女性でもあると認識している。「自分の中に男性が○割、女性が○割存在する」場合もある<br>・無性：男性・女性どちらの要素も持たない<br>・不定性：自分自身の性自認が流動的<br><br>クエスチョニングを説明する際に、性的指向にも関係することを補足する |

| | | |
|---|---|---|
| 展開 | 6．【性のグラデーション】のスライドをもとに、性的指向・体の性・性自認・性表現の掛け合わせで多様な性のあり方が存在しうることを学習する<br><br>7．提示された授業者・岡崎の顔写真を見ながら「問3：この人の性のあり方は？」について考える<br>8．提示された樹形図のスライドをもとに、「性のあり方は無数にあり、自分はそのたった一つである」という考え方を学習する<br><br><br><br>Q．この人の性のあり方は？<br><br>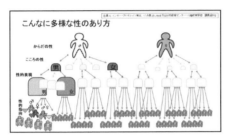<br>こんなに多様な性のあり方<br><br>出典：スライド：レインボー・アドボケイツ東北<br>小浜耕治（2018） | 6．理解力の高い大人でも混乱する可能性があるため、スライドの絵を使った穴埋め式のプリントを配付し、グループごとに考えさせることで理解を促す<br>複雑さを軽減させるために、スライドの絵には、あえて無性愛（アセクシュアル）、Xジェンダー、性自認と性別表現が一致しない"クロスドレッサー（異性装）"等は意図的に表示しない<br><br>7．単元の目標である「性のあり方についての自分の考えと、自分の性のあり方」を見つめなおし、「岡崎先生の性と出会い直す」についての手立てとして、再び顔写真を提示し、問うこととする<br>その際、問いの文言を「Q.この人の性別は？」から「Q.この人の性のあり方は？」に意図的に変えて提示する。また、今子どもたちが見て分かる情報だけをもとに、【性のグラデーション】のプリントの中から予想されるものを選ばせる<br><br>8．実感を持たせるために、子どもたち一人一人を指差しながら、それぞれがその一つ一つの性のあり方である可能性があることを説明する |
| 総括 | 9．振り返りの作文を書く | 9．学習したことと自分の体験や身の回りの出来事とを関連させ、気持ちの揺れ動きも含めて素直に書くように説明する |

## 10. 評価基準

- A基準…言葉の定義と多様な性のあり方が理解でき、それに対する自分の考えと、自分の性のあり方を見つめなおし、深く考えたことを言ったり、書いたりしている。
- B基準…言葉の定義と多様な性のあり方が理解できたことを言ったり、書いたりしている。
- C基準…言葉の定義と多様な性のあり方が理解できていないことが、作文から読み取れる。

## 11. 参考文献

　康純編著「性別に違和感がある子どもたち　トランスジェンダー・SOGI・性の多様性」（2017）合同出版

巻末
資料

# 学習指導案作成に
# 向けたポイント

## ○○小・中・高等学校　体育科（保健科）学習指導案

○年○月○日／男子○名　女子○名　計○名
授業者○○○（場所：　　　　　）

何を教えたいのか？どのような子どもを育て
たいのか？授業のテーマが反映された単元名
を設定しましょう。【参照：6- 9頁】

何のために指導案を書くのかを
整理しましょう。【参照：2-5、
28-29、78-81頁】

### 1．単元名

○○○○○○○○○○○○○

スポーツの主人公に必要な力や、学校全体のカリキュ
ラムを念頭において、達成する目標：陶冶（できる・
わかる）と、形成する目標：訓育（かかわる）の違い
に留意して設定しましょう。【参照：10-13、34-37、
94-97、98-101、102-105、106-109頁】

### 2．単元の目標

① ・・・・・・・・・・・・・・・・・・・（【できる】知識・技能）

② ・・・・・・・・・・・・・・・・・・（【わかる】思考・判断・表現）

③ ・・・・・・・・・・・・・・（【かかわる】学びに向かう力、人間性等）

保健の授業では「生活・権利」
の観点から目標を捉え直して
みましょう。【参照：79頁】

単元の評価規準を設定する際は、目標と評価はコイン
の表と裏のような関係にありますから、目標と関連づ
けて記すようにしましょう。【参照：34-37頁】

### 3．教材について

・・・・・・・・・・・・・・・・・

・・・・・・・・・・・・・・・・・

・・・・・・・・・・・・・・・・・

・・・・・・・・・・・・・・・・・

素材と教材の違いに留意し、どのような素材を、どの
ようにつくりかえたのか、どのような「教科内容」を
学ぶ教材なのかを解説しましょう。保健の授業では、
何を教材にして対話をするのかを考えてみましょう。
【参照：14-17、22-24、70-71、82-85頁】

### 4．子どもの実態について

・・・・・・・・・・・・・・・・・

・・・・・・・・・・・・・・・・・

・・・・・・・・・・・・・・・・・

・・・・・・・・・・・・・・・・・

・・・・・・・・・・・・・・・・・

学習する前の「基礎的な運動能力」「運動経験の違い」
「学習や学びの履歴」「技術的な課題」「からだの状態」
について解説しましょう。また、配慮が必要な子ども
の情報や、子どもの生活実態・学級運営の課題などの
情報も入れてみましょう。保健の授業では、とりわけ
子どもの生活実態の解説が重要です。【参照：18-21、
38-41、79-80、82、84、86-89頁】

5. 単元計画

| 時 | ねらい | 学習内容 |
|---|---|---|
| 1 | | |
| 2 | ・単元のはじめに、授業の目標や約束事を確認・共有する時間を設定しましょう。【参照：58-61、90-93 頁】 | |
| 3 | ・「技術指導の系統性」を意識して、子どもの実態に合致した「一番簡単な学習」から始め、各時間の学習内容が無理なくつながり、発展していくように計画しましょう。【参照：22-24】 | |
| 4 | ・球技などの授業で、単元の終盤にゲーム・試合を実施する際には、ゲーム・試合で何を学習するのかを示しましょう。 | |
| 5 | | |
| 6 | ・保健の授業では、単元のはじめに、疑問がたくさん出るようなインパクトがあって、子どもが関心を持てる内容の教材を設定しましょう。単元を通して「対話」を育むことを意識しましょう。【参照：82-85 頁】 | |
| 7 | | |
| 8 | | |
| 9 | | |
| 10 | | |

6. 指導にあたって

・・・・・・・・・・・・・・・
・・・・・・・・・・・・・・・
・・・・・・・・・・・・・・・
・・・・・・・・・・・・・・・

上記の単元計画の表を、文章で解説しましょう。
各時間の繋がりについて解説するとともに、単元で使用予定の教具【参照：62-65、66-69、70-73 頁】、グループ編成の方法【参照：54–57 頁】、学習の場【参照：50-53 頁】、毎時間行う活動（基礎練習など）などを記しましょう。

・・・・・・・・・・・・・・・・・・・・・・・・・・・・・・・・・・・・・・・・・・・・・・・・・・・・・
・・・・・・・・・・・・・・・・・・・・・・・・・・・・・・・・・・・・・・・・・・・・・・・・・・・・・
・・・・・・・・・・・・・・・・・・・・・・・・・・・・・・・・・・・・・・・・・・・・・・・・・・・・・
・・・・・・・・・・・・・・・・・・・・・・・・・・・・・・・・・・・・・・・・・・・・・・・・・・・・・
・・・・・・・・・・・・・・・・・・・・・・・・・・・・・・・・・・・・・・・・・・・・・・・・・・・・・
・・・・・・・・・・・・・・・・・・・・・・・・・・・・・・・・・・・・・・・・・・・・・・・・・・・・・

### 7. 本時の目標

① ・・・・・・・・・・・・・・・・・・・・・・・・・・・（【できる】知識・技能）

② ・・・・・・・・・・・・・・・・・・・・・・・・・（【わかる】思考・判断・表現）

③ ・・・・・・・・・・・・・・・・・・・・（【かかわる】学びに向かう力、人間性等）

> 本時の展開を書く際の注意点を確認しましょう。【参照：30-33 頁】

> 単元目標の際と留意事項は同じです。単元目標とのつながりを意識して設定しましょう。【参照：10-13、26-29 頁】

### 8. 本時の展開（○回目／全○回）

| | 学習活動 | 指導上の留意点 |
|---|---|---|
| 導入 | 本時を貫く問い・発問を設定しましょう。【参照:42-45 頁】<br><br>発問・・・・・・・・・・・・・・・・・・・・・・・・・・・・・・・・ | 授業の前提となる学習規律があれば記入しましょう。【参照：59-61 頁】<br><br>学習時間を確保できるように、準備の時間を計画しましょう。【参照：31 頁】 |
| 展開 | ・保健の授業では、答えが一つでない発問を入れることも検討してみましょう。【参照：83 頁】 | 学習時間を確保できるように、移動や待機の時間をマネジメントしたり、待機している子どもに役割を設定したりすることを計画しましょう。【参照：30-33、50-53 頁】<br><br>安全面を配慮するとともに、学習の効率が高まるような場を設定しましょう。【参照：3-4、50、59 頁】 |

| | 学習活動 | 指導上の留意点 |
|---|---|---|
| 展開 | | 「授業のやまば」を設定しましょう。【参照：4、32-33 頁】 |
| | | 授業時間中に想定される「子どものつまずき」と「フィードバック」（働きかけ・言葉かけ）について記しましょう。【参照：32、43、46-49 頁】 |
| 総括 | | 冒頭の発問を振りかえる時間や、次の時間とのつながりを考える時間を組み込み、単元・授業の一貫性を意識しましょう。【参照：32 頁】 |
| | | 学習のふりかえりができるように、片付けの時間を計画しましょう。【参照：31 頁】 |

9. 評価基準　単元の評価における留意事項と同様です。子どものどのような行動・活動を評価するのかを具体的に示しましょう。【参照：4、34-37 頁】

A 基準…

B 基準…

C 基準…　作文なども活用し、子どもの認識、考え方、友だちの見方などの変化を読み取りましょう。【参照：74-77 頁】

10. 参考文献　指導案を書くうえで、参考にした資料・図書があったら記すようにしましょう。

． ． ． ． ． ． ． ． ． ． ． ． ． ． ． ． ． ． ． ． ． ． ． ． ． ． ． ． ． ．

． ． ． ． ． ． ． ． ． ． ． ． ． ． ． ． ． ． ． ． ． ． ． ． ． ． ． ． ． ．

齋藤　光・神谷　拓

# おわりに

　本書第 2 部で紹介した学習指導案は、ほとんどが単元全体で 10 回扱いという大単元となっています。なぜ、一つの教材に 10 回もの時間をかけた授業づくりになっているのでしょうか。

## こだわりの授業づくり

　本書を編んだ学校体育研究同志会（以下、体育同志会）は、運動文化の主人公を育てることをめざして、体育・保健の授業づくりを約 70 年間行ってきました。また、運動文化の主人公を育てるために、私たちは 3 つの実践的な課題を追求しています。

　「ともにうまくなる」「ともに楽しみ競い合う」「ともに意味を問い直す」

　この 3 つの課題をすべての子どもにおいて達成するためには「こだわりの授業」が必要でした。学校の年間計画にある教材について運動の行い方を説明して、ただやらせるだけの授業では、すべての子どもが運動文化の主人公として育つことはむずかしかったのです。

　特に、私たちは運動が「苦手な子」を大切にしてきました。苦手な子は（うまくなり、ともに楽しみたい）と願っていますが、その思いを表すことは簡単なことではありません。

　私たちは、みんなの中で、この「願い」を安心して表すことができる人間関係を育てるとともに、苦手な子もうまくなっていく内容と方法を学習の対象にしてきました。

　そして、体育同志会に集う教師たちは、数多くの実践によって子どもの事実を確かめ、すべての子どもが「うまくなる・楽しむ・意味を問う」体育授業づくりに取り組んできました。

　その成果が本書の指導案として具体化されているのです。多くの指導案が、10 回扱いという大単元になっているのは、このような積み重ねがあったためです。このため、本書をもとに体育・保健の授業づくりに取り組めば、子どもたちの豊かな学びと成長の手応えを得ることができるでしょう。

## 「抑圧」から「共同」へ

　子どもは、一人ひとり異なる能力や人間性をもっています。現在の学校は全国学力テストなどの影響から、この異なる能力や人間性について「差」として序列化する傾向を強めています。

　その結果、「同調圧力」「自己責任」「成果主義」などが子どもへの抑圧となり、学びからの逃避・いじめ・不登校などが広がっています。この抑圧の根幹には、学びや生活における個人のちがいを「差」として客観化・数値化・序列化する新自由主義の思想があり、学校から健やかさを失わせています。一方、科学や文化の学びは「学びの質」を探究するところに本質があり、多様な人びとが個人のちがいを個性として尊重する共同性が基盤となっています。

　つまり、現在の学校教育においては、個人のちがいを「差」として捉える抑圧的な価値観から、多様な個性による「信頼と共同の教育」の価値観へと転換していくことが求められています。

## 「学びの質」を大切にする授業

　信頼と共同の教育をめざすために、本書では「学びの質」を重視する教育実践がめざされています。この「学びの質」について具体的に紹介しておきましょう。

**【速さには、ちがいがある】**

40 m障害走において、同じ 8.0 秒だった子どもには、ちがいがあります。

Aさんは、ピッチを速くして走るピッチ型。

Bくんは、ストライドを伸ばして走るストライド型。

Cさんは、ピッチを速くしながらストライドも伸ばすハイブリッド型。

障害走の学習では、みんなで上手になることをめざして、お互いの走り方を学び合い、互いの走りを仲間と磨きあげました。みんなで協同して学び合い、上手になった一人ひとりの「走りの質」に価値がありました。

つまり、タイムを競う（めざす）ことは、上手になった成長の証である「走りの質（過程）」と「タイム（結果）」をみんなで愛でることに尊さがあったのです。

**【コンビプレイには、ちがいがある】**

フラッグフットボールの学習で、すべてのチームがこだわりのコンビプレイについて上手になりました。そして、リーグ戦が終わり順位が決まりました。

青チームのGさんとHくんは、絶妙のタイミングでブロック・ランプレイをしました。そのコンビプレイは、Iさんのだれも見抜けないダミープレイに支えられていました。

赤チームのJくんとKさんは、高度な戦術のパスプレイに挑戦し続けました。そして、このパスプレイは、Lさんの鉄壁なブロックプレイによって実現していました。

白チームのMくんとNさん、Oくんはハンドオフプレイにこだわりました。そして、Nさん、Oくんのダミープレイから Mくんがパスをするプレイは、教師もだまされるコンビプレイでした。

リーグ戦が終わり、Pさんはつぎのような振り返りを書きました。

「勝ち負けはあるけれど、どのコンビプレイもすばらしい」

コンビプレイづくりをすることは、チームにおける一人一人の「運動能力差」「性格」「人間関係」などに向きあうことです。そして、「ちがい」に向き合うことは、お互いの「本音（できない、わからない）」を晒し、相手への「願い（こうしてほしい）」に踏み込み、「上手になる（技術・戦術）」ことを、からだ・動きの協応（コンビプレイ）として実現していくことでした。

つまり、上手な子が下手な子に合わせるのではなく、お互いの「ちがい」を認めあい、対等な関係の中でコンビプレイという協同を創造することだったのです。このコンビプレイの創造を実現した時、子どもは「信じ合うこと」のすばらしさに満足し、チームの中で「安心」できたのです。

最後に、本書を世に出すためにご尽力いただいた鴨門裕明さんをはじめとする創文企画の皆様に感謝します。

本書を手にした読者のみなさんと共に、民主的で創造的な体育・保健の授業づくりをしていきましょう。ガザの子、イスラエルの子、ウクライナの子、ロシアの子、子どもたちみんなの輝く笑顔のために。

大貫耕一

学校体育研究同志会HP  http://taiiku-doshikai.org/

**【執筆者紹介】** (掲載順) ※は編集責任者

| | | |
|---|---|---|
| 伊藤嘉人※ | 日本福祉大学 | はじめに、第Ⅰ部第2章4、第3章1、第Ⅱ部第2章13 |
| 大後戸一樹 | 広島大学 | 第Ⅰ部第1章1 |
| 久我アレキサンデル | 愛知県立大学 | 第Ⅰ部第1章2、第5章2 |
| 丸山真司 | 日本福祉大学 | 第Ⅰ部第1章2、第5章2 |
| 黒川哲也 | 九州産業大学 | 第Ⅰ部第1章3 |
| 中瀬古 哲 | 神戸親和大学 | 第Ⅰ部第1章4 |
| 制野俊弘 | 和光大学 | 第Ⅰ部第1章5、第Ⅱ部第2章4 |
| 竹田唯史※ | 北翔大学 | 第Ⅰ部第1章6 |
| 大貫耕一※ | 元東京都公立小学校 | 第Ⅰ部第1章7、おわりに |
| 近藤雄一郎 | 福井大学 | 第Ⅰ部第1章8、第2章3、第Ⅱ部第2章9 |
| 加登本 仁 | 安田女子大学 | 第Ⅰ部第1章9 |
| 大宮ともこ | 日本福祉大学 | 第Ⅰ部第1章10 |
| 石田智巳 | 立命館大学 | 第Ⅰ部第2章1 |
| 佐藤亮平 | 宮城教育大学 | 第Ⅰ部第2章2、第5章1 |
| 澤 豊治 | 立命館大学 | 第Ⅰ部第2章5 |
| 中西 匠 | 武庫川女子大学 | 第Ⅰ部第3章2 |
| 沼倉 学 | 宮城教育大学 | 第Ⅰ部第3章3、第Ⅱ部第1章1 |
| 矢部英寿 | 元宮城県公立中学校 | 第Ⅰ部第3章4 |
| 平野和弘 | 関西大学 | 第Ⅰ部第4章1、第5章4 |
| 上野山小百合 | 駿河台大学 | 第Ⅰ部第4章2 |
| 續木智彦 | 西南学院大学 | 第Ⅰ部第4章3 |
| 髙田佳孝 | 京都ノートルダム女子大学 | 第Ⅰ部第4章4、第Ⅱ部第1章14 |
| 森 敏生 | 武蔵野美術大学 | 第Ⅰ部第5章1 |
| 神谷 拓※ | 関西大学 | 第Ⅰ部第5章3、巻末資料 |
| 齋藤 光 | 関西大学大学院 | 第Ⅰ部第5章3、巻末資料 |
| 岨 賢二 | 兵庫県南あわじ市立松帆小学校 | 第Ⅱ部第1章2 |
| 入口 豊 | 兵庫県西宮市立小松小学校 | 第Ⅱ部第1章3 |
| 大西朱夏 | 大阪府枚方市立枚方小学校 | 第Ⅱ部第1章4 |

| | | |
|---|---|---|
| 佐藤恵理 | 愛知県尾張旭市立三郷小学校 | 第Ⅱ部第1章5 |
| 久保　州 | 東京都世田谷区立砧南小学校 | 第Ⅱ部第1章6 |
| 中島滋章 | 佐賀県唐津市立田野小学校 | 第Ⅱ部第1章7 |
| 丹野洋次郎 | 東京都小平市教育委員会 | 第Ⅱ部第1章6 |
| 田中宏樹 | 日本体育大学 | 第Ⅱ部第1章8 |
| 近藤ひづる | 日本福祉大学 | 第Ⅱ部第1章9 |
| 向山　耕 | 山梨県韮崎市立穂坂小学校 | 第Ⅱ部第1章10 |
| 後藤恭子 | 広島県広島市立春日野小学校 | 第Ⅱ部第1章11 |
| 窪田浩尚 | 大阪府東大阪市立枚岡東小学校 | 第Ⅱ部第1章12 |
| 東畑　優［仮名］ | 小学校教員 | 第Ⅱ部第1章13 |
| 成島　仁 | 埼玉県さいたま市立宮前小学校 | 第Ⅱ部第1章15 |
| 淺川俊彦 | 筑波大学附属坂戸高等学校 | 第Ⅱ部第2章1 |
| 中村咲野 | 筑波大学附属坂戸高等学校 | 第Ⅱ部第2章1 |
| 藤居美里 | 滋賀県米原市立河南中学校 | 第Ⅱ部第2章2 |
| 清水理穂 | 滋賀県長浜市立西中学校 | 第Ⅱ部第2章2 |
| 大川　翼 | 滋賀県長浜市立虎姫学園 | 第Ⅱ部第2章3 |
| 奥出大貴 | 滋賀県彦根市立西中学校 | 第Ⅱ部第2章3 |
| 北川　愛 | 滋賀県長浜市立湖北中学校 | 第Ⅱ部第2章3 |
| 寒田丈太郎 | 岐阜県大垣市立北中学校 | 第Ⅱ部第2章5 |
| 小山吉明 | 元長野県公立中学校 | 第Ⅱ部第2章6 |
| 松尾　誠 | 和光大学 | 第Ⅱ部第2章7 |
| 松世聖矢 | 関西大学大学院［修了］ | 第Ⅱ部第2章8 |
| 吉田　隆 | 福井大学 | 第Ⅱ部第2章9 |
| 植田真帆 | 東海学園大学 | 第Ⅱ部第2章10 |
| 堀江なつ子 | 山梨英和中学校高等学校 | 第Ⅱ部第2章11 |
| 井上知之 | 宮城県白石市立福岡中学校 | 第Ⅱ部第2章12 |
| 岡崎太郎 | 宮城県仙台市立富沢中学校 | 第Ⅱ部第2章14 |

## 新版 スポーツの主人公を育てる体育・保健の授業づくり

─指導案の基本とプラン集─

2024年3月1日　第1刷発行

編　者　　学校体育研究同志会
発行者　　鴨門裕明
発行所　　㈲創文企画
　　　　　〒101−0061　東京都千代田区神田三崎町3−10−16　田島ビル2F
　　　　　TEL:03−6261−2855　FAX:03−6261−2856
　　　　　http://www.soubun-kikaku.co.jp

装　丁　　㈱オセロ
印　刷　　壮光舎印刷㈱

ISBN 978-4-86413-186-5